中國學術思想 研究輯刊

二 編
林 慶 彰 主編

第 28 冊

李道純道教思想研究
王 婉 甄 著

陸西星的道教思想
郭 啟 傳 著

花木蘭文化出版社

國家圖書館出版品預行編目資料

李道純道教思想研究　王婉甄 著／陸西星的道教思想　郭啓
傳 著 — 初版 — 台北縣永和市：花木蘭文化出版社，2008〔
民 97〕

目 2+118 面／目 2+126 面；19×26 公分
（中國學術思想研究輯刊 二編：第 28 冊）
ISBN：978-986-6528-29-3（精裝）
1.（元）李道純　2.（明）陸長庚　3. 學術思想　4. 道教
230.1　　　　　　　　　　　　　　　　　　　97016687

中國學術思想研究輯刊
二 編　第二八冊　　　　　　ISBN：978-986-6528-29-3

李道純道教思想研究
陸西星的道教思想

作　　者　王婉甄／郭啟傳
主　　編　林慶彰
總 編 輯　杜潔祥
出　　版　花木蘭文化出版社
發 行 所　花木蘭文化出版社
發 行 人　高小娟
聯絡地址　台北縣永和市中正路五九五號七樓之三
　　　　　電話：02-2923-1455／傳眞：02-2923-1452
網　　址　http://www.huamulan.tw 信箱 sut81518@ms59.hinet.net
印　　刷　普羅文化出版廣告事業
封面設計　劉開工作室
初　　版　2008 年 9 月
定　　價　二編 28 冊（精裝）新台幣 46,000 元
　　　　　　　　　　　　　　　　　　版權所有・請勿翻印

李道純道教思想研究

王婉甄　著

作者簡介

王婉甄，淡江大學中國文學系碩士班、博士班畢業，現任清雲科技大學通識中心助理教授，以「道教文化」為主要研究範疇。著作另有博士論文《西遊故事與內丹功法的轉換——以《西遊原旨》為例》。本文係碩士論文，此次刊行僅作文句上的修訂，未作資料的增補。

提　　要

　　李道純，字元素，號清庵，別號瑩蟾子，都梁人，宋末元初道士。原為道教南宗白玉蟾弟子王金蟾門人，於全真北宗南傳後，自稱「全真」門人。李道純精通《老子》、《周易》，兼融儒、釋學說，既傳承來自道教內丹北宗與南宗「性命雙修」的理論主張，也融會禪宗「明心見性」的心性理論，連繫《中庸》「中和」觀念與「玄關一竅」，並運用《周易》卦象陰陽消長之變化、理學家「太極」觀念對宇宙本體的解釋……等，架構其道教思想之體系。

　　第一章〈緒論〉，敘述撰作此篇論文的動機，研究的程序以及論文所欲成就的目標。第二章〈李道純在道教史上之地位〉，因為全真道史並無著錄李道純事略，碑銘刻記也缺乏直接史料，其生平記事只能散見於地方府志，故本章以李道純傳世的十部作品之著述解題以窺其思想概略，羅列譜系與理論承繼以明其道派法系，藉以建立李道純「元代著名道教理論家」之道教史地位。第三章以〈李道純三教合一之思想基礎〉為主題，將儒、釋、道三教的互動關係分為四期，繼之觀察李道純融通三教思想，提出「三教合一」作為立論體系的顯著特色，最後比較異同，作為李道純融攝三教義理上的檢討。第四章〈李道純會通儒釋之心性理論〉從李道純融攝儒家「已發未發」以及禪宗「明心見性」之觀點出發，進而發衍李道純將「中和」觀念結合「玄關一竅」所開展的「中派學說」。第五章「李道純性命雙修之內丹功法」，則將論述重點歸結到內丹道教最核心的「性命雙修」部分，其中包括了李道純性功的修心鍊性，命功的頓漸功法，及以「玄關一竅」作為內丹歸求功夫成敗所繫之至玄至妙機關。第六章〈結論〉是以《中和集‧全真活法》中全精、全氣、全神之「全其本真」作為基點，逆推鍊精化氣、鍊氣化神、鍊神還虛之性功與命功的修鍊功夫，並從中抽離其思想會通三教與混融道教南北宗的特色，並以此總括本論文所有議題。

　　總此，本論文從李道純生平事略、著作解題以及道派法系的外環問題，逐漸掌握李道純思想概略，提出「三教合一」之思想基礎。再由三教合一的理論歸趨中，提煉出「心性問題」作為論述重點，進而切入道教思想的核心理論——性命雙修，由此架構李純道教思想的體系規模。

目
次

第一章　緒　論

第一節　研究動機

英國學者李約瑟曾指出：「道教哲學含有政治集體主義、宗教神秘主義以及個人修鍊成仙的各種因素，它是一種哲學與宗教的出色而極其有趣的結合，同時包含著原始的科學和方技。」〔註1〕的確如此，就整個道教思想而言，在宇宙論、心性論、功夫論等哲學範疇上都有討論，但這樣的思維方式在多數時候都是輔助，只是實用性的爲其教義作服務，爲其長生成仙或鍊製丹道的過程提供所以可成的理據。而這樣的實用目的恰巧就是道教作爲信仰與宗教哲學在相互聯繫過程中所展現出的思維特色。

道教哲學順應各個時代的思潮特色，兼採儒、釋的理論學說，成就道教本身的思想規模。在魏晉玄學的衝擊下，體現在道教哲學上的是「仙可學致」的仙道之學；契應唐皇室崇奉老子及佛教思潮的引進，道教便開出兼採釋道的重玄之學；發展到宋元時期，三教合一成了當代主流思潮，儒、釋、道三教同時趨向心性問題的探求，道教也相應建構起一套內丹心性學說。於此不難發現，道教在各朝代都有其主要課題及關懷內容，但這不表示思想是單一的。利用客觀的政局更迭作爲哲學內容的分期只是一種方便，思想的發微及沒落是很難用時間加以斷定與分判，故原則上利用相對側重的理論模式做爲道教哲學在各朝代的表現，實際上思想本身是相互交纏混雜的。筆者之所於在道教眾多議題中選擇宋元道教作爲研究對象，主要原因在於此一時期道教

〔註1〕李約瑟：《中國科學技術史》（上海：上海古籍出版社，1990）。

哲學的表現，不僅有來自道教本身理論的承襲與成熟，更有來自儒家、佛教思想的融通。更重要的是，宋元道教已經脫離漢代道教哲學囫圇吞棗的駁雜，也擺脫魏晉隋唐一切尙在萌發未成體系的困頓，而是在三教合一的思潮歸向心性論的當口，不僅從容順應時代潮流，將哲學思考轉向「心性」的探究，更是在龐雜的眾多說法中，開展出屬於宋元道教自成體系的功夫修爲。這不僅是作爲宗教道教的進步，更是作爲哲學道教在思想上的躍升。

簡言之，宋元道教在哲學上的表現，就宇宙論的表現而言，理論上仍承續《道德經》四十二章「道生一，一生二，二生三，三生萬物」之宇宙生成順序。道教援用先秦道家視「道」爲造化天地萬物之本始、萬物存在最終依據的具體規定與體現，衍生爲諸道經中對萬有世界存在的解釋，具有不居、不恃、超乎有無之外的特質表徵。於此，「道」成爲道教哲學對宇宙生成解釋的中心義理思想與範疇。自陳摶《無極圖》，結合道生萬物之思維模式，將人的修鍊層次自下而上劃分爲五個階段，亦即元牝之門、鍊精化氣與鍊氣化神、五氣朝元、取坎塡離，終至鍊神還虛以復歸無極的境界，「無極」成爲修鍊的最高境界，也就是復歸「道體」之無爲的歸求。這樣的論點被後來多數的丹道家承襲。於此透顯出宋元道教對宇宙道體的詮釋，不是因爲對自然宇宙的生成有知識上的探求，而是想藉由對宇宙生成的表述，提供內丹鍊養可成的根本理據。就心性論而言，禪宗把佛性與「心識」、「自性」繫聯，由外歸向內，由境歸向心，不僅成爲佛教的趨勢，也帶動隋唐以後中國哲學思潮的發展。受佛教影響，道教一方面把佛性轉化爲「道性」，企圖成就「人人皆可成仙」的理論依據。另一面結合儒家窮理盡性的說法，將心性問題收攝入道教體系。於是中唐以後，老子「滌除玄覽」、「致虛靜、守靜篤」與莊子的「坐忘」、「心齋」結合，心性問題便成爲道教哲學關注的議題。延續對心性論的重視，宋元時期建立發展的幾個重要宗派，對心性也多所討論闡發。如道教南宗張伯端在《紫陽眞人悟眞篇・後序》云：「欲體夫至道，莫若明乎本心。故心者道之體也，道者心之用也。人能察心觀性，則圓明之體自現。無爲之用自成，不假設功，頓超彼岸。」〔註 2〕全眞北宗始祖王重陽立教之初也以《心經》作爲訓化徒眾的教本，在《立教十五論》中更明白指出「降心」、「鍊性」、「混性命」等心性概念〔註 3〕。但道教之所以提出

〔註 2〕 見《紫陽眞人悟眞篇三註》（收於《正統道藏》玉訣類，律字，臺北：藝文印書館，1962 年），後序，第一左。

〔註 3〕 見「第八論降心」、「第九論鍊性」、「第十一論混性命」等。《立教十五論》（收

「心性」觀點，是將心性結合天道，開展出「先性後命」或「先命後性」的功夫次第。於此，宋元道教宇宙論的形成，是爲化解人生命的有限性而提出成仙的根據，心性論則是在禪宗明心見性的基礎下，建構出性命雙修的理論基礎。因此將宇宙論與心性論落到實質修養層面以形成一種依據，便是宋元道教在修養論的主要特色。

　　綜觀宋元時期道教哲學的表現，不難發現其哲學體系是在追求生命的永恆上開展與架構的。換言之，在實用性及延展生命命限的前提下，宋元道教哲學是想藉由對宇宙生成的描述，及對主體心性的理解，提供修道之士成仙可能的理論依據，以及丹道修爲的方法。所以宋元道教的哲學表現是以解決人生問題的生命哲學爲主，宇宙論、心性論爲輔，以個人作爲出發點，企圖藉由一連串的理論架構，作爲個體追求生命永恆所以可能的根本理據。此一時期傳播南方的金丹南宗，以及以王重陽爲首所建立的全眞道，便體現出這種義理特色。而筆者在眾多修道之士，如南宗張伯端、石泰、薛道光、陳楠、白玉蟾，全眞北宗王重陽、馬鈺、譚處端、丘處機、劉處玄、王處一、郝太古、孫不二等人中，選擇以李道純作爲主要研究對象，著眼點便在於李道純是南宗五祖白玉蟾門人王金蟾之弟子，在宗派法系上屬於南宗嫡派，內丹鍊養之命功理論也多祖述張伯端之《悟眞篇》。然而在全眞北宗挾其龐大教團勢力隨元代政治勢力南傳以後，李道純自稱爲全眞門下徒，並吸收全眞道功法上所提出「先性後命」的功夫次序，進而在內丹理論上融合道教南北宗。於此，李道純處於「三教合一」思想氛圍下，如何在道教南北宗混融的內丹理論基點上融攝儒、釋兩家的思想，建立起自身體系規模，便是筆者於此論文中企圖釐清與建構的主要切入點。

第二節　研究程序

　　李道純有關道教的著作，目前知見所及有《三天易髓》、《太上大通經註》、《太上昇玄消災護命妙經註》、《太上老君常說清靜經註》、《中和集》、《道德會元》、《全眞集玄秘要》、《無上赤文洞古眞經註》以及門弟子編集之《清庵瑩蟾子語錄》等九部，收錄於《正統道藏》內之撰作，而《寶顏堂秘笈》另收有《周易尚占》，總計李道純傳世作品有十部之多。筆者在確定論文主題之

於《正統道藏》正一部，楹字），第三左。

後，首先搜羅李道純著作加以解讀，製作著述提要，從中爬梳相關論點予以歸納、分類。繼而確立論文題目、主旨、擬定章節大綱，並蒐集與李道純內丹思想、心性理論等相關之著作、博碩士論文及期刊論文。再針對論文大綱進行資料的詮釋、分類、淘汰、彙整以及相關資料之補充，並隨時修正調整論文章節。於論文寫作過程中繼續蒐集相關資料以補不足，然後初稿寫定、修改初稿，終至論文定稿付梓。於此，將本論文之研究程序簡繪於下：

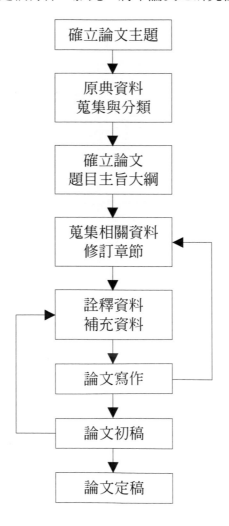

第三節　研究目的

　　有關道教哲學思想、文化表現等相關研究，目前方興未艾，兩岸三地都有不少學者投入研究道教的行列，但在李道純相關研究上，尚未出現專著予

以論述。除一般道教通史通論、道教辭典與內丹通論專書外，筆者搜羅與李道純相關之研究論文，有王家祐〈論李道純的內丹學說〉〔註4〕，從「三教合一的內煉學說」、「守中致和與虛靜之道」、「頓漸二乘與九品丹法」三個部分進行討論。鄧紅蕾〈李道純金丹學教育理論探索〉〔註5〕，以李道純的教育方法、教育途徑以及教育目的作爲論述的主題。鄺國強〈李道純三教同玄思想初探〉〔註6〕，係以三教同玄、守中致和以及頓漸功法三方面著手闡述。以及申喜萍〈李道純的三教合一思想研究〉〔註7〕，從「高倡三教合一理」、「融儒講《易》」、「話禪注《心經》」三方面，分析李道純三教合一之思想特色。此外，鄺國強《全眞北宗思想史》〔註8〕視李道純爲全眞道，但僅限於略提，並未做全面的觀照。而張廣保《金元全眞道內丹心論研究》〔註9〕，第二部分「心性篇」第四章有〈後期江南全眞道性命雙修心性論〉，以李道純、陳致虛作爲主要討論對象，對李道純從精神修鍊角度討論心性問題有深入的探討。而第三部分「比較篇」，也部分列舉李道純思想理論與理學、禪宗比較之，當爲這多篇論文著作中，對李道純思想研究探討篇幅較多且深入的。

　　於前人研究成果之上，筆者以《李道純道教思想研究》爲題，第一章〈緒論〉敘述撰作此篇論文的動機，研究的程序以及論文所欲成就的目標。第二章〈李道純在道教史上的地位〉，首先以宗教教團與客觀政治環境的關係、李道純道教思想的特色兩個切入點，對李道純生平進行考察。繼之對其撰作著述，作全面性的掌握與解題，進而觀察李道純在宗派法系與道派傳承二方面的上承與下傳。從知人論世的角度，確立李道純作爲「元代著名道教理論家」，且融通南北宗思想，開展「中派學說」之道教史地位。第三章〈李道純三教合一之思想基礎〉，則是從「三教合一」的歷史遠源下探，從宇宙論、心性論等思想範疇，觀察李道純在宋元「三教合一」思想氛圍下的表現，以及其中的異同。並從三教會通的各個哲學範疇中，提出心性理論，作爲第四章〈李道純會通儒釋之心性理論〉的研究重點。因爲三教不約而同的將哲學問題建立在心性歸求上，所以第四章的研究焦點鎖定在李道純心性理論的表現。換

〔註4〕收於其論文集《道教論稿》（成都：巴蜀書社，1987年）。

〔註5〕發表於《中國文化月刊》202期，1997年1月。

〔註6〕1998年12月於廣東「羅浮山」道教研討會所宣讀。

〔註7〕發表於《宗教學研究》41期，1998年12月。

〔註8〕廣州：廣州中山大學出版社，1993年6月。

〔註9〕臺北：文津出版社，1993年7月。

言之，從李道純諸多道教思想中，釐清分判其心性理論之儒道會通與釋道會通的特色，探究其如何在儒、釋、道三教思想的融攝中，結合道教內丹「玄關一竅」的說法，開展別具特色之「中派理論」。第五章〈李道純性命雙修之內丹功法〉，則回歸其作為道教內丹傳承一環，從修心鍊性、頓漸法門以至於守中致和，在內鍊成丹以體道之功夫修養上的表現，並整合、比較李道純內丹思想與金丹南宗、全真北宗修為理論上的傳承與相異。最後於第六章〈結論〉，對李道純教思想做一全面性的觀照與闡釋，作為本論文的總結。

筆者從李道純生平論述作為論文起點，繼之將範圍鎖定在李道純因應「三教合一」的思想表現與會通儒、釋的心性立論，最後將論文焦點歸結在具體表現心性論的道教性命雙修功法。順此章節層層下貫，前一章節皆可視為後一章節的基礎。逆之解讀，則可從李道純道教思想核心的內丹功法逐漸外擴，探求其所以然之理論根據。總此，筆者希冀能在以往學者主題式的研究成果上，對李道純的道教思想做一通論性、全面性的建構與掌握。

第二章　李道純在道教史上之地位

第一節　前　言

　　李道純，字元素，號清庵，別號瑩蟾子，都梁人（今湖南省武崗縣），宋末元初道士，生卒年不詳〔註1〕。其原爲道教南宗白玉蟾弟子王金蟾門人，於全眞北宗憑藉元朝政治勢力南傳後，自稱爲「全眞」門人。考《正統道藏》中所收錄之《祖庭內傳》〔註2〕、《甘水仙源錄》〔註3〕、《金蓮正宗記》〔註4〕等全眞道教史傳記、碑銘，陳垣主編之《道家金石略·全眞篇》〔註5〕，皆無李道純生平行跡之載記；又道教南宗在白玉蟾之前並無教團組織，亦無教史編纂，自是難有傳承譜系的著錄，是故僅能由地方府志略見李道純之事略行止。李道純精通《老子》、《周易》，並以「眞常」說解老子對道體之詮釋，但其對於道教理論最大的貢獻，並不在於單純的說解《老子》思想，而是將《老子》對宇宙本體之「道」的境界，運用於內丹修爲之中，並兼融儒、釋學說以架構其道教思想之體系。換言之，李道純作爲道教內丹傳承體系中的一環，不只是傳承來自道教南宗或北宗「性命雙修」的理論主張，更進一步的融會禪宗「明心見性」的心性理論，連繫《中庸》「中和」觀念與「玄關一竅」，以及運用《周易》卦象陰陽消長之變化，理學家「太極」觀念對宇宙本體的

〔註1〕　《道藏提要》載其生卒年爲 1219 年至 1296 年（任繼愈主編，北京：中國社會科學出版社，1991 年），頁 1203。

〔註2〕　李道謙著，《正統道藏》洞神部紀傳類，川字。（臺北：藝文印書館，1962 年）

〔註3〕　李道謙著，《正統道藏》洞神部紀傳類，息字。

〔註4〕　秦志安著，《正統道藏》洞神部譜錄類，致字。

〔註5〕　陳垣：《道家金石略》，北京：文物出版社，1988 年。

解釋，將內丹性功的心性鍊養、內丹命功的周天火候與持進退予以具體化，並認爲道教內丹最終的歸求，便是契應《道德經》中對道體清靜無爲、玄之又玄的境界描寫。目前李道純傳世作品有十部之多，除以易占爲主要內容之《周易尚占》三卷收於《寶顏堂秘笈》〔註6〕之外，其餘如《太上大通經》、《太上老君說常清靜經》、《太上昇玄消災護命妙經》、《無上赤文洞古眞經》等道教經典之註解，或《三天易髓》、《中和集》、《清庵瑩蟾子語錄》等撰作，皆見錄於《正統道藏》洞眞部、洞神部與太玄部中。有學者稱其爲「元代著名的道教理論家」〔註7〕，當可作爲李道純於中國道教史上之定位。

本章以「李道純在道教史上之地位」爲題，首從道教依附政權並隨之勢力消長爲切入點，藉以引出金元時期全眞道之南傳，以及李道純之自稱「全眞」。繼之對李道純生平行止進行考察，所謂知人論世，知李道純其人之後，再綜論其兼融道教南北宗、儒家義理、禪宗思想之理論旨趣，並從其作品提要，介紹說明李道純「三教合一」之思想架構。末則搜羅道教作品中與李道純內丹道派傳承相關之資料，編製法系傳承圖，以明李道純道教內丹宗派傳承體系。並論述李道純將「中和」結合「玄關」之內丹理論，以及其對明清內丹修爲的影響。

第二節　李道純生平述略

自東漢末年「道教」教團正式成立以來，能否廣爲傳布便取決於朝廷上位者的態度。換言之，道教是受扶植或遭貶抑，與其所處政治環境之有利與否，有絕對的關係。於此，本節從道教與政治環境之互動關係作爲起點，過渡到全眞道因受元朝廷扶植而壯盛、南傳，而李道純於此時代氛圍下兼融金丹南北宗之內丹理論學說，進而發展個人內丹理論特色作爲敘述之重點。

一、政治客觀環境影響道教發展

東漢末年張陵自稱漢安元年五月一日於西山思精時，有太上老君親降，稱「子骨法合道，當承老君忠臣之後。今授子鬼號，傳世子孫爲國師，撫民

〔註6〕收錄於《百部叢書集成》（據明萬曆年間繡水沈氏尚自齋刻寶顏堂秘笈本影印，嚴一萍選輯，臺北：藝文印書館，1965年）。

〔註7〕語見卿希泰主編之《中國道教史》（臺北：中華道統出版社，1997年），卷三，第九章「道教在元代的興盛與道派的合流」，頁392。

無期……」〔註8〕，並授以《三天正法》，命爲天師。同時又「授以正一盟威之道，伐諸邪僞，與天下萬神分付爲盟，悉承正一之道也」〔註9〕，於是尊老子爲教主、奉《老子五千言》爲經典、具有主神崇拜特徵的「五斗米道」便在蜀漢一帶成立。同一時期，自稱「賢良大師」的張角，因據《太平經》爲主要經典而建立「太平道」，也在地方擁有相當的群眾勢力。由此，道士與道徒共同組織且具有規戒的宗教團體，教義雖然簡便，卻因著時局動盪、人心不安而得以在民間傳播。魏晉南北朝之後，因爲上位者的利用與扶植，道士們奔走於權貴之間，策劃謀略，逐漸介入統治階層的權力傾軋。另一方面，道教逐漸爲上層士族所接受，隨著世冑大族的崇道，反映士族思想的上清派、靈寶派，遂從道教內部思想體質進行擴充與改造。儘管道教已逐漸被中上階層所接受，民間道教仍然以通俗的形式傳布，並持續發動反對朝廷之勢力。唐高祖建國後大力提高道教地位，一來利用道教所崇奉之老子姓李的因素，攀附與老子的傳承關係，抬高李唐的地位與身價；二來託言老君之旨，製造「帝權神授」的假象，藉以合理推翻隋政權而建國。唐代之崇道政策，在玄宗朝達到顚峰。

及至宋代，受唐代以來崇道風氣影響，也企圖宣揚道教神話以鞏固政治地位，對外炫耀、對內安撫。如宋眞宗朝「大中祥符元年，春正月乙丑，有黃帛曳左承天門南鴟尾上，守門卒涂榮告，有司以聞。上召群臣拜迎於朝元殿啓封，號稱天書」〔註10〕，並「加號太上老君爲混元上德皇帝」，「尊上玉皇經號曰太上開天執符御歷含眞體道玉皇大天帝」，以人間政治的封禪制度與道教神祇結合，奉玉皇大帝爲道教至尊至高之神。徽宗朝更甚，宣稱「朕乃昊天上帝元子，爲大霄帝君，睹中華被金狄之教，焚指煉臂，舍身以求正覺，朕甚閔焉！遂哀懇上帝，願爲人主，令天下歸於正道。帝允所請，令弟青華帝君權朕大霄之府。朕夙昔儆懼，尚慮我教所訂未周，卿等可上表章，冊朕爲教主道君皇帝」〔註11〕，於是詔令全國增建、擴建道教祠廟，爲眾神仙以及歷代著名道士加封賜號，「詔太學、辟庸各置《內經》、《道德經》、《莊子》、

〔註8〕 《雲笈七籤·二十八治》（濟南：齊魯書社，1988年），卷二十八，第一左。
〔註9〕 《雲笈七籤·二十八治》，卷二十八，第二右。
〔註10〕 《宋史·眞宗本紀》（《新校本二十五史》，楊家駱主編，臺北：鼎文書局，1977年），本紀第七，頁135。
〔註11〕 《續資治通鑑·宋紀·徽宗》，本紀第二十一，頁401。

《列子》博士二員。……置道官二十六等，道職八等」〔註12〕。徽宗崇道的同時，國家財政因建道廟、興醮事等大量支用而匱乏，宋朝政局亦隨之惡化，加速了北宋的滅亡。

　　宋室南遷後，有鑒於北宋徽宗因過度迷信以致禍殃國勢的教訓，南宋君主對道教並不重視。只有南宋理宗一方面希冀藉由宗教神靈及禍福報應思想勸人爲善，二方面則是利用其通俗易懂、便於流傳的特性，以維護三綱五常的傳統倫理，因此推廣《太上感應篇》。同時期，金人統治的北方，因爲戰亂使得大量宮觀遭受破壞，且金朝對道教是採取「敕親王及三品官之家毋許僧尼道士出入」〔註13〕的貶抑態度，道教從原來的中上階層官方宗教，不得不轉向民間發展。又加以道徒漸漸對舊道教失去信心，也迫使道教必須重新思考新的課題與發展方向。全眞道便是在此混亂政局之下，「苟全性命於亂世，不求聞達於諸侯」〔註14〕所建立之隱修會。在南方，同爲內丹修鍊〔註15〕，且與全眞祖師王重陽同一時期的是被尊爲「南宗三祖」的薛道光與「南宗四祖」陳楠〔註16〕。事實上，南宗自張伯端以來至陳楠，僅止於師徒之間的私相傳授，並未創立宗派或營建宮觀，直到五祖白玉蟾的有心經營，才逐漸形成一有教規、教團的正式道派，但整體結構組織仍屬鬆散。由此，金丹南宗與全眞道是南宋與金對峙時分別發展於南、北兩地的內丹道派。直至全眞道在王處一、丘處機等人極力與元代朝廷建立互動關係，取得「掌管天下出家

〔註12〕《宋史・徽宗本紀》，卷二十一。

〔註13〕《金史・章宗本紀》（《新校本二十五史》，楊家駱主編，臺北：鼎文書局，1977年），本紀第九，頁217。

〔註14〕語見陳垣著《南宋初河北新道教考・全眞篇》「全眞道之起源第一」（北京：中華書局，1989年），頁2。

〔註15〕簡言之，中國鍊丹術一般概分爲鼎爐鉛汞之外丹與精氣神鍊養之內丹，此兩種丹道鍊養方式歷經各朝需求不同而互有側重。唐以前由於帝王有長生不死之要求，以至於外鍊鉛汞不死之方爲丹術主流；而後因爲藥石花費甚鉅，非一般道士所能擔負，加上諸多帝王因服食丹藥致死（據趙翼《二十二史箚記》統計，唐代至少有太、憲、武、宣、穆、敬六個皇帝服藥致死），使得外丹鍊製能否長生不死受到質疑，這也促使融合古代導引、辟穀等養生方法之內丹鍊養逐漸取代外丹而成爲道教主要的鍊養方式。此外，整個哲學思潮由外圍之宇宙論逐漸轉爲內在心性的探求，如禪宗「明心見性」、儒家之「存養擴充」等，也是促成內丹發展一個重要契機。

〔註16〕卿希泰主編《中國道教簡史》載王重陽生卒年爲1112年至1170年，薛道光生卒年爲1078年至1192年，陳楠卒年則爲1213年。（臺北：中華道統出版社，1996年），頁187。

人」之地位，並隨元朝統一江南而南傳，兩個南北長期隔絕的道派，才在政治勢力統一的情況下逐漸合流，也才有類似李道純等以其南宗嫡系身分，投效全真門下，自稱「全真」，並融會南北宗思想之道士相繼出現。

二、李道純兼融南北宗之思想特色

李道純是為南宗嫡系，但其著作中不僅有《全真集玄秘要》，主要著作《中和集》中也有〈全真活法〉一節以論全真之道，稱「全真道人當行全真之道。所謂全真者，全其本真也；全精全氣全神方謂之全真；才有欠缺便不全也，才有點污便不真也」〔註17〕，儼然以全真道士自居。

一般道教史資料對李道純生平事蹟著墨不多，《鳳陽府志‧人物‧仙釋》列其為「盱貽道士」〔註18〕，並稱其「博學長才」。《揚州府志‧釋老》〔註19〕則載其曾住「儀真長生觀」，「長生觀」又號「飛僊觀」〔註20〕。而《徽州府志‧人物志‧仙釋》載記元道士趙定庵時，曾有一段對李道純之敘述：

> 趙定庵，名道可，其先遼州人，歷官昭勇大將軍營軍總管，感肺疾。
> 麾下老卒李清庵者號得道，一夕候安否，因請屏去侍妾，解衣趺坐，
> 腰背相倚，達旦而疾瘳。道可感動，禮清庵為師，以印綬付其弟大
> 明，棄家遊，人不識其嘗為達官也……〔註21〕

據此可知，李道純入道之後曾有段軍旅生涯，文中載其為趙定庵「麾下老卒」，推斷其從軍時已非青年之軀。至於李道純入道後為何從軍，則難究其詳。

李道純精通《老子》、《周易》，是「元代著名道教內丹理論家」。相應於「三教合一」的時代思潮，李道純認為：

> 釋曰圓覺，道曰金丹，儒曰太極。所謂無極而太極者，不可極而極
> 之謂也。釋氏云：如如不動，了了常知。易繫云：寂然不動，感而

〔註17〕《中和集‧全真活法》（《正統道藏》洞真部方法類），卷三，第二十八左。

〔註18〕《鳳陽府志‧仙釋》（收於《中國方志叢書》，據清康熙二十四年刊本影印，臺北：成文出版社，1985年），卷三十三，總頁1973。

〔註19〕《揚州府志‧人物‧釋老》，卷五十四載「李道純，都梁人，號清庵，又號瑩蟾子，住儀真長生觀。」（收於《中國方志叢書》，據清嘉慶十五年刊本影印，臺北：成文出版社，1985年），卷五十四，總頁4266。

〔註20〕《揚州府志‧寺觀》，卷三十九記「長生觀，縣東十里，河北，元瑩蟾子李道純居焉。世傳其得道飛昇，又號飛僊觀。」，卷三十九，總頁1859。

〔註21〕《徽州府志‧人物志‧仙釋》（收於《中國方志叢書》，據清道光七年刊本影印，臺北：成文出版社，1985年），卷十四，第六右。

遂通。丹書云：身心不動以後復有無極真機。言太極之妙本也，是

知三教所尚者，靜定也，周子所謂主於靜者是也⋯⋯。〔註22〕

意即無論是作爲佛教最高境界的「圓覺」，抑或是理學家作爲宇宙本體的「太極」，其與道教「金丹」所追求的境界是相同的，皆在體現「寂然不動，感而遂通」的玄妙之道。簡言之，李道純以「太極」作爲貫通儒、釋、道三教之旨，闡明三教雖異流，同以太極作爲最終的歸求。綜觀李道純著述作品中，不難發現其所涵括三教旨趣的軌跡。就對道體解釋而言，其承繼《道德經》對「道」是無形、無名、無心於萬物卻長養萬物之至極至妙的解釋，並認爲道教中修行功法的最終歸求，便是要契應道體的湛然寂靜。由此對道體境界的追求，表現於自身修爲的便是內丹的鍊養。就命功來說，李道純多是採用南宗初祖張伯端著作《悟眞篇》中所提出的方法與步驟；而性功方面，李道純則是援引佛教對心性論的解釋，尤其是禪宗「明心見性」，作爲性功的理論基礎與修持依據。只是在如此丹道鍊養的功夫層第中，李道純不走南宗「先命後性」，反倒是主張「先持戒定慧而虛其心，後鍊精氣神而保其身」〔註23〕，傾向全眞北宗「先性後命」之功法次第。李道純還應用《中庸》「喜怒哀樂未發謂之中，發而中節謂之和」的「中和」觀念於內丹鍊養功夫中，認爲守人身之中才足以應和天地之中，也才能參與天地變化流行，恢復先天本來虛寂眞性。李道純並將「中」的觀念與「玄關一竅」繫聯，作爲內丹頓漸四乘功法之起心動念著功夫處，並以夙根稟器之利鈍，判別修道之士當從頓法或漸法入手，發展出以「守中」功夫爲丹道鍊養特色的「中派丹法」。此外，李道純將周敦頤《太極圖說》中對宇宙生成的描述，結合道家內丹學說，運用太極動而生陽，動極復靜，靜極生陰，靜極復動，陰陽動靜等陰陽變化過程，詮解內丹在人體中的作用與變化，並解釋內丹功夫中諸多名詞的使用意義。一反傳統道教內丹學家以龍虎鉛汞、丹鼎火爐等晦澀語言之「喻體假用」的說解方式，讓學者能在內丹周天火候運行的過程中，有具體行持進退的概念，故後人盛稱其爲道教中之「教外別傳」。

　　總的來說，李道純於「性命雙修」內丹功法的基礎上，兼融理學與禪宗理論，偏重心性修爲，在功夫次第上傾向全眞北宗的「先性後命」。其不僅融合道教南北宗的丹道理論，更是在傳統內丹思想的基點上，建立起具「三教

〔註22〕《中和集・玄門宗旨》，卷一，第一左。
〔註23〕《中和集・性命論》，卷四，第一左。

合一」思想特色的道教理論。此外，李道純將理學家對宇宙本體的解釋與道教內丹學說結合，援此以提供內丹理論之所以可成的內在理據與鍊養模式，並將「中和」觀念與「玄關一竅」結合，首創「守中」之功夫修持，深刻影響明清丹師如尹真人、閔小艮、黃元吉等人之修道理論，並被視為「中派丹法」之主要代表人物。

第三節　李道純著作解題

李道純著作甚豐，《正統道藏》收有《三天易髓》一卷、《太上大通經註》一卷、《太上昇玄消災護命妙經註》一卷、《太上老君說常清靜經註》一卷、《中和集》六卷、《道德會元》二卷、《全真集玄秘要》一卷、《無上赤文洞古真經註》一卷以及門弟子柴元皋等人編集之《清庵瑩蟾子語錄》六卷等九部撰作。而《寶顏堂秘笈》則收有《周易尚占》三卷，總計李道純傳世作品有十部之多。茲將李道純著作提要如下：

一、《三天易髓》

收錄於《正統道藏》洞真部方法類，光字。一卷，題為瑩蟾子李清庵撰，混然子（王道淵）校正。

全書分為四篇：第一篇為〈儒曰太極〉，副題為「火符直指」，是以註乾、坤二卦之爻辭，以明內丹成就過程火候的行持進退與周天運行。第二篇〈金丹了然圖〉，將內丹修鍊下手、安爐、採藥、行功、持盈、溫養、調神、脫胎，以至於了當等九個功夫修持進程，以「絕句」形式明「命」本為丹之用，以「頌」的形式顯「性」為丹基。第三篇〈釋曰圓覺〉，副題「心經直指」，則是李道純感嘆學者多滯泥在文字、形體上求「空」義，故註佛教《般若波羅密多心經》為學者解悟。其於註中多以內丹鍊養角度詮解，如以丹書所云「息念為養火」表現《心經》中「無明」的狀態。第四篇是〈陰符經〉，李道純在內丹理論的基點上，兼採儒、釋二家理論註解釋義，目的在「使學者知三教本一，不生二見」。總言之，《三天易髓》以「三教本一」的觀念作為通篇思想之基礎，惟過於強調三教義理之融合，不免有失牽強。〔註24〕

〔註24〕元代以後公、私藏書目錄中，僅〔清〕錢大昕所著之《補元史藝文志》（《百部叢書集成·史學叢書》，臺北：藝文印書館，1965 年）「子部·釋道類」著

二、《太上大通經註》

收錄於《正統道藏》洞眞部玉訣類，藏字〔註25〕。題「都梁參學清庵瑩蟾子李道純註」。其於篇首釋經題曰：「太上謂無上可上；大通謂無所不通；經爲登眞之徑路，眾所通行之道也」。原《太上大通經》經文，《正統道藏》並無註錄，但可見於《藏外道書》〔註26〕。

經文僅有 154 字，李道純依原經文之經題分爲三章，亦即〈眞空章〉、〈玄理章〉、〈玄妙章〉，章末有頌。首章〈眞空章〉經文 30 字，「原道之始也」。以《中庸》「視之而不見，體之而不可違」以及「四時行焉，百物生焉」解釋道體無形卻運化不息，妙用無窮，不可思議，「非窮理盡性者」無法參贊化育。次章〈玄理章〉，經文 34 字，「原性之元也」。援《中庸》「喜怒哀樂未發之謂中，發而中節之謂和」以言性體之虛空寂靜，湛然圓明，「潛心見性，性寂知天」才足以體性之無所不通，廣無窒礙。末章〈玄妙章〉，經文 65 字，「明道之理也」。其以《洞古經》「養其無象，象故常存」與孟子所言「無爲其無所不爲」，說解「大道無相」、「眞性無爲」、「居塵出塵」，才能致靜不動、致和不遷，也才能「神變無方」、「如如自然」。文末之「頌」有 24 字，述心性、有無體用之則，認爲「有無不立，心法雙忘，體同太虛，包羅無外」才是道之至理。

除《正統道藏》刊載此書之外，《道書全集・玄宗內典諸經註》以及《重刊道藏輯要》尾集皆收錄有《太上大通經註》一卷。〔註27〕

三、《太上昇玄消災護命妙經註》

收錄於《正統道藏》洞眞部玉訣類，收字。題爲「清庵瑩蟾子李道純註」。原經文《太上昇玄消災護命妙經》見《正統道藏》洞眞部本文類，盈字。《正統道藏》除收有李道純註本外，另有唐司馬承禎《太上昇玄消災護命妙經頌》

錄有《三天易髓》一卷，其餘藏書目則未見。

〔註25〕 係李道純註之《太上大通經註》、《無上赤文洞古眞經註》與龜山長筌子所註《太上赤文洞古眞經註》三經同卷。

〔註26〕 見錄於《藏外道書》（成都：巴蜀書社，1994 年），冊 6。

〔註27〕 〔明〕徐惟起《紅雨樓家藏書目》（《書目類編》冊 28，嚴靈峰編輯，臺北：成文出版社，1978 年）「子部・道類」著錄於有《大通經註》一卷。〔清〕錢大昕《補元史藝文志》「子部・釋道類」有「李道純《大通經註》，一卷。〔清〕倪燦《補遼金元藝文志》（《百部叢書集成・史學叢書》，臺北：藝文印書館，1965 年）則收於「子部・道家類」，一卷。

於洞眞部讚頌類，鳥字；元混然子王道淵《太上昇玄說消災護命妙經註》於洞眞部玉訣類，收字。

　　原經本是假託元始天尊爲無極眾生說法，內容大多因襲佛教經典，尤以《般若心經》爲主。李道純註本先分句註解，再總說要旨，並將經文分爲三章：第一章「開示說經之義」，主要在闡明無色空差別之境界，才是正覺的境界，惟有「破一切差別，離一切境界，斷一切幻妄，解一切纏縛」，才能得長生久視之道。第二章是「發明昇玄之心法」，引《般若心經》爲例證，申說洞觀無礙、入眾妙門的關鍵在於「空無所空」，「有無不二」，若修道之士「向這裡具隻眼，參學事畢」。第三章則爲「誘喻持經之功德」，亦即以持經得以「長生久視」，誦讀可「捍厄扶衰」、「善神擁護」等利益，誘使中下之人能敬信奉持，進而盡此昇玄之妙道。〔註28〕

四、《太上老君說常清靜經註》

　　收錄於《正統道藏》洞神部玉訣類，是字。一卷，題「都梁參學清庵瑩蟾子李道純註」。原經文《太上老君說常清靜妙經》一卷，見《正統道藏》洞神部本文類，不分章，僅391字。本經除李道純註外，《正統道藏》於洞神部玉訣類收有唐杜光庭、宋白玉蟾、金侯善淵、元無名氏等註本，以及宋王道淵《太上老君說常清靜妙經纂圖解註》，洞神部讚頌類則收有金劉通微《太上老君說常清靜經頌註》。

　　李道純循文爲解，將內容分爲九個段落：第一段主述道之無形、無情、無名。第二段以道判分動靜之後才能長養萬物。第三段說明有道之士因爲神清心靜、六慾不生，故能體道之澄然。第四段進言「內忘其心，外忘其形，遠忘其物」，才足以「復全天理」。第五段論述道體並非不動之空，而是動而應物、眞體不動之常清靜狀態。第六段再述「得道」不過是強名，所重者在不傳之傳。第七段分舉「冥契洞觀」之上士與據小善以爲德之下士作比較，以證「尙不明德，何以明道」之理。第八段從反面申說，下士因爲執德、生妄心，因而失道，並藉以訓誡學者當審愼行思。第九段總說存照心，眞常之道得以現，則能常清常靜。總言之，本書中心意旨在論述道體之用與清淨無爲之則。

　　除《正統道藏》著錄有此書外，《道書全集·玄宗內典諸經註》、《重刊道

〔註28〕〔清〕錢大昕《補元史藝文志》著錄「李道純《護命經註》，一卷」於「子部·釋道類」。

藏輯要》尾集以及《道藏精華》第四集皆著錄有此書。〔註29〕

五、《中和集》

收錄於《正統道藏》洞眞部方法類，光字。六卷，題「都梁清庵瑩蟾子李道純元素撰，門弟子損庵寶蟾子蔡志頤編」。前有杜道堅序於大德元成宗大德十年（西元 1306 年）秋，說明此書之所以取名爲《中和集》，「蓋取師之靜室名也」。

卷一爲〈玄門宗旨〉，涵括記述太極靜時湛然、動應萬物之「太極圖」。致中和而能應天下無窮變化之「中和圖」。委順身心世事四緣而常清靜之「委順圖」。照心常存，妄心不動，復見天地之心之「照妄圖」。藉明《周易》以顯入聖十六次第之「畫前密意」。此外並作有「太極圖頌」二十五章。卷二爲〈金丹妙訣〉，輔之以圖像，表明內丹修持之功夫與火候，有藉安爐、立鼎、還丹、返本四圖以顯至道玄玄之旨的「金丹圖象說」。藉圖譬喻鍊丹時身中精氣神狀態以及周天火候進退持節的「二圖訣」。以內藥圖、外藥圖說明金丹內外藥功夫差異與內藥鍊精化氣、鍊氣化神、鍊神還虛三功夫次第之「金丹內外二藥圖說」。附譬喻圖以解釋紫陽眞人《悟眞篇》「三、五、一」說之「三五指南圖局說」。視「玄關」爲內丹成就過程中至玄至要之樞機以贈門人之「玄關一竅」，以及破邪說謬誤並立漸法三乘與最上一乘頓法之「試金石」。卷三是李道純與門弟子應對問答之〈對答語錄〉。「潔庵瓊蟾子程安道問三教一貫之道」雖雜有內丹修爲之論理，以及無極而太極之化生萬物，但仍以儒、釋、道三教之說法相互融通，並將「佛云眞空、儒曰無爲、道曰自然」最高境界導向於「抱本還元，與太虛同體」。「趙定庵問答」多與丹法火候之修持進退有關，並解釋丹法運作中之異名。「金丹或問」是李道純「觀丹經子書，後人箋注，取用不一；或著形體，或泥文墨，或以清靜爲苦空，或以汞鉛爲有象」，因而集成丹書精要三十六則，以破解後學之疑惑。「全眞活法」則是李道純詳述內丹修鍊之法則，並於文末附上口訣以授諸門人。卷四概分爲論、說、歌三部分。「論」有說明「性無命不立，命無性不存，其名雖二，其理一也」之「性命論」，與解釋上品丹法無卦之「卦象論」。「說」包含闡釋無死即無生之「死生說」與以人身效法天地運行之功，返本還元之「動靜說」。「歌」則有

〔註29〕〔明〕焦竑所著《國史經籍志》（《叢書集成簡編》，王雲五主編，臺北：臺灣商務印書館，1966 年）收有「李道純《老君說常清靜經註》，一卷」於「子部·道家類·諸經」。〔清〕錢大昕《補元史藝文志》歸爲「子部·釋道類」，一卷。

李道純見穎川野雲資質佳厚，贈歌以解內丹修持道理，免其鑽研旁道之「原道歌」。論金丹行持之理之「鍊虛歌」、「玄理歌」二首、「性理歌」、「火候歌」、「龍虎歌」、「慧劍歌」，以及勘破旁門諸丹法之「破惑歌」、「挽邪歸正歌」，和歌詠抱守玄關一竅重要性之「無一歌」與「道一歌」。卷五以詩之形式雜言性命內丹之旨，有詳述內丹行持次第之發蒙、採藥、進火、日用、固形、交合、透關、出入、警眾、挽邪、敵魔、顯正、調燮、明本、鑄劍、蟾窟、清庵等「述功夫」十七首。此外尚有「詠眞樂」十二首、「詠四緣警世」、「詠葫蘆」、「心鏡」、「爲孚庵指玄牝」、「和翁學錄韻」、「贈鄧一蟾」、「自得」七首、「自題相」、「鏡中燈」二首、「詠藕」二首、「卓庵」二首等，共計四十九首。卷六則以詞之形式或言天道，或言性命，或言內丹以贈門弟子，有〈沁園春〉六闋，次韻十一闋；〈滿江紅〉一闋，次韻十五闋；〈滿庭芳〉一闋，次韻一闋；〈水調歌頭〉一闋，次韻九闋；〈百字令〉一闋，次韻六闋；〈西江月〉一闋，次韻二闋以及〈煉丹砂〉一闋，次韻一闋，共計詞五十八首。卷末並附有〈隱語〉兩篇，分別是兼論儒、釋、道三家之理的「教外名言」，與絕學非不學之「絕學無憂篇并序」。《中和集》不僅有道體、太極玄妙之闡釋，亦有道教性命內丹學之修持次第，更兼論易卦與三教會通之旨趣，所涵括之議題既廣且深，當視爲李道純道教思想之重要代表著作。

　　《中和集》除《正統道藏》收錄外，尚可見錄於《道書全集》與《重刊道藏輯要》昴集。其中《道書全集》所刊錄之《中和集》七卷，是爲附上《道德會元》一卷後稱之。〔註30〕

〔註30〕　〔明〕徐惟起《紅雨樓家藏書目》「子部，道類」收有「李清庵《中和集》，七卷」，是於卷末附上《道德會元》一卷。〔明〕晁瑮《寶文堂書目》（《書目類編》冊28，嚴靈峰編輯，臺北：成文出版社，1978年）於「道藏類」同時收有《中和集道德經註解》、《中和集》，以及《清庵先生中和集》，並未著錄卷數。〔明〕王圻《續文獻通考》（影印明萬曆刻本，京都：中文出版社，1979年）於「道家類」著錄附上《道德會元》一卷之《中和集》七卷。〔清〕錢大昕《補元史藝文志》收於「子部・釋道類」，六卷。倪燦《補遼金元藝文志》錄於「子部・道家類」，六卷。〔清〕嵇璜所著之《續文獻通考・經籍志》（臺北：新興書局，1956年）與《續通志・藝文略》分別於「子部・神仙家類」與「道家類」載有「李道純《中和集》三卷，後集三卷」。〔清〕錢謙益《絳雲樓書目》「道藏類」（臺北：廣文書局，1969年）亦著錄有《清庵中和集》六卷。案：《寶文堂書目》中所錄之《中和集道德經註解》可能是《道德會元》，因附錄於《中和集》之後，故稱之。另《中和集》與《清庵先生中和集》當是複重之誤。

六、《全真集玄秘要》

收錄於《正統道藏》洞真部方法類，光字。一卷，由〈註〈讀周易參同契〉〉與〈太極圖解〉兩篇註解合成，題「清庵李道純著」。

〈讀周易參同契〉原詩見於張伯端《悟真篇》，李道純逐句爲解，援《易》爲論理基點，以「推明鍊丹火候之大本」。如文中所言，「易之道廣大悉備，以之學佛則佛，以之學仙則仙，以之修齊治平則修齊治平」，亦即崇尙《周易》究本推源之廣大精微。李道純認爲易象生化於無窮之中，魏伯陽假託鍊製內丹時身中之象於其中，並作《周易參同契》以言明火候進持，故「修真之士讀《周易參同契》當咀味求玄」，能得其中之義。若只是執泥於文象形體之中，於內丹成就並無益處。〈太極圖解〉則是李道純註解周敦頤《太極圖說》，隨句作註，兼採釋、道之說會通儒理說解之。之所以註解「無極而太極，太極生兩儀，兩儀生四象」之交感化生萬物過程，目的是在內丹鍊養的過程中，人身能有一效仿之運行模式，以及丹道可成的內在理據。也就是說，修命養性之要在於學聖人之返窮諸己，效天地之原始返終，進而「靜坐而養神，安寢以養氣，冥情於寂，潛心於極」，才能得此長生久視之道。〔註31〕

七、《清庵瑩蟾子語錄》

收於《正統道藏》太玄部，卑字。全書共分六卷，由李道純弟子編集而成。卷首有茅山道士嘿庵廣蟾子柴元皋序於元世祖至元 25 年（西元 1288 年）夏季。卷末則有李道純再傳弟子南昌脩江後學混然子王道淵作序，盛稱李道純「出道學淵源，得神仙秘授，三教之宗了然粲於胸次」，因此「句句無閑字，皆發明太上之遺風、仙真之未露」。此書是由王道淵「命匠繡梓」以傳世。

卷一乃李道純與門弟子柴元皋仿禪門機鋒應對之語，由嘿庵柴元皋編集。卷中兩人應對領域既涉略佛教《大顚心經》，也談《道德經》與《中庸》，甚至以內丹理論參究「罔明菩薩初地出家」、「寶瓶裡面養金鵝」等禪門公案，轉化原意而爲道門公案。卷二爲〈道德心要〉，係李道純教授《道德會元》時，定庵趙道可將諸門弟子傳證之紀要編集成篇，因「與同志之士相與開發以其心領意會」而名之。卷三是李道純上堂開示，實庵苗善時編。分〈冬至陞堂講經〉與〈太上老君聖誕上堂〉兩部分。其開示方法與禪門相似，也就是老

〔註31〕〔清〕錢大昕《補元史藝文志》「子部・釋道類」著錄有「李道純《全真元秘要》，一卷」於。案：「玄」字因避清諱而改爲「元」字。

師對弟子隨機開悟，遇有疑義，或擊杖，或喝斥，以顯道經中奧妙之玄理，非僅啻於言說。卷四爲寧庵鄧德成編，是李道純與諸門人以「七言絕句」的形式聯句，再由老師之判斷優劣，由此闡明道要禪機，所以李道純曰：「與諸法眷續詩遊戲，予之本意不在詩，而在道。苟有以詩會道者，無上至正之妙得矣。」〔註32〕卷五分成〈雜述〉與〈雜頌〉。其中〈雜述〉有「詩贈東溪」等十一首，〈雜頌〉則有「贊丹」、「示眾二圖」等十五首，多言金丹眞如之性，是由蒙庵張應坦編集而成。卷六乃損庵蔡志頤編集，其分七題：藉與定庵問答授鍊丹要訣之〈黃中解惑〉，言性功之〈鍊性指南〉，分內丹功法爲下手知時、眞鉛眞汞、採藥入爐、抽鉛添汞、火候周天、持盈固濟、固濟鼎爐、溫養、調神出竅等九大步驟的〈登眞捷徑〉，顯性理至道之〈水調歌頭〉，解性命、體用、龍虎等內丹詞彙義理之〈金丹秘要〉，以及歸納總結三教要旨之〈贈程潔庵〉與〈詠儒釋道三教總贈程潔庵〉。〔註33〕

八、《無上赤文洞古眞經註》

收錄於《正統道藏》洞眞部玉訣類，藏字，題「都梁參學清庵瑩蟾子李道純註」。李道純於註文前釋經題，以總括經文之旨。其言曰：「無上可上，故曰無上。」〔註34〕「抱本歸根，入手無間，則空氣煥然塞乎天地，光明普照，故曰赤文。」〔註35〕「洞觀無礙以知古，故曰洞古。」〔註36〕「直造虛無之眞境，同遊元始之先天，故曰眞經。」〔註37〕除李道純註本外，《正統道藏》尚有金長筌子之《太上赤文洞古眞經註》〔註38〕，其於經文文字上與本書互有錯落，惟意旨無太大出入。原經文《正統道藏》並無著錄，但可見於《藏外道書》冊6。

原經文甚短，僅195字。李道純依原經文章句〈操眞章〉、〈入聖章〉、〈住世章〉作註，兼採儒、釋、道之義理。全文先隨句作註，再於章末總括其旨。

〔註32〕《清庵瑩蟾子語錄》，卷四，第六右。

〔註33〕〔清〕錢大昕《補元史藝文志》於「子部‧釋道類」收有《瑩蟾子語錄》六卷，但未著錄撰作人名氏。

〔註34〕《無上赤文洞古眞經註》（收於《正統道藏》洞眞部玉訣類，藏字），第十右。

〔註35〕《無上赤文洞古眞經註》，第十右。

〔註36〕《無上赤文洞古眞經註》，第十左。

〔註37〕《無上赤文洞古眞經註》，第十一右。

〔註38〕見《正統道藏》洞眞部玉訣類，藏字。而《正統道藏》於洞眞部玉訣類，收字，收錄有同爲金長筌子所註《元始天尊太古經註》，除增釋經題與結語外，內容大致相同。

首章〈操眞章〉，主要說明萬物之體原是「不動之動，無爲之爲」，發顯爲用則是「神歸氣泯，相受相滋」，惟此「聖功」才能與「天地爲一」。次爲〈入聖章〉，在〈操眞章〉的基點上，解釋能與天地爲一之「忘目泯耳，色聲無礙」，才足以臻於全眞之聖。末章爲〈住世章〉，說明至人之所以留形住世、長生久視即是能「養其無象，守其無體」。〔註39〕

九、《道德會元》

收錄於《正統道藏》洞神部玉訣類，談字。是書分爲上、下二卷，題「都梁清庵瑩蟾子李道純元素述」。乃李道純有鑒於當時諸家對《道德經》之詮解「蓋由私意揣度，非自己胸中流出，故不能廣而推之」，因故著述《道德會元》以使學者釐清老子原經之義。其自序撰於元世祖至元 27 年，（西元 1290 年）孟夏。

李道純於解經正文前，以《河上丈人章句》白文本爲主，「將諸本差訛表而出之，以正辭理」，其名爲〈正辭〉，計有大同小異二百多處。並「參究諸本解義與聖人義理不相合者」爲〈究理〉，勘破經中異同之惑。此外李道純並釋《道德經》之名，其認爲「所謂道也者，不可須臾離也。即便行住坐臥，覆載之間，頭頭物物，互古互今，日用平常作息……皆是這個，是歷劫以來不曾變易的」。而所謂「德」者，「即不言之教，無爲之益，守雌抱一，純一不雜，修齊治平皆從此出。「經」則爲「眾所通行之大道，原爲聖人力開善誘門而強名」。其書大抵會通儒、釋以解《道德經》之義，其中註解文字部分多爲儒家精義，頌則仿禪偈，以表明心見性之旨。故其自序總言《道德會元》之體例，蓋依《道德經》之分章，將「正經逐句下添個註腳，釋經之意，以證頤神養氣之要。又於各章下總言其理，以明究本窮源之序。又於各章後作頌，以盡明心見性之機。」〔註40〕於此內容鋪陳之間，「修齊治平、紀綱法度、百姓日用之間、平常踐履之道，洪纖巨細，廣大精微，靡所不備」〔註41〕。

目前除《正統道藏》、《道藏舉要》第一類收錄有《道德會元》二卷之外，《道書全集》與《四庫全書存目叢書》則將其附錄於《中和集》之後，使《道德會元》二卷併爲一卷，《中和集》則由原來六卷增爲七卷〔註42〕。

〔註39〕〔清〕錢大昕《補元史藝文志》於「子部·釋道類」著錄有「李道純《洞古經註》，一卷」。

〔註40〕《道德會元·序》，第二右。

〔註41〕《道德會元·序》，第二右。

〔註42〕《道德會元》計有〔明〕焦竑《國史經籍志》收於「子部·道家類·老子」，

十、《周易尚占》

　　收錄於《寶顏堂祕笈》「哲學類・卜筮」。是書分為上、中、下三卷，原未著錄撰作之人，前有洛陽保八序於元成宗大德 11 年（西元 1307 年）五月，言「今瑩蟾子李清庵，下一片功夫分析爻辭，深得易理之趣……」，知此書為李道純著作。保八因見市肆之間卜筮之書未必有深造玄理者，而《周易尚占》作為卜筮之捷法，「其旨切而近，其辭簡而當，誠有補於初進者」，故將《周易尚占》鋟梓，以為流傳後學，不專貴於私人之手。《四庫全書總目》亦言：「此書乃李之純撰也，其書分為十八部，皆論易課斷法，與今卜肆術相類。惟於六神之外兼論神煞吉凶，則與今稍別」〔註43〕。

　　《周易尚占》全書三卷，分為十八個部分。卷上分為「圖局部第一」、「變通部第二」、「發端部第三」與「決斷部第四」。「圖局部」主要是以圖像發衍無極而太極，太極生兩儀，兩儀生四象，四象生八卦的生化過程，並說明陰陽相推、生化無窮之理。「變通部」係將所占之事與爻位相互配合，賦予爻象體例，其中包含有六位例、月建六神例、日建六神例等十種例相。「發端部」是從如何祝禱卜筮、合卦例、算卦位等基本占筮方法著手，並授人如何重卦、變卦，乃至於定卦主、六親、六直等。「決斷部」則由六親、六神、天符、直符、傳符、神殺等六方面談卦象之決斷與體例。卷中分為「三材部第五」、「人事部第六」、「三教部第七」、「營生部第八」與「疾惡部第九」。「三材部」以卜天之陰晴雨晦、地之禾苗田地、人之住居宅第等作為解釋之例。「人事部」則以解釋人事之六親、婚嫁與胎孕為主。「三教部」是以僧道、儒業、童蒙作為釋卦之重點。「營生部」與「疾惡部」分別以生產買賣之營利求財與疾病求癒、盜賊公訟為卜筮解釋之例。卷下則涵括有「乾部第十」、「坤部第十一」、「艮部第十二」、「震部第十三」、「巽部第十四」、「離部第十五」、「坤部第十六」、「兌部第十七」以及「通變部第十八」，即是推八卦所重之正卦、變卦所蘊含之五行陰陽屬性與斷例做一歸納與整理，並於文後附上神殺吉凶之論斷。

　　《正統道藏》並未註錄《周易尚占》，而是見於《寶顏堂祕笈》「哲學類・卜筮」。另《藏外道書》冊 5 亦有收錄，惟僅見卷上、卷下兩卷，缺卷中。〔註44〕

<hr>

　　　　二卷。〔清〕錢大昕《補元史藝文志》收於「子部・道家類」，二卷。另倪燦
　　　　《補遼金元藝文志》於「子部・道家類」載錄有「李道純道德經註，一卷。」
〔註43〕「李之純」應為「李道純」之誤。
〔註44〕《周易尚占》見錄於〔清〕錢大昕《補元史藝文志》「子部・五行類」，三卷。
　　　　〔清〕倪燦《補遼金元藝文志》同見於「經部・易類」與「子部・五行類」。

　　總觀李道純著作，除《周易尙占》以闡發周易卦象而作外，其餘著作無論是註解道教經文之《太上大通經註》、《太上老君說常清靜經》等，抑或是撰作以傳門弟子之《中和集》、《三天易髓》，皆兼融儒、釋之理以註解詮釋，其目的在「使學者知三教本一，不生二見」〔註45〕，也顯現李道純道教思想中「三教合一」之思想特色。

第四節　李道純道派法系

　　就道派授受體系而言，李道純爲白玉蟾弟子王金蟾門人，屬於金丹南宗一系。然就內丹學理論來說，其雖祖述張伯端之《悟眞篇》，但功法偏重北宗之心性修爲並自稱「全眞」，再加以融合儒學於心性之外結合「玄關」與「守中」的觀念，將內丹功法提領到另一個理論境界，於是後來研究內丹學者於內丹東、西、南、北四派外，另立「中派」〔註46〕，以安置與李道純「守中」觀念相仿之丹道學家。於此，本節分別以南宗師承關係與丹道理論相續兩部分，釐清李道純道派法系之脈絡。

一、道派傳承

　　據柯道沖序李道純再傳弟子王志道所編《玄教大公案》〔註47〕時指出：

> 自周漢以來，惟尹子嗣祖位，金闕帝君繼道統授東華帝君，帝君傳正
> 陽鍾離仙君，鍾傳純陽呂仙君，呂傳海蟾劉仙君，劉南傳張紫陽五祖，
> 北傳王重陽七眞，道統一脈自此分而爲二。惟清庵李君得玉蟾白眞人
> 弟子王金蟾眞人授受爲玄門宗匠，繼道統正傳以襲眞明，亦多典集見
> 行於世。寶庵苗太素師事之心印其要，蓋青出於藍而青於藍者也。

〔清〕嵇璜《續文獻通考經籍志》「子部・占筮類」，三卷。〔清〕嵇璜《續通志藝文略》「占卜類」，三卷，不著撰人名氏。〔清〕錢謙益《絳雲樓書目》歸爲「壬遁類」，未載明卷數及作者名氏。〔清〕錢曾《述古堂書目》（收於《叢書集成簡編》，王雲五主編，臺北：商務印書館，1966年）「卜筮類」，一卷，亦未著錄作者名氏。案：本書於《補遼金元藝文志》之「子部・五行類」著撰作者爲「保八」，可能是誤以作序者爲撰作者而重複登錄。

〔註45〕《三天易髓》（《正統道藏》洞眞部玉訣類，光字），第十右。

〔註46〕蕭天石先生認爲：「道家玄宗，以南北東西四派最大，原無中派之立宗，然就其修丹訣法之異同而言，則又有判分中派之必要。」《道家養生學概要》（臺北：自由出版社，1963年），頁128。

〔註47〕《玄教大公案・序》（《正統道藏》太玄部，下字），第一左。

意即李道純師承授受於南宗張伯端後學，白玉蟾門人王金蟾之後。但南宗在張伯端立教之初，並無固定教團組織或宮觀制度，存在的只有師徒口語之私相傳授。這樣的情形一直到紫元子留元長序紫清眞人白玉蟾所著《海瓊問道集》：

　　白君得之於陳泥丸，陳得於薛道光，薛得石泰，石得於張平叔，張得於劉海蟾，劉得於呂洞賓……〔註48〕

逐漸將「張紫陽（伯端）→石杏林（石泰）→薛毗陵（薛道光）→陳泥丸（陳楠）→白玉蟾」的授受系統具體化。此後，詹繼端序《海瓊傳道集》，進一步將此道派系統向上推擴，納入鍾雲房與呂洞賓：

　　昔者鍾離雲房以此傳之呂洞賓，呂傳之劉海蟾，劉傳之張平叔，張傳之石泰，石傳之道光和尚，道光傳之陳泥丸，陳傳之白玉蟾，則吾師也……〔註49〕

而南宋李簡易《玉谿子丹經旨要・混元仙派之圖》〔註50〕所羅列之道派源流時代橫越更長，其以「混元教主萬代宗師太上老君」爲首向下傳承，譜系看來頗爲凌亂，但可釐清的是，王重陽下並列有馬丹陽、譚長眞、劉長生、丘長春、王玉陽、郝太古、清靜散人、劉仙姑、陳通叟、劉际等十人。而張平叔則下傳石得之、馬自然、石淳一，石得之傳薛復命，薛傳陳泥丸，陳傳鞠九思、沙道彰、白玉蟾、黃天谷，白玉蟾下則有彭鶴林。而後，蕭廷芝序鄧錡《道德眞經三解》作〈大道正統〉，以「浮黎元始天尊」下傳玉清元始天尊、上清靈寶天尊、太上道德天尊開啓道教傳承譜系，傳至二十七代爲華陽眞人李亞，二十八代爲正陽眞人鍾離權，二十九代純陽眞人呂巖，三十代海蟾眞人劉玄英，自此二分爲北宗重陽眞人王重陽與南宗紫陽眞人張伯端。重陽眞人下有玉陽眞人王處一、太古眞人郝大通、長生眞人劉處玄、丹陽眞人馬鈺、長眞眞人譚處端、長春眞人丘處機、清淨仙姑孫不二。紫陽眞人則下傳翠玄眞人石泰，石傳紫賢眞人薛道光，薛傳翠虛眞人陳楠，陳傳海瓊眞人白玉蟾，白傳鶴林眞人彭耜。又「廷芝忝出鶴林先生門下一人之數……」。於此，金丹南宗、北宗不僅同源於「鍾離權→呂洞賓→劉海蟾」的內丹體系，其後之代代傳承也逐一明朗。陳致虛《金丹大要》卷一所述：

　　華陽、玄甫、雲房、洞賓授受以來，深山妙窟代不乏人……燕相海

〔註48〕《海瓊問道集・序》（《正統道藏》正一部，弁字），第二右。
〔註49〕《海瓊傳道集・序》（《正統道藏》正一部，弁字），第一右。
〔註50〕《正統道藏》洞眞部方法類，稱字。

蟾受於純陽，而得紫陽以傳杏林，紫賢，泥丸，海瓊，接踵者多；
我重陽翁受於純陽而得丹陽，全眞教立，長春、長眞、長生、玉陽、
廣寧、清靜諸老仙輩，枝分接濟，丹經妙訣，散滿人間……七眞五
祖……〔註51〕

更是將金丹南北宗歷代高道尊爲「七眞五祖」，確立其於內丹傳承體系之崇高
地位。

綜上資料，金丹南宗自鍾、呂下傳以至於李道純之道派傳承可列表於下：

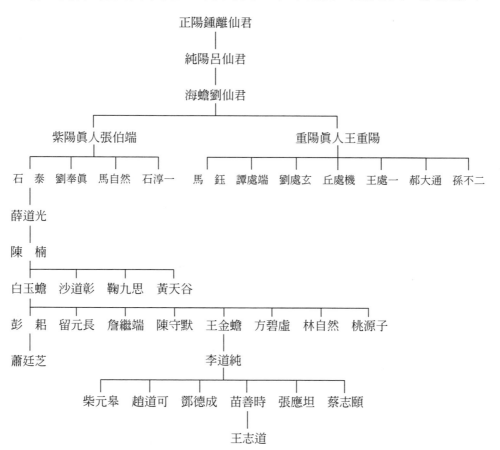

總的來說，金丹南宗雖然在傳承體系上祖述鍾離權、呂洞賓、劉海蟾等人，
但一般仍以張伯端作爲南宗初祖。惟金丹南宗創教初期並不重視師承體系與宮
觀制度，僅爲師徒之間秘密傳授，並在鄉野間修行。直到白玉蟾始有信徒、宮
觀場所、教團組織，甚至入教教徒之行持規則，因此道教史皆以白玉蟾作爲宗

〔註51〕《金丹大要》（《正統道藏》太玄部，睦、夫字），卷一，第五右。

教教團之南宗實際創始者。而白玉蟾之前並無南宗師承譜系之著錄，故有學者認爲此譜系之提出是「白玉蟾及其門徒爲抬高自己地位而作的附會」〔註52〕。此一師承體系至李道純，可從其門弟子編集《清庵瑩蟾子語錄》中確定有柴元皋、趙道可、鄧德成、苗善時、張應坦、蔡志頤等六人，而從語錄中爬梳與李道純應答之弟子尚有：無庵、昔庵、素庵、普庵、愛山、復庵、息庵、月庵、濟庵、退庵、靜庵、一庵、隱庵、虛庵、惟庵、丁宰、詹宰、東庵、靜安、頤庵、甲庵等人，惟不知名號及正確師承關係，故難以編入譜系之內。

二、功法承繼

在道派傳承體系之外，李道純以「中和」觀念闡釋內丹修鍊之起心動念處，並援此結合「玄關一竅」之理論學說，影響後世內丹修鍊甚鉅，一般將之歸爲「中派」。但必須說明的是，「中派」並非正式的道教教團組織，之所以以此爲名的原因在於，後來學者將丹道理論與李道純「守中」功法相近的丹師羅列在一起，並予以名稱爲「中派」而已。「中派」又稱爲「先天派」，是融會金丹南、北宗丹法理論，並援引《中庸》「喜怒哀樂未發之謂中，發而中節之爲和」的說法，闡釋內丹丹功中一陽未發而內鍊，陽氣初動而中節之功夫，理論核心便是「中和」虛靜之道。「中派」以李道純爲主要代表人物，此外尹眞人、閔小艮、黃元吉等人皆劃歸爲「中派」丹師。

尹眞人著有《性命圭旨》，是以儒、釋、道三教合參以論玄門修行節次功夫，其所著重的仍是虛靈不昧之一竅。尹眞人於《性命圭旨・中心圖》云：

> 說這箇竅，元是廓然無際、神妙莫測的；元是渾然大中、不偏不倚的，元然是粹然至善、純一不雜的，昭昭乎，本是圓明洞徹而無礙。以爲有，不覩不聞，奚所有也；以爲無，至靈至神，未嘗無也。本無方所，亦無始終，未有天地萬物之先，這箇元是如此。既有天地萬物之後，這箇只是如此。至無至有，至有至無，乃乾坤之靈體，元化之玄樞。……〔註53〕

其所謂「竅」並非一具體部位，而是既有且無、既無且有、至爲虛靈之處。

〔註52〕語見郭武〈白玉蟾對金丹南宗思想的總結與發展〉（《道教文化》5 卷 9 期，1994年 9 月），頁 25。

〔註53〕《性命圭旨・中心圖》（見於《藏外道書》冊 9，成都：巴蜀書社，1994 年），總頁 520。

若能「明此便是克明峻德；知此便是知易；見此便是見道；立此便是立天下之大本；通此性由我盡、命自我立」〔註54〕，及知見此「竅」之無際莫測，則「造化盡在我矣」。

閔小艮〔註55〕爲全眞龍門派第十一代傳人，其稟承全眞傳統分內丹功法爲鍊己築基、鍊精化氣、鍊氣化神、鍊神還虛等階段，只是在此功法次第的修持過程，特別重視打通「玄關一竅」，認爲「須開得玄關，方可下手」〔註56〕。而對「玄關」位置的描述，仍與李道純相仿，認爲玄關似有形若無象、無方無所，學者只有行到虛寂靜篤之處，才能體悟玄竅之現。因爲玄竅「元神於此升降」，而「結胎養胎、造至脫胎，皆基於此」，故在整個內丹修過程中具有十分重要的地位。因此如何通過克己止念的功夫，掃除所有的雜念妄念，以達虛靈不昧的的境地，使此玄竅豁然洞開，即爲內丹修鍊過程中極爲重要的一環了。

清末丹師黃元吉〔註57〕也極爲重視「守中」的功夫。其著作《道門語要》曾記載云：

> 學人必守中之候，以調養乎丹田，久之精生藥產，神完氣足，由此而行八百抽添之數，三百六十之爻，進陽火，退陰符，於中用卯酉沐浴之法，則丹鉛現象，有六種效驗，然後行五龍捧聖，七日過關之功，庶可還玉液之丹，而成不死之身……〔註58〕

亦即以「守中」作爲鍊丹之下手功夫，所有後續的功法也必須待此明朗，才得以精進。而此所謂「中」便是指「玄關一竅」，換言之，黃元吉內丹學說亦爲圍繞「玄關一竅」作爲內丹功法修鍊基點所開展出的理論。所不同的是，黃元吉明確指出玄關一竅位於「臍下丹田離肉一寸三分之間」〔註59〕，具體定義「玄關」於身體構造中的位置，不再晦澀隱語。

關於「玄關一竅」在整個內丹鍊養過程的重要性，張紫陽自序《金丹四百字》時有過這樣的敘述：

> 要須知身中一竅，名曰玄牝。此竅者，非心、非腎、非口鼻、非脾胃、非穀道、非膀胱、非丹田、非泥丸，能知此一竅，則冬至在此

〔註54〕《性命圭旨・中心圖》，《藏外道書》冊9，總頁520。
〔註55〕原名苕敷，字補之，一字小艮，號懶雲，自稱閩眞仙、法僧際蓮氏。
〔註56〕見《修眞辨難前編參證》，收於《藏外道書》，冊10。
〔註57〕名裳，字元吉，生卒年不詳，與元淨明道黃元吉姓字皆同。
〔註58〕《道門語要》，《藏外道書》冊26，第六右。
〔註59〕《道門語要》，《藏外道書》冊26，第三右。

矣，藥物在此矣，火候亦在此矣，沐浴亦在此矣，結胎亦在此矣，
脫體亦在此矣。夫此一竅，亦無邊際，更無內外，乃神氣之根，虛
無之谷……〔註60〕

說明內鍊成丹的過程未能稍一離開此一玄竅。換言之，玄關一竅是為內丹功
法中極為關鍵之下手處。正因為「玄關」居於此重要地位，乃至於後來許多
內丹理論家於此基點上繼續闡揚相關理論。及至李道純，首將「玄關」結合
儒家「中和」之說，認為「聖人只書一中字示人，此中字即玄關明矣」〔註61〕，
並於此內鍊之起心動念處著功夫，則玄關自現，其後之功法也才能逐一行持
朗現。後來學者便將內丹理論與李道純「守中」觀念相近者，於道教內丹南、
北、東、西四派之外，另立「中派」以判分之。〔註62〕

第五節　小　結

　　道教雖然是為一個宗教團體，但能否廣為傳布端賴世俗客觀環境之有利
與否。經過東漢末年的草創，魏晉南北朝、隋唐五代的發展宣揚，整個道教
勢力與教義規模在宋元時期終有一個較成熟的展現。此一時期興起的全真
道、真大道教與太一教，便以「新道教」〔註63〕姿態，於外族統治的政治環
境下發揮影響力，並對傳統道教進行改革與發展。其中，全真道歷經王處一、
丘處機等人的爭取，於元代之地位幾乎是凌駕佛教與所有道派之上。憑藉此
一有利的客觀勢力，全真道自是隨著元代政權版圖之擴張而南傳，正式以優
越嚴謹的教團組織，融合原來同為內丹修鍊卻無教團結構的南宗，李道純即
是南宗教徒歸化全真門下的最佳例子。

　　李道純作為道教南宗五祖白玉蟾門人王金蟾之弟子，在道派傳承上是為
道教南宗的嫡系。但是被南宗奉為初祖的張伯端，傳教之初並無意建立教團
組織，其著重的內丹功夫仍是道教傳統的私相授受，因此張伯端下傳二祖石

〔註60〕　《金丹四百字》（收於《正統道藏》太玄部，唱字），第四右。
〔註61〕　《中和集》，卷一，第二左。
〔註62〕　本節主要參考蕭天石所著《道家養生學概要》以及施達郎所著《道家內丹養
　　　　　生學概論》（香港：香港道教學院，1992年）。
〔註63〕　根據陳垣《南宋初河北新道教考》指出，「新道教」指的是全真教、真大道教
　　　　　以及太一教。何以稱之為新道教？蓋靖康之難後，河北頓成一片廢墟，士人
　　　　　多為金朝所用，惟「三教祖乃別樹新意，聚徒訓眾，非力不食」，與傳統道教
　　　　　之風氣不相類，故以「新道教」標誌之。

泰、三祖薛道光、四祖陳楠，都是居於鄉野間修鍊。不僅沒有行跡著世，也無明確的教義與傳承系統。一直到五祖白玉蟾，南宗才開始逐漸發展教團組織。因應教團的需要，也才營建宮觀、訂立教制教義，正式成為道教宗派，是故一般道教史皆以白玉蟾作為南宗的實際開創者。至於後來南宗之所以有具體的傳授系統，蓋出於南宗後學為確立己身道派在道教傳承系統中的正式地位，不斷向上推擴攀附所建立的。

李道純道教思想是建立在「三教合一」理論基礎上，並兼融南北宗內丹修鍊理論所框架出來的。此「三教合一」的提出，不僅是李道純作為南宗弟子祖述其初祖張伯端的思想旨趣，也是儒、釋、道三教在中國歷史文化變遷中，因著不斷相互激盪、辯爭以及融合，發展到宋元時期不得不然的結果。此三教衝突以至於融合的發展過程，將在下一章有所論述。

綜觀李道純之思想旨趣，其既保持道教奉為經典之《道德經》對道體的解釋，也主張內丹修鍊的最終歸求是要契應道體的清靜無為境界。此外更融合理學家「太極」對宇宙道體的解釋，以及禪宗機鋒、棒喝、參究公案等方法，與「明心見性」以達真如境界的功夫修為，用以解釋道教內丹性功與命功的周天火候運行與修為境界。李道純一改傳統道教「喻體假用」的晦澀語言，給予修道之士具體行持進退之節。此外，李道純更援引《中庸》「中和」觀念，使之與「玄關一竅」結合，開創「守中」的內丹功夫修養，深刻影響後來明清丹師的內丹修道之理論次第。

總言之，李道純之生平行跡於道教傳記、碑銘甚以及正史史料中皆無專著記載，僅能散見於地方府志以窺其概。但李道純上承道教南宗與全真北宗之丹道思想，精熟《老子》，不僅將之運用於對《太上大通經》、《太上老君說常清靜經》、《太上昇玄消災護命妙經》、《無上赤文洞古真經》等道教經典的註解與詮釋，並以《周易》卦象說解內丹鍊製的次第與諸多現象，而著有《三天易髓》與《全真集玄秘要》。此外，因著三教合一的時代氛圍，也藉援用儒、釋理論來充實自身理論體系，李道純更是融合《中庸》的「中和」、理學家的「太極」以及禪宗的「明心見性」，建構「守中」一派的內丹立論體系，開展頓漸之法。其著作《中和集》與其門弟子所編輯之《清庵瑩蟾子語錄》，皆可展現其開展之新的修鍊理路。於此，上承道教內丹南、北宗思想旨趣，下啟明清內丹「守中」一派理論之李道純，冠以「元代著名之道教理論家」之名，應是當之無愧。

第三章　李道純三教合一之思想基礎

第一節　前　言

　　「三教合一」是儒、釋、道三教思想傳布過程中不得不然的發展。就儒家來說，作爲先秦以來中國哲學思想的主體，所面臨的是新文化、新思想的衝擊使其思想體系分化與整合。換言之，在儒家龐大的理論體系下，學者因著對經典不同的詮釋解譯而產生分化。以「性與天道」的關係爲例，孟子從「仁義內在」出發，對心性、天道進行內在的肯定。相反的，荀子卻從外在尊君、隆禮的角度作論述。董仲舒則採行陰陽五行的思想提出「天人感應」，從不同的角度切入論證，儒學的發展也隨之龐雜。然而隨著釋、道兩教思想的勃興與成熟，儒者逐漸接受並融通釋、道的思想論點來架構儒學，此以宋代理學對天道與性命的相互貫通，並賦予天體道德意識以整合儒家思想的表現最爲特出。就佛教而言，其以「外來宗教」的角色，在三教發展的過程中，受到的衝擊最爲嚴苛，這也就迫使佛教僧人們不得不採行權宜的方法以爭取更多的支持。例如慧遠傳教時便提出「道法之與名教，如來之與堯孔，發致雖殊，潛相影響；出處誠異，終期則同。」〔註1〕其目的是希望透過儒釋無殊的倡導，以利於佛教的傳布並爭取認同。在尋求政治勢力的扶植過程中，與儒、道之間的紛爭無法避免，但也正是這樣的相互激盪，佛教逐漸蛻去印度宗教思想的外殼，融入中國文化之中，漸漸發展出中國化佛教，最顯明的表

〔註 1〕《弘明集・沙門不敬王者論》（臺北：新文豐出版公司，2001 年），卷五，〈體極不兼應四〉，第十四左，總頁 230。

現便是禪宗內在自性本心的肯認與頓悟成佛。就道教而言，其融雜老莊哲學、古代方術，原始宗教等思想，追求的是長生與成仙。傳教之初，是以肉體長生不死作爲吸引信徒的手段，然而經過鍊養的失敗，財力的負荷……等因素，道教一方面保持傳統道教對長生的追求，一方面融合儒、釋對內在心性的重視，逐漸開展內丹鍊養的功夫哲學，其中以宋元時期興起的金丹南宗與全眞北宗等內丹道派的表現最爲特出。總此，儒、釋、道三教的思想從對立激辯到義理融通，終於在唐宋以後圓融成熟成爲一時代性的思想風潮。

雖然無法考察「三教合一」最早提出的時間，但最遲在六朝隋唐以後便有相關主張。只是在提舉此一理念的過程，所歸向的「一」是有所差異。也許指的是三教在義理上是相通的，減少思想歧異的激辯；或者提出「三教同源」，以爭取地位的平等；又或者指的是導民向善的作用是等同的，因時勢所趨而異。這樣的觀念發展到宋元時期，歸「一」的內容不盡相同，但共同的特色是將「歸一」的課題落在思想內容與旨趣上面。李道純面對此一思想氛圍，明確從道體、心性與境界等方面提出「三教本一」〔註2〕的主張。從天道而言，三教歸結在「○」〔註3〕之上；就心性而言，「三教聖人只書一中字示人」〔註4〕；就歸求的境界而言，「三教所尚者，靜定也」〔註5〕。總之，李道純以「皇天無二道，聖人無兩心」〔註6〕作爲思想旨趣，開展其三教義理之相互融通之理論架構。

本章以〈李道純三教合一之思想基礎〉爲題，首先從儒、釋、道三教在歷史行進過程中的發展軌跡，觀察三教理論從激辯到融通的過程；繼之以李道純順應「三教合一」思潮在思想上的表現，進而比較其間理論的異同。

第二節　三教合一思想探源

宗教傳布的榮盛與否，往往必須依附政權的推動與扶植，於是儒、釋、道三教便在政治勢力的爭取較勁中產生衝突。但哲學體系的建立並非是單一

〔註2〕《三天易髓》（《正統道藏》洞眞部方法類，光字，臺北：藝文印書館，1962年），第十右。

〔註3〕《中和集》（《正統道藏》洞眞部方法類，光字），卷三，第十五右。

〔註4〕《中和集》，卷三，第十七左。

〔註5〕《中和集》，卷一，第一左。

〔註6〕《中和集》，卷三，第四右。

的辯證過程，而是在刺激與辯論中融通圓熟，換言之，儒、釋、道三教初期
爲爭取對自己有利的客觀環境，必然存有攻訐與論爭。也正因爲有維護自身
宗教體系的需求，三教不得不接觸領會他人的思想義理，並從中取得破綻，
希冀能在論戰中獲得勝利，其中又以同爲宗教形式傳布的釋道衝突較爲嚴
重。義理論點的援用與融通終究取代雙方的激進辯論，也就是說，在儒、釋、
道關係發展的軌跡上，三教立場從漢魏兩晉的彼此試探依賴、南北朝時期的
絕對對立，發展到唐中葉、宋元時期舉「三教合一」作爲思想立論的主要觀
點，他們皆因收攝彼此的哲學內容而產生內在體質的改變，並成就自身更爲
圓熟壯盛的思想體系。本節將以道教思想爲主要觀察重點，兼論及儒釋兩家
於此三教關係發展中之表現。〔註7〕

一、萌芽期

　　漢魏兩晉是儒、釋、道三教關係的萌芽階段，彼此間的依存與模仿要比
義理爭戰來得多。就道教而言，雖然有多元的思想背景與來源，但作爲一個
正式宗教教團也不過是東漢末年才稍具規模。換言之，道教本身的教理教制
仍屬草創，適當的從儒、釋方面吸收教理教義以充實自己的思想本質，實屬
必然。例如此一時期出現的道教重要經典《太平經》，內容既包含有天人相
通的神仙系統、養氣修道等學道之方，並從「陽尊陰卑」的思想出發，論證
封建秩序的合理性，反映漢代儒者所論陰陽五行之災異說。此外，基於宗教
需要，《太平經》將儒家君、父、夫三綱轉化爲君、父、師三寶，強調爲人
臣應忠君、爲人子應孝父、爲人弟子應順師等倫理綱常。《太平經》之後，
註解《道德經》的《老子想爾注》，亦將道家的「道」依附於儒家忠、孝、
仁、義等道德規範之中，認爲若道得以施行，便是實現了忠、孝、仁、義；
反之，道不行，則社會出現敗亂現象。東晉道士葛洪所著《抱朴子》也於《抱
朴子外篇・自敘》中明白指出：「其《內篇》言神仙方藥，鬼怪變化，養生
延年，禳邪卻禍之事，屬道家；其《外篇》言人間得失、世事臧否、屬儒家」

〔註7〕　本節論述主要參考黃懺華著《中國佛教史》（上海：上海文藝出版社，1990
　　　　年）、任繼愈主編《中國道教史》（臺北：桂冠圖書公司，1991年）、勞思光著
　　　　《新編中國哲學史》（臺北：三民書局，1993年）、卿希泰主編《道教與中國
　　　　傳統文化》（福建：人民出版社，1990年）以及任繼愈主編《道藏提要》（北
　　　　京：中國社會科學出版社，1995年）。

〔註8〕。除上述道教重要經典之外，此一時期也出現戒律書籍，如疑爲葛洪撰作的《太上老君戒經》，其以持殺、盜、婬、妄語、酒等五戒爲治身之本，持戒則可以得福成眞，反之則受種種報應。出現於前秦至北魏初期的《正一法文天師教戒科經》〔註9〕也勸人奉道持戒，敬君、孝親、事師等，皆不同程度的吸攝儒家倫理綱常。道教雖然以雜揉儒家思想以擴充自身教義，惟整個道教思想尚在醞釀階段，只是囫圇吞棗式的吸收倫理綱常與陰陽災異思想，其所表現的思維模式也就顯得較爲駁雜。

儒家思想發展到漢代，因著董仲舒等利用「天人感應」與陰陽五行災異論證傳統三綱五常的倫理關係，使得漢代學術逐漸「神學化」，並提供道教思想取材的來源，但這樣的讖緯神學，終衰微於漢末。魏晉時期，社會秩序的混亂與生活的擾攘不安，使得文人開始對生命本質進行探索，追求精神生活的超脫，於焉掃除漢代以來繁瑣的經學章句與讖緯災異，形成一股祖述《老子》，註解《莊子》，標榜清雅自然的玄學思潮。學者於此風潮下，精神上追求老莊思想之自我境界，學理上卻企圖會通儒、道，如何晏以道家思想詮解《論語》，王弼以《道德經》中對道體的觀點解《易》等，皆泯沒了儒道學說之分際。

再就佛教而言，其乃從西域傳入中國，對中土來說屬於外來宗教，入境之後想要有所傳播或立論，勢必針對中國本土的文化民情有所調整與適應，以迎合中國社會的需要。初期佛教翻譯經典，曾大段引用《淮南子》作爲《四十二章經》之註解。魏晉之後，清談玄風大倡，東晉道安、支道林等在演釋《般若經》時，便常引用老莊思想中虛、無、玄、寂等概念來證論般若的性空與本無，並以對「道」境界性質的描述比附佛教「眞際」、「法身」等概念。僧肇《涅盤無名論》更是以道「恍惚杳冥」作爲「涅盤」境界的描寫。換言之，佛教僧人比附道家義理於佛經的詮解上，希冀從經典思想著手，以獲得氏族文人的青睞，並藉此宣揚發展。

總的來說，儒家仍維持其作爲維護政權與倫常規範的地位。道教採取開放的態度，融攝來自各方的思想，成就其駁雜的多樣面貌。佛教則順應魏晉清談之風，在《老子》、《莊子》思想境界上的相互引用更甚於吸攝儒家思想。名僧釋慧遠在東晉成帝、安帝之際，針對批評佛教僧人不敬君主、不禮父母、毀身剃髮等言論，曾言：

〔註8〕 《抱朴子外篇・自敘》（《正統道藏》太清部，眞、志字），卷七，第九左。
〔註9〕 《正統道藏》洞神部戒律類，力字。

> 凡在出家，皆遯世以求其志，變俗以達其道。變俗則服章不得與世
> 典同禮；遯世則宜高尚其跡。夫然者，故能拯溺俗於沉流，拔幽根
> 於重劫，遠通三乘之津，廣開天人之路，如令一夫全德，則道洽六
> 親，澤流天下，雖不處王侯之位，亦已協契皇極在宥生民矣。是故，
> 內乖天屬之重而不違其孝，外闕奉主之功而不失其敬……〔註10〕

認為世俗之人自當遵守禮教規範，但是僧人乃「方外之賓」，之所以不守俗世
綱常，不是故意挑戰君權以之對抗，反而是藉由另外一種方式維護政權。換
言之，慧遠認為僧人雖非處於王侯高位，也能替君主護祐百姓生民等。此一
時期除類似此出家人當敬王者否之零星辯論外，儒、釋、道三教的互動關係
在表面上是平和的。

二、衝突期

　　經過漢魏兩晉的發展與傳播，儒、釋、道三教在義理傳布上都有相當的
成就，也獲得統治者不同程度的扶植與信賴，可謂達到三足鼎立的形勢。就
儒家而言，其仍舊維持作為維護社會秩序與倫常規誡的主導地位，即便在位
君主並未特別倡導，儒家思想已然融為中國文化的重要部份。而印度佛教與
中國道教，從基點上看來已經是文化之爭，又因著對世俗權力與客觀環境的
爭取，道教往往聯合儒家以挑起夷夏之防對付佛教，一場場尖銳激烈的辯論
與衝突勢不可免。

　　儒、釋、道三教之間較重要的論爭，有劉宋明帝泰始三年（西元 467 年），
「（顧）歡以佛道二教異，學者互相非毀，乃著〈夷夏論〉……」曰：

> 五帝三皇不聞有佛。國師道士，無過老莊；儒林之宗，孰出周孔。
> 若孔老非聖，誰則當之？……今以中夏之性，效西戎之法，既不全
> 同，又不全異。下棄妻孥、上絕宗祠。嗜欲之物，皆以理伸；孝敬
> 之典，獨以法屈。悖理犯順，曾莫覺之，弱喪忘歸，孰識其舊。且
> 理之可貴者道也，事之可賤者俗也，舍華效夷，義將安取？〔註11〕

顧歡以為佛教是為夷狄之教，作為中夏之人，豈有廢棄固有孔、老聖人不學，
而效法西戎之法的道理？此篇論述一出，如明僧紹申述二教兩得、三家並重

〔註10〕 見《弘明集・沙門不敬王者論》，卷五，〈出家二〉第十二右，總頁 225。
〔註11〕 《南史・顧歡列傳》（《新校本二十五史》，楊家駱主編，臺北：鼎文書局，1977
　　　　年），列傳第六十五，頁 1875。

的〈正二教論〉〔註12〕、謝鎮之表明佛優於儒、道的〈與顧道士書〉及〈重與顧道士書〉〔註13〕……等，皆表達反對立場，夷夏之間孰優孰劣之論爭攻防於焉展開。另一次頗具哲學思辨意義的儒釋之爭，是起於齊梁之世的神滅與神不滅之論。佛僧認爲形是五臟六腑四肢七竅所組成，但神卻是靈照萬物，「妙統眾形」〔註14〕，換言之，「神爲生本，其源至妙，豈得與七尺同枯，戶牖俱盡」〔註15〕，故神是不滅的。但范縝以其犀利的筆法論述：

> 神之於質，猶利之於刀，形之於用，猶刀之於利，利之名非刀也，
> 刀之名非利也。然而捨利無刀，捨刀無利，未聞刀沒而利存，豈容
> 形亡而神在。〔註16〕

其認爲形與神之間的關係就如同刀與利的關係一樣，依附著刀而有利之名，若無刀則無利之名。同理，依附形體而有神之名，若形體消失，神豈能獨自存在？所以神是會滅絕的。這對以不滅的神作爲因果報應的本體、脫離六道輪迴之苦、解脫於世俗之外的佛教哲學體系，無非是種挑戰。齊梁之世是崇佛的，見范縝以「形滅」說企圖支解佛教的神學體系，朝野諠譁，齊竟陵王蕭子良甚至招募僧眾企圖對范縝進行理論上的圍攻，未能奏效，此神滅與不滅之爭辯，甚至延續到梁武帝蕭衍之世。

除思想義理的爭辯之外，也有帝王因宗教立場的不同，以頒詔明令的方式，運用政治力量摧毀宗教活動。例如南朝有梁武帝天監十六年（西元 517年）廢除道觀，並令所有道士還俗。北朝有北魏太武帝因寵信宰相崔浩與寇謙之而奉其道，並於太平眞君七年（西元 446 年）下詔曰：「誅長安沙門，焚破佛像。敕留台下、四方，令一依長安行事。……自王公以下，有私養沙門者，皆送官曹，不得隱匿。」〔註17〕北周武帝曾於建德二年（西元 573 年）釐定三教先後，並以儒教爲先、道教次之、佛教爲後，顯示其抑佛的立場。次年（西元 574 年），則下詔「斷佛、道二教，經像悉毀，罷沙門道士，並令

〔註12〕《弘明集》，卷六，〈正二教論〉第九左，總頁 276。。

〔註13〕《弘明集》，卷六，〈與顧道士書〉，第二十四左，總頁 306。〈重與顧道士書〉，第二十七左，總頁 312。

〔註14〕《弘明集》，卷五，〈神不滅論〉，第三右，總頁 207。

〔註15〕《弘明集》，卷五，〈神不滅論，第三左，總頁 208。

〔註16〕《梁書‧儒林傳》（《新校本二十五史》，楊家駱主編，臺北：鼎文書局，1977年），列傳第四十二，頁 666。

〔註17〕《魏書‧釋老志》（《新校本二十五史》，楊家駱主編，臺北：鼎文書局，1977年），志第二十，頁 3034。

還民……」〔註18〕，正式展開往後一連串滅佛行動。

　　儒、釋、道三教或由於政治勢力介入貶抑與打壓，使得教義宣揚受阻；或由於教義義理上的相互非難而針鋒相對，但在爭論背後卻也因爲思想的相互融通，達到自我理論體系的充實。就道教而言，因爲整個教義教制規模尚未完全定型，此一時期必須藉由吸收儒、釋兩家思想，以完成理論架構，故在融攝其他兩家思想義理上的表現最爲突出。如北朝道士寇謙之改革北魏天師道，托稱太上老君降授他「新天師」之位與《雲中音誦新科之戒》〔註19〕，並「宣吾（指太上老君）新科，清整道教，除去三張僞法，租米錢稅及男女合氣之術」，代之以「禮度爲首，而加之以服食閉煉」之新道法。亦即廢除道官私授世襲制度，代之以儒家任賢舉才之法，並奉戒齋功，增加儒家忠孝仁義作爲道教戒律規範。在經典方面，此時期新造的如宣揚因果報應的《太上洞玄靈寶業報因緣經》〔註20〕、宣講宿命因緣的《太上洞玄靈寶宿命因緣明經》、勸人出家以求解脫的《太上洞玄靈寶出家因緣經》以及陳述地獄輪迴、業報不爽的《太上洞玄靈寶誡業本行上品妙經》〔註21〕等，不僅引用佛教教義，甚至在形式上整篇模仿。此外，像《玄都律文》、《太上洞眞智慧上品大誡》〔註22〕等戒律書籍，也多反映佛教不殺生、不嗔怒，或儒家忠於君主、孝養父母等思想觀念，在經典教義中具體表現道教雜揉儒、釋家思想的軌跡。

　　在佛教方面，原來就具有較完善的思想體系，之所以收攝道教思想，目的在運用一種民眾能接受，而且接近於中國思維模式的方法以傳教。如被尊爲天台宗三祖的僧人慧思，引進道教的內外丹法作爲修禪的步驟與階梯。淨土宗初祖曇鸞因患病有感於人命脆危，遂向陶弘景學長生仙術以宏揚佛法，並著有《調氣方》、《論氣治療方》、《服氣要訣》等多部與道教服氣相關之書籍。

　　總言之，與前期相較，南北朝儒、釋、道三教之間的論辯衝突激烈，思想上的融通也更爲廣泛，只是這樣的義理會通以模仿與引用爲主要特色。

〔註18〕　《周書・武帝紀》（《新校本二十五史》，楊家駱主編，臺北：鼎文書局，1977年），帝紀第五，頁85。

〔註19〕　一卷，又名《樂章誦戒新法》、《老君音誦戒經》、《音樂新正科律》，收於《正統道藏》洞神部戒律類，力字。

〔註20〕　十卷，收於《正統道藏》洞玄部本文類，文字。

〔註21〕　以上三本經典皆爲一卷，同收於《正統道藏》洞玄部本文類，字字。

〔註22〕　以上二本戒律書籍皆爲一卷，同收於《正統道藏》洞眞部戒律類，雨字。

三、發展期

　　隋唐統治者面對經過南北朝廣泛宣揚與改革所衍發的儒、釋、道三股強
大勢力，在制度上是三教並用的。隋皇朝建國之初，雖是利用道教編造「受
命之符」以謀奪北周政權，但隋文帝是由尼姑養育成人，對佛教的重視尤甚
於道教，故其規定三教序位是佛教為先，道教次之，儒家為末。而唐朝近三
百年的國祚中，基於政治上的利用，攀附老子為同宗，尊稱老子為「聖祖」，
先後冊封老子為「玄元皇帝」和「大聖祖高上金闕玄元天皇大帝」，並以老子
降授的名義編造宗教讖言，製造皇權神授的輿論，藉以達到神化朝廷的目的，
道教也受到前所未有的尊崇。唐朝這樣的宗教政策，又引發釋道之間的激烈
衝突。如唐高祖時期的儒、道聯合反佛。又太宗貞觀 11 年（西元 637 年），三
教以道為先，儒家次之，釋佛居末，這引起沙門智實和尚上表諫言，執意不
奉詔令，唐太宗杖智實於廟堂，流放法琳等人，才平服此一紛爭。此外，武
后天授二年（西元 691 年）「令釋教在道法之上，僧尼處道士女冠之前」〔註
23〕，高宗朝到中宗朝的《化胡經》之爭，唐朝中、後期佛道論辯等，都顯示
儒、釋、道三教的關係在有唐一朝是相當緊繃的。

　　雖然彼此之間的辯爭不斷，但三教教義思想的相互融攝仍然持續著。就道
教而言，帶有濃厚佛教色彩的「重玄派」，便一反過去完全抄襲儒、釋思想的融
攝方式，代之以思想體系的融合，從而擴充為一己之論。如唐初成玄英的《南
華真經注疏》〔註 24〕，不僅間雜有道教神仙之說，也受到佛教三論宗影響，取
性空無我，中道不二之意旨詮釋《南華經》。再如王玄覽言論集《玄珠錄》〔註
25〕，以佛教不一不二、不即不離、體用、假實等關係體會「道」境界，並融入
華嚴宗「無自性」與唯識宗「萬法唯識」之思想義理，以論證道與萬物的關係。
又如中唐司馬承禎《坐忘論》〔註 26〕，其論述道教的修鍊方法，既本《莊子》
心齋、坐忘守一之旨，亦揉雜了天台宗的不著有、不著空、不著實相的止觀方
法，並會釋道相通之處，具體歸結出五時、七候的修道次序。簡言之，唐代「重
玄派」道士運用佛教天台宗與三論宗，否定有無、非有非無、亦有亦無等方法，
肯定「道」體的絕對性與真實性。亦即「透過宗教的攝念調心，由主體去契證

〔註 23〕見《舊唐書·武后本紀》（《新校本二十五史》，楊家駱主編，臺北：鼎文書局，
　　　　1977 年），本紀第六，頁 121。
〔註 24〕三十五卷，收於《正統道藏》洞神部玉訣類，福、緣、善、慶、尺字。
〔註 25〕二卷，收於《正統道藏》太玄部，別字。
〔註 26〕一卷，收於《正統道藏》太玄部，去字。

妙本，契入重玄，而達與道合真的信仰鵠的」〔註27〕。

佛教之於道教思想，主要在調氣之法與內外丹功法的融攝上，其中又以天台宗與密宗的表現最爲特出。如天台宗的智頤大師與六祖湛然在講止觀禪法時，就吸取道教綿綿吐氣、舌拄上顎，使氣息運轉調和的行氣法。又如《摩訶止觀》一書中，既有道教行氣法，又揉雜咒術、按摩、外丹等導引養生之術。此外，密宗所倡之修習功法也頗似道教「房中術」之修鍊方法。

總的來說，隋唐五代釋、道之間的爭論，因著爲政者的排定先後次序有著超乎前期的激烈衝突，但三教之間在義理的相互融攝卻也有著空前的發展。過去整篇抄襲或斷章取義的情形已不復見，取而代之的是思想的融會貫通，從而內化於自身理論之體系。換言之，儒、釋、道三教在思想義理融會的過程中，已經表現出理論的深化與成熟，其成就自是過去所不能比擬的。

四、成熟期

儒、釋、道三教的關係經過長時期尖銳的對立與衝突，發展至宋元時期已漸趨緩和，在思想義理上也出現互補互融、共同發展的成熟平和局面。儒家在內在心性修養的基點上，融攝釋、道思想，構化出宇宙生成秩序，並將倫理規範、人性修養納入其中，建立起不同於先秦儒學的「新儒學」。佛教經由禪宗六祖惠能的改革，將佛教涅盤的證悟功夫歸向自心本性，形成極具中國特色的「新佛教」。此一內在修證的境界歸求，至宋以後更是發展與成熟。而道教自中唐以後，借鑒佛教心性修爲，脫離傳統外在肉體長生之外丹侷限，轉變爲內在精神超越的內丹修鍊，宋元以後逐漸成熟爲不同傳統道教之「新道派」。

就道教而言，此一時期所出現的「新道派」皆順應時代潮流，舉「三教合一」爲立教要旨。如被尊爲南宗初祖的張伯端，其在《悟真篇‧序》中陳述三教之學：

> 釋氏以空寂爲宗，若頓悟圓通，則直超彼岸。如有習漏未盡，則尚徇於有生。老氏以鍊養爲真，若得其樞要，則立躋聖位。如其未明本性，則猶滯於幻形。其次，周易有窮理盡性至命之詞，魯論有毋意必固我之說，此又仲尼極臻乎性命之奧也。然其言之常略而不至於詳者，何也？蓋欲序正人倫、施仁義禮樂有爲之教，故於無爲之道，未嘗顯言。

〔註27〕語見任繼愈主編《中國道教史》，第六章「隋唐道教重玄哲學」，頁278。

但以命術寓諸易象，以性法混諸微言故耳。至於莊子，推窮物累逍遙
之性，孟子善養浩然之氣，皆切幾之矣。迨夫漢魏伯陽引易道陰陽交
姤之體，做《參同契》以明大丹之作用。唐忠國師於語錄首敘老莊言
以顯至道之本末，如此豈非教雖分三，道乃歸一。〔註28〕

其以釋、老、孔三家學之異，最終歸向於「性命」之學，並援引魏伯陽會通《老
子》《周易》著《周易參同契》，以及唐慧忠禪師敘老莊言旨為例，提出「教雖
非三，道乃歸一」的觀察結果。另金元之際發展於北方的全真道，其於祖師王
重陽傳教之初，便在山東一帶建立起「三教七寶會」、「三教金蓮會」、「三教三
光會」、「三教玉華會」、「三教平等會」等，其「凡立會必以三教名之者，厥有
旨哉。真人者，蓋子思達摩之徒，足見其沖虛明妙寂靜圓融不獨居一教也」〔註
29〕。在傳播教化宣揚全真思想時，「真人勸人誦般若心經、道德清靜經及孝經」
〔註30〕，並於《立教十五論》〔註31〕承繼道教傳統觀念與中唐以後對內丹心性
的重視，還旁通佛教的住庵制度、三界六道輪迴之說等以告戒弟子心要遠離凡
世，才足以成為全真真人。在此三教合一思潮之下，融攝儒學最深的是傳播於
江南、淵源於靈寶派之新淨明符籙道派，其自稱「淨明忠孝道」，旨在教人清心
寡慾，使心念與行為符合倫理規範，成為忠臣孝子良民。此外，淨明道還結合
內丹之學，以淨明忠孝的踐履作為上乘內丹之道，而鄙薄一般的內丹修鍊學說。

就儒家而言，一般視為理學之祖的周敦頤，其參考道教《太極圖》作《太
極圖說》，框構出一套融合儒家倫理綱常之宇宙生成模式。繼周敦頤之後，二
程更進一步貫通天人關係，融攝禪宗明心見性於存誠致敬的內省功夫之中。
而集理學大成的朱熹，不僅援引華嚴宗「月印萬川」譬喻其所指涉之「理一
分殊」的觀念，也曾化名「空同道士鄒訢」〔註32〕作《周易參同契考異》與

〔註28〕 《紫陽真人悟真篇三註》（《正統道藏》洞真部玉訣類，律字），序，第十左。
〔註29〕 《甘水仙源錄‧終南山神仙重陽真人全真教主碑》（《正統道藏》洞神部紀傳
　　　　 類，息字），第七左。
〔註30〕 《甘水仙源錄‧終南山神仙重陽真人全真教主碑》，第八右。
〔註31〕 《正統道藏》正一部，楹字。「立教十五論」是指 1 住庵；2 雲遊；3 學書；4
　　　　 合藥；5 蓋造；6 合道伴；7 打坐；8 降心；9 鍊性；10 匹配五氣；11 混行命；
　　　　 12 論聖道；13 超三界；14 養生之法；15 離凡世。
〔註32〕 據《宋史‧道學三》記載：「（慶元）二年……沈繼祖為監察御史，誣熹十罪，
　　　　 詔落職罷，門人蔡元定亦送道州編管……」列傳第一百八十八，頁 12767。又
　　　　 〔清〕王懋竑《朱子年譜》（臺北：世界書局，1959 年），卷之四下「餞別蔡
　　　　 季通於淨安寺」條下所引：「（語錄）先生往淨安寺候蔡，蔡自府乘舟就貶，
　　　　 過淨安，先生出寺門接之……以連日所讀《參同契》所疑扣之，蔡應答灑然……

《陰符經考異》。而此時的佛教諸多教派中，以禪宗發展最盛。其不僅承繼慧能之內在修為發展出「文字禪」、「默照禪」、「看話禪」等形式，南宋禪師佛果克勤尚利用道家「大象無形」等無為、無言觀念闡釋佛理，有「孔門禪」之稱的禪僧行秀則以融通儒學為名。

　　綜上所述，自東漢道教成立、佛教東傳，儒、釋、道三教便開展它們既疏離又親切的關係。其或者相互辯論，以爭取對自身教義宣揚有利的政治勢力。又或者在思想義理上相互融攝，既作為便於傳播的手段，也藉以成就自身理論規模。三教關係發展至宋元時期，義理上互補互融取代過去的激烈辯爭，也使得舉「三教合一」作為立論要旨，成為此一時期共同的思潮與表現。李道純即是順應此一時代氛圍，也開展出極具個人特色之融合儒釋道三教的內丹學說。

第三節　三教合一立論要旨

　　「三教合一」是為北宋以來時代思潮，李道純自是不能獨立於此一氛圍之外。就李道純觀點看來，儒、釋、道三教雖各有論理主張，但是「名殊理不殊」〔註33〕，「老了機緘致虛靜極，釋氏性從空裡悟，仲尼理自誠中入」〔註34〕，其所歸求的境界皆為「虛靜」之理，因故「派雖分三其源一」也。

一、「三教合一」的思想特色

　　李道純的著作針對道教經文作註解的有《太上大通經註》、《太上昇玄消災護命妙經註》、《太上老君說常清靜經註》、《無上赤文洞古眞經註》等四部，而撰作以傳門弟子有《三天易髓》、《中和集》、《周易尚占》，以及由門弟子編輯而成的《清庵瑩蟾子語錄》。除《周易尚占》為純然解釋卦理之著作外，其餘皆以儒、釋、道三家義理之融通為主要特色。筆者搜羅李道純著作中並舉儒、釋、道三教理論相互援引解釋，或字之以「三教」的說法製成下表，作為李道純「三教合一」思想旨趣的具體表現：

　　　（年譜）明日讀與季通會宿寒泉，相與訂正《參同契》，終夕不昧……。」由
　　　此可知，目前所見的《周易參同契考異》當是出自宋理學大家朱熹之手。至
　　　於何不以朱熹為名而假託「空同道士鄒訢」，可能誠如《四庫全書總目》所言
　　　「以究心丹訣非儒者之本務，故託諸慶詞歟」。
〔註33〕　《中和集》（《正統道藏》洞眞部方法類，光字），卷六，第十六左。
〔註34〕　《中和集》，卷六，第九右。

著　作	卷數／頁碼	引　　　　　文
三天易髓	第三左（儒曰太極之頌）	亙古此物，無形無質，無欠無餘，無休無息。其利如金，其紅如日。釋曰玄珠，儒曰太極，道曰金丹，名三體一。只在目前，世人不識，只這便是，休更疑惑。
	第十右	引儒釋之理證道，使學者知三教本一，不生二見。
中和集	卷一第一左	釋曰圓覺，道曰金丹，儒曰太極。所謂無極而太極者，不可極而極之謂也。釋氏云：如如不動，了了常知。易係云：寂然不動，感而遂通。丹書云：身心不動以後復有無極眞幾，言太極之妙本也。是知，三教所尙者，靜定也……。
	卷二第六左	此三段功夫〔註35〕到了則一，若向這裡具隻眼，三教之大事畢矣。
	卷三第四右	問：或謂崇釋與修道可以斷生死、出輪迴，學儒可盡人倫，不能了生死，豈非三教異同乎？曰：……且如窮理盡性以至於命，原始返終，知周萬物，則知生死之說，所以性命之學時儒家正傳。窮得理徹，了然自知，豈可不能斷生死輪迴乎？且如羲皇初畫易之時，體天設教，以道化人，未嘗有三教之分。故曰：皇天無二道，聖人無兩心。……
	卷三第十一左	生死乃晝夜之常，知有晝則知有夜。易云：原始返終，則知生死之說。丹書云：父母未生以前是金丹之基；釋云：未有此身性在何處？以此求之，三教入處，只要原其始自知其終，泝其流而知其源，人能窮究此身其所從來，生死自然都知也。
	卷三第十二左	聖人言身中一天理可以貫通三才，三教萬事不備矣。如釋氏無我、無人、無眾生、無壽者，道了一萬事畢，皆一貫也。
	卷三第十三右	聖人以無言而形於有言，顯眞常之道也。釋教一大藏教典及諸家語錄因果，儒教九經三教諸子百家，道教洞玄諸品經典及諸丹書，是入道之徑路，超昇的階梯。若至極處，一箇字也使不著。
	卷三第十四右	且如佛云眞空，儒曰無爲，道曰自然，皆抱本還元，與太虛同體也。
	卷三第十四左	金者堅也，丹者圓也。釋氏喻之爲圓覺，儒家喻之爲太極。初非別物，只是本來一靈而已。本來眞性永劫不壞，如金之堅，如丹之圓，愈鍊愈明。釋氏曰○，此者眞如也。儒曰○，此者太極也。吾道曰○，此者乃金丹也。體同名異。
	卷三第十七左	所以聖人只書一中字示人。此中字，玄關明矣。所謂中者，非中外之中，亦非四維上下之中，不是在中之中。釋云：不思善，不思惡，正恁麼時，那箇是自己本來面目，此是禪家之中也。儒曰：喜怒哀樂未發謂之中，此儒家之中也。道曰：念頭不起處謂之中，此道家之中也。此乃三教所用之中也。
	卷四第十一左（煉虛歌）	爲仙爲佛與爲儒，三教單傳一箇虛。亙古亙今超越者，悉由虛裏做工夫……。

〔註35〕係指內丹鍊精化氣、鍊氣化神、鍊神還虛三段功夫。

	卷四第十五左	……一念融通萬慮澄，三心剔透諸緣息。諦觀三教聖人書，息之一字最簡直。若於息上做工夫，爲佛爲仙不勞力。息緣達本禪之機，息心明理儒之極，息氣凝神道之玄，三息相須無不克……
中和集	卷五第八右 （贈鄧一蟾）	禪宗理學與全眞，教立三門接後人。釋世蘊空須見性，儒流格物必存誠。丹臺留得星星火，靈府銷鎔種種塵。會得萬殊歸一致，熙臺內外總登春。
	卷六第一左	道曰五行，釋曰五眼，儒曰五常。剏仁義理智信爲根本，金木水火土在中央，白虎青龍玄龜朱雀皆自勾陳……。
	卷六第二左	明舉似老子，瞿曇即仲尼，思今古有千賢萬聖，總是人爲。可憐後學無知辨，是是非非沒了期。況天地與人一源，分判道儒釋子。一理何疑？見性明心，窮微至命，爲佛爲仙只在伊。功成後但殊途，異派到底同歸。
	卷六第六左 （勉中庵執中妙用）	中是儒宗，中爲道本，中爲禪機，這三教家風，中爲捷徑。
	卷六第九右 （贈丁縣尹教一理）	三教正傳這蹊徑，元來驀直。問老子機緘至虛靜極，釋氏性從空裡悟，仲尼理自誠中入。算始初立教，派分三其源一。……
	卷六第十左 （贈密庵述三教）	教有三門，致極處，元來只一。這一字法門深不可測，老子谷神恆不死，仲尼心易初無畫，問瞿曇教外涅盤心，密密密。學神仙須定息，學聖人忘智識，論做佛機緘，只憑慧力道。釋儒流都勘破，圓明覺照功夫畢，看頂門迸破，見眞如光赫赫。
	卷六第十四右 （受記定庵）	學佛學仙，參禪窮理，不離玄牝中間。可憐迷謬，往往相瞞，一味尋枝摘葉，徒坐破幾箇蒲團，堪傷處外邊尋覓，笑殺老瞿曇。……
	卷六第十六左 （示眾無分彼此）	道儒釋三教，名殊理不殊。參禪窮理只要抱本還元，初解得一中造化，便使三元輻輳，宿疾普消除。屋舍既堅固，始可立丹爐。……
清庵瑩蟾子語錄	卷一第一左	問曰：大神咒，是大明咒，是無上咒，是無等等咒，此四句三教中比得什麼？師曰：比得道書妙中之妙，玄之又玄，無上可上，不然而然。又比得儒書中眞觀，眞明，眞勝一。雖然最上一著，又在言句之外。
	卷五第五左 （贊丹）	互古此物，無形無質，無欠無餘，無休無息，其利斷金，其圓勝日。釋曰玄珠，儒曰太極，道曰金丹。名三體一，只在目前，時人不識○，只這便是，休更疑惑。
	卷六第一左	金者堅也，丹者圓也。釋氏喻之爲圓覺，儒家喻之爲太極。太極初非別物，只是本來一靈而已。本來眞性，永劫不壞，如金之堅，如丹之圓，愈煉愈明。釋氏曰○，此者眞如也。儒家曰○，此者太極也。吾道曰○，此者乃金丹也。體同名異。
	卷六第四右	所以聖人只書一箇中字示人。此中字，玄關明矣。所謂中者，非中外之中，亦非四維上下之中，不是在中之中。釋氏云：不思善，不思惡，正於恁麼時，那箇是自己本來面目，此禪家之中也。儒曰：喜怒哀樂未發之謂中。道教曰：念頭不動處謂之中，此道家之中也。此乃三教只用一個中也。

清庵瑩蟾子語錄	卷六第十五右	今之學者，執象泥文，又生見解，異端並起。三教殊途不能合一，蓋因不知其源也。……
	卷六第十九右（贈程潔庵）	儒窮天理釋參禪，道煉金丹法自然。惟有瓊蟾通一貫，頂門具眼法身全。
	卷六第二十一	詠儒釋道三教總贈程潔庵。〔註36〕
無上赤文洞古眞經註	第一左	……太上云：空無所空，所空既無，無無亦無，湛然常寂。易係（繫）云：易無思也，天爲也；寂然不動，感而遂通。川老云：有象有求皆是妄，無形無象墮偏枯；堂堂眞體何曾聞，一道寒光爍太虛。以此觀之，三教先師皆以眞無發明後學，使學者向不動中動，無爲中爲，內忘形體，外忘聲色，養其無象，守其無體，合其本眞，超出虛無之外，是謂最上一乘。

通觀李道純之義理思想，是以「皇天無二道，聖人無兩心」〔註37〕爲主要特色，並於此基點上融會儒、釋兩家思想，回應「三教合一」之時代思潮。首先，李道純溯及遠古羲皇初畫易之時「體天設教，以道化人，未嘗有三教之分」〔註38〕，提出儒、釋、道雖分而爲三，但其實是同源的說法。換言之，「釋曰圓覺，道曰金丹，儒曰太極，所謂無極而太極者，不可極而極之謂也。釋氏云：如如不動，了了常知。易係（繫）云：寂然不動，感而遂通。丹書云：身心不動以後復有無極眞幾，言太極之妙本也。是知，三教所尚者，靜定也。」〔註39〕。是以儒、釋、道三教同源於易卦未畫前之「太極」虛靜狀態，也是「使學者向不動中動，無爲中爲，內忘形體，外忘聲色，養其無象，守其無體，合其本眞，超出虛無之外」〔註40〕，俾以契應「眞常」之境界。其次，爲使內丹學理論更爲嚴整，李道純援引佛教心性修持、結合儒家「中和」觀點演繹其內丹修持理論，提出「中」字。並認爲「此中字，玄關明矣。

〔註36〕〈詠儒理〉有致知格物、正心誠意、人心惟危、道心惟微、惟精惟一，允執厥中、窮理盡性、以致於命、忠恕而已、復見天心、知周萬物、退藏於密、常慎其獨、一以貫之、復歸於無極等 15 首。〈詠釋教〉有二身一體、三心則一、消礙悟空，顯微無間、不立有無、戒定慧、無有定法、虛徹靈通、眞如覺性、常樂我靜、朝陽補破衲、對目了殘經、金剛經塔等 13 首。〈詠道教〉則有清淨無爲、無上至眞、眞元妙用、損之又損、三返晝夜、一得永得、抽添鉛汞、玄牝之門、出群迷徑、入希夷門、多言數窮、不如守中、九轉神丹以及可道非常道等 14 首。

〔註37〕《中和集》，卷三，第四右。
〔註38〕《中和集》，卷三，第四右。
〔註39〕《中和集》，卷一，第一左。
〔註40〕《無上赤文洞古眞經註》（《正統道藏》洞神部玉訣類，藏字），第一左。

所謂中者，非中外之中，亦非四維上下之中，不是在中之中。釋云不思善，不思惡，正恁麼時，那個是自己本來面目，此是禪家之中也；儒曰喜怒哀樂未發謂之中，此儒家之中也；道曰念頭不起處謂之中，此道家之中也。此乃三教所用之中。」〔註41〕亦即「學佛學仙，參禪窮理，不離玄牝中間」〔註42〕，「守中」之修爲是三教登眞之捷徑。爲進一步闡釋儒、釋、道三教義理上的融通，《清庵瑩蟾子語錄》卷末錄有李道純融攝三教基本論點，簡明扼要的作成偈語詩文，「使學者知三教本一，不生二見」〔註43〕。

二、融通儒釋的思想內容

李道純以「太極」之靜定虛極作爲儒、釋、道三教最後根源，認爲教雖分三，其源實一。並基於此三教同源之思想基礎，開展其融通儒釋道的義理特色。

（一）無極而太極

作爲道教內丹傳承之一環，李道純爲提供內丹理論更爲嚴謹之理論基礎，其援引宋理學「無極而太極」的觀念，架構其宇宙本體之理論體系。他在《全眞集玄祕要‧太極圖解》中釋「無極而太極」曰：

> ○，虛無自然之謂也。始於无始，名於无名，亦无言說。因說不得，強名曰○。聖人有以示天下，後世泝流求源不忘其本，故立象垂辭字之曰：无極而太極，是爲莫知其極。而極非私意揣度可知也，亦非謂太極之先又有无極也，太極本无極也。〔註44〕

也就是說，理學家之「無極而太極」，其實並非眞有一「太極」作爲宇宙生存的最終根源，它是一種「小者無內，大者無外」的境界表現。換言之，此「太極」就如同釋家所謂「如如不動，了了常知」，也像道教所說的「身心不動之以後復有無極眞幾」，都在顯現天地未判分之前「靜定」的境界。李道純之所以建立此「無極而太極」之宇宙本體觀點，無非是要提供內丹修鍊有一契應之最終理據：

> 无極而太極，即虛化神也。物之大者，終有邊際，惟神之大，周流无方，化成天地，無有加焉。由其妙有難量，故字之曰神。神也者，

〔註41〕《中和集》，卷三，第十七左。
〔註42〕《中和集》，卷六，第十四右。
〔註43〕《三天易髓》，第十右。
〔註44〕《全眞集玄祕要‧太極圖解》（《正統道藏》洞眞部方法類，光字），第六右。

其无極之眞乎。〔註45〕

亦即「鍊神還虛」足以證眞之境界。繼之，李道純落實由此「太極」經由動靜之相互作用，生陰陽二氣，再隨著陰陽交感，五行順布，四時運行，進而化育天地萬物之宇宙生成秩序於道教內丹理論中，將人身模擬天地之運行，以爲：

> 以身言之，身心立而精炁流行，五臟生而五神具矣。天一生水，精藏於腎也；地二生火，神藏於心也；天三生木，魂藏於肝也；地四生金，魄藏於肺也；天五生土，意藏於脾也。五行運動而四端發矣，達是理者，則能隨時變易以從道也。〔註46〕

亦即以身心爲兩儀，腎、心、肝、肺、脾對應五行而有精、神、魂、魄、意，並隨此五行變動「以從道」。而此間所謂「道」即是：

> 無上正眞之道者，無上可上，玄之又玄，無象可象，自然而然，至極至妙之謂也，聖人強名曰道。自古上仙皆由此處了達，未有不由是而修證者。聖師口口、歷代心心，所傳所授，金丹之旨，乃無上正眞之妙道也。〔註47〕

簡言之，李道純融會理學「無極而太極」的宇宙生成秩序於內丹理論中，將人身比擬天地宇宙，太極分陰分陽，再生五行，進而化育萬物就如同虛化神、神化氣，氣聚而生精，精氣相生而性命自此立，如此順應則化生萬物。反之，由人身溯其源而知其本，「鍊精化炁、鍊炁化神，鍊神還虛，謂之返本還元」〔註48〕，由此逆則成丹，歸求於無極之眞。

（二）照心之常存

於此「復歸於無極」之丹法架構上，李道純還援引佛教心性學說，以加強其內丹心性之論理基礎。李道純認爲，「所謂丹者，非假外物而造作，由所生之本而成正眞也」〔註49〕，亦即金丹之大道並非離了此身向外尋求，而是必須返回本心本性之純然不雜，並於心上作功夫才有成就的可能。換言之，人之本心本性原是常清常靜、如如不動的，但是「眾生之所以不得眞道者，爲妄想心不滅所以然也」〔註50〕，此妄想心不滅，則「起種種差別因緣，因

〔註45〕《全眞集玄祕要‧太極圖解》，第六左。
〔註46〕《全眞集玄祕要‧太極圖解》，第八右。
〔註47〕《清庵瑩蟾子語錄》（《正統道藏》太玄部，卑字），卷六，第一右。
〔註48〕《全眞集玄祕要‧太極圖解》，第九左。
〔註49〕《清庵瑩蟾子語錄》，卷六，第二右。
〔註50〕《太上老君說常清靜經註》（《正統道藏》洞神部玉訣類，是字），第六左。

緣纏縛，失道之本也」〔註51〕，因此心性鍊養功夫首在褪去妄心，重建照心以證眞體道：

> 所謂照心者，即天心也；眞常者，即無妄也。了悟此心，則有妄之心復矣，无妄之道成矣，无妄所以次復也。易曰：復見其天地之心乎。到這裡纖芥幽微，悉皆先照。至於如如不動，了了常知，至覺至靈，常清常靜，眞常之道，至是盡矣。聖人之能事畢矣。〔註52〕

不過緣於人之心性根器鈍利不同，李道純援用釋家戒、定、慧之修持判分頓、漸之功，其認爲中下之士須從漸法入手，「盡得自己性，然後至於命」，其功夫是爲「忘情絕念謂之戒，寂然不動謂之定，默識潛通謂之慧」；上智之人則不然，但窮得一理盡，萬理自通，盡性至命，一時都了」，亦即「戒則自定，定則自然慧，通三事一時都了」。由此進一步論及鍊製金丹之次序，以漸教入手者，當爲「鍊精化氣，漸次鍊氣化神，然後鍊神還虛」；施行頓教者則「以精氣神爲元藥物，下手一時都了」〔註53〕。此外，李道純還結合儒家「中和」觀念結合「玄關」之說，作爲丹道理論具體著功夫處，其於《清庵瑩蟾子語錄》卷六云：

> 所以聖人只書一中字示人。此中字，玄關明矣。所謂中者，非中外之中，亦非四維上下之中，不是在中之中。釋氏云：不思善，不思惡，正於恁麼時，那個是自己本來面目，此禪家之中也。儒曰：喜怒哀樂未發之謂中。道教曰：念頭不動處謂之中，此道家之中也。此乃三教只用一個中也。

換言之，內丹成就過程中以「玄關」的持守最爲重要。可是玄關的位置眾說紛紜，「今人多指臍輪，或指頂門，或指印堂，或指兩腎中間，或指腎前臍後」〔註54〕，李道純認爲此皆爲傍門，眞正的「玄關」其實就是禪宗所謂人之本心，用儒家語言詮釋就是「喜怒哀樂未發」之寂然，也就是道教所謂的念頭不動處，皆具有虛靜的特質。由此「守中」作爲內丹功夫之著手處，往後也影響尹眞人、黃元吉、閔小艮等人之丹道修持理論，進而開出「中派」丹法。

（三）公案之參究

〔註51〕《清庵瑩蟾子語錄》，卷三，第七右。
〔註52〕《太上老君說常清靜經註》，第六右。
〔註53〕《清庵瑩蟾子語錄》，卷六，第九左。
〔註54〕《中和集》，卷三，第二十三左。

　　除「無極而太極」宇宙本體，以及「明心見性」之丹道修持會通儒、釋義理外，李道純日常傳道授業也採用禪宗教法。禪宗自馬祖道一以後，運用棒喝、詆毀佛祖等方法，鍛鍊和考驗門弟子之見解，及學人達於某種境地時，才得師家之印可。有時臨濟禪師或以拳、以掌，以拂子或坐具代替，甚至直接大喝一聲，以顯無言之教，標舉出不立文字之宗風。李道純上堂開示時，手中或拄著木杖，或持有拂塵，即頗似臨濟禪師教法：

> 師舉拄杖云：道本無言，予亦不會多說。借這拄杖子，有時在予手中為體，有時在予手中為用。橫按拄杖云：是體是用。良久又云：用則撐天拄地。這條拄杖神通莫測，妙用難量，方纔舉起，十方無極，飛天神王，長生大神，無鞅數眾，齊立下風，太上老君也來……〔註55〕

又：

> 今日既陞座，借這拂子代吾說法。這箇拂子不是拂子，是惹鬧，何以故？纔拈起來便是翻。……這箇拂子通身都是口，這箇拂子通身都是手，這箇拂子通身都是眼，這箇拂子神通莫測，變化無窮……山河大地都在這拂子頭上，森羅萬象都在這拂子頭上，三賢十聖都在這拂子頭上，盡天地人都在這拂子頭上……〔註56〕

李道純以拄杖與拂子作為至道無體，無名，無可說，即使說了亦無可得的表現。因此，在李道純與門弟子問答中，或以「喝」作為悟道之表現，或以手畫圓相表示已體得道理……凡此種種，皆為李道純融通臨濟禪運用於教學方法中。

　　此外，李道純也兼融禪宗公案參究的方式，其門弟子問「寶瓶裡面養金鵝」如何解釋，李道純曰：

> 寶瓶裡面養金鵝水中金也，爐中丹也，養金鵝則是養聖胎也。聖胎成，如瓶中鵝子也，瓶破鵝出，世俗之常理也；鵝出而瓶破，此脫胎之妙也。〔註57〕

原來「寶瓶養金鵝」是禪宗參究明心見性之公案，然李道純以內丹鍊養之功法參究之，將寶瓶裡的金鵝譬喻為丹道行持過程中之身中真鉛，所以養金鵝就是養聖胎，如何使金鵝出而瓶不破，便是鍊丹功夫終極歸求脫蛻凡胎之妙用。另外如岑和尚二鼠侵藤、文殊菩薩得女子定、兩僧捲簾、趙州狗子有佛性等公案，

〔註55〕《清庵瑩蟾子語錄》，卷三，第一左。
〔註56〕《清庵瑩蟾子語錄》，卷三，第五左。
〔註57〕《清庵瑩蟾子語錄》，卷一，第五左。

李道純皆以道教思維方式解釋之，轉化禪宗原意使之成爲道教公案。不單只是援用禪宗公案，李道純尙汲取《周易》、《老子》之語，作爲道教公案以供學者參究之，如《道德會元》卷上論《老子》之「道」境界時，其云：

> 擬議即乖，開口便錯。……須索向二六時中，興居服食處，回頭轉腦處，校勘這令巍巍地、活潑潑地、不與諸緣作對的是箇恁麼？校勘來校勘去，校勘到校勘不得處，忽然摸著鼻孔，通身汗下，方知道這箇元是自家有的。〔註58〕

李道純舉「道」作爲參究之話頭，認爲道本無名無形，若開口以語言文字比擬，便淪於形體的執著，因此當在平日作息之際參得道體之妙。然而如何參究皆未得其領，「忽然摸著鼻孔，通身汗下」，才驚覺這個道原來是自家有的。這種言說的口氣與參究的方式，其實是類似臨濟禪楊歧派下宗杲之「看話禪」〔註59〕。至於臨濟義玄所提出的「賓中主，主中賓，賓中賓，主中主」之四句義，原來是用以辨魔揀異，勘驗學者徹悟明了之用，李道純亦援引之，認爲「以動靜言之最親切」，亦即「靜中極靜主中主，動而又動賓中賓，動中守定賓中主，靜中散論主中賓」〔註60〕。另外，李道純也以張伯端「饒他爲主我爲賓」〔註61〕作爲解釋賓主之義，認爲「性」本來是身之主，身則爲客，但借此身以養性，故讓身爲主。換言之，原來「性」是人之本來眞性主體，但因內丹鍊養的過程必須藉由養命以顯性，故以原來作爲客體之「身」暫作主體以達金丹之妙。

　　總而言之，李道純在原來道教內丹學的基點上，以「三教合一」作爲思想主要原則，先是融攝理學「無極而太極」之宇宙論模式，並援此模式比擬人之身體運行，提供丹道可成之理論根據。繼之，融攝佛教「明心見性」之心性修爲，「檢攝種種因緣，始能破一切差別，離一切境界，斷一切幻妄，解一切纏縛，是以不爲愛欲苦惱而永無輪轉」〔註62〕。然於此丹道鍊養的過程，是以臨濟禪之棒喝行令、公案參究等，作爲教學法式，使學者能常存照心，除去妄心，恢復先天之湛然本性，終至「體天合道，長生久視之道盡矣」〔註63〕。

〔註58〕《道德會元》（《正統道藏》洞神部玉訣類，談字），卷上，第五右。

〔註59〕所謂「看話禪」是提出一則古人或公案的「話頭」，使學者產生疑惑，並努力參究之，以得眞道。

〔註60〕《清庵瑩蟾子語錄》，卷一，第十一左。

〔註61〕《紫陽眞人悟眞篇三註》，卷三，第二十右。

〔註62〕《太上昇玄護命妙經註》（《正統道藏》洞眞部玉訣類），第二右。

〔註63〕《清庵瑩蟾子語錄》，卷三，第四右。

第四節 三教合一異同比較

　　李道純以儒、釋、道三教之義理相互闡發與援引，爲的是要使門弟子知道三教之理本一，體現其對「三教合一」之要求。然而，李道純以道教爲本位思想，融通儒、釋理論以證成道教義理有時不見得合理，是故，本節以「無極而太極」與「心性修養」功夫作爲進路，觀察儒道或儒釋道三教義理的異同。

一、主靜去欲

　　承前所言，李道純將周敦頤《太極圖說》「無極而太極」的觀點與道教「道生一，一生二，二生三，三生萬物」結合，人身從此宇宙之生成秩序模擬，作爲內丹實踐得以成就之根據。此外，李道純還認爲此「無極太極」之無有極至之極至之理，可以用佛教「如如不動，了了常知」以及道教「身心不動以後，復有無極眞機」作爲貫串。換言之，李道純將三教之本體統合在「無極眞機」的歸求上，而此無極眞機就是「靜定」，也就是內丹鍊養最終的虛靜境界。李道純在《全眞集玄秘要‧太極圖解》「而主於靜，立人極焉」句下註曰：

> 所謂靜者，非不動。若以不動爲靜，土石皆可聖者也。《通書》云：動無靜物也。是謂動中之靜，眞靜也。立冬後閉塞而成冬，謂靜也。日月星辰運行而不息，謂之不動，可乎？冬至日閉關，示民以靜待動也。是動中有靜，靜中有動，變化之機也。靜極而動天心可見矣。子曰：復其見天地之心乎！是知萬物之本莫貴乎靜，靜而又靜，神得其正，理所以窮，性所以盡，以至於命，超凡越聖。《老子》所謂「清靜爲天下正」，《大學》云「定而后靜」。人生以靜者天性也，若復有人以靜立基，向平常踐履處攝動心，除妄情，息正炁，養元精，自然於寂然不動中，感通於萬物也。〔註64〕

李道純將周敦頤「主靜」的思想用內丹鍊養的功夫解釋，認爲周敦頤所謂「靜」者，就是靜中有動，動中有靜之眞靜。從道教內丹鍊養的角度來看，這所謂眞靜便是「冬至」，便是「復見天地之心」。也就是說，內丹命功修持的過程，「採藥」是最爲關鍵的環節，因爲採得此藥後，才能繼續進行其他鍊養功夫。而此人身「靜極生動」的契機即爲「採藥之時」，用卦象來看便是一陽生於五陰下之復卦，所以說「復見天地之心」，此天地之心便是虛靜。若將此「靜定」

〔註64〕《全眞集玄祕要‧太極圖解》，第十四右。

之境界落實於人心，在平常行進間涵養，自然能夠於寂然不動中，感通於萬物，應物而無遺。所以李道純認為真靜久久則明妙，明妙而後瑩徹，瑩徹而後靈通，瑩徹靈通，十方無礙，此便是至清至靜之境界。達此身心靜定之時以應天下萬物，則天下自正，天地悉皆歸，也就是丹道功夫中形神俱妙、與道合真的終極境界。

　　然而回到周敦頤對《太極圖說》的詮解，明顯與李道純之立論觀點不同。周敦頤認為，在陽變陰和，五行順布的萬物生化過程，「無極」是「太極」無有極至的表現，「無極」就是「太極」，非無極之外另有一太極存在。而人作為萬物中最靈秀者，當然稟此陰陽五行之「精」而有形，並有善與惡之分判，循此善惡繼續發展，萬有世事也就層出不窮。所以「聖人定之以中正仁義，而主靜，立人極焉」，換言之，聖人為了不使世人陷落於邪道，故立下仁義中正之道，並用「無欲」作為貞定德性的功夫要求，使人能在萬物中循理而無欲，自作主宰。故周敦頤繼言「故聖人與天地合其德，日月合其明，四時合其序，鬼神合其吉凶」，指的便是聖人全然展現生命的純粹與德行中，物我合而為一。於此，周敦頤所要展現的是聖人通內外，合鬼神，從己身的道德修養出發，貫通性命與天道，全幅展現所以為聖人之道德生命。與之相較，李道純將《太極圖說》以內丹鍊養模式解釋之，雖然是另一種形式的「性命與天道相貫通」，其間的差異便在於，周敦頤的從己身生命出發契應天道之流行變化，是蘊含有道德內容；而李道純從人的虛靜狀態體現天的無為湛然，只是一種境界的表現，全不具備倫常價值之意涵。

二、心性修養

　　受到禪宗將涅槃證悟功夫轉向自心本性的影響，此一時期三教的修養功夫，都轉向內在的心性歸求。雖然同為心性的鍊養，但儒家提出「存心養性」，禪宗是言「明心見性」，道教則為「修心鍊性」。就儒家而言，心性修為是一種「內聖」的過程。換言之，儒家以心與性的道德實踐或氣質改變出發，讓合於道德之行止更和順，不合乎道德之舉措漸漸轉化以合道。所以儒家稱此功夫為「復性」，便是恢復我們原來具有的本體性。牟宗三先生解釋這種復性、內聖的功夫是「自覺地求將心性本體實現之於個人自己生命者」〔註65〕，也

〔註65〕語見《中國哲學的特質》（臺北：學生書局，1994年），第十講「復性的功夫」，頁101。

就是說，「性」不爲堯存，不爲桀亡，是普遍存在於個人生命之中。藉由此自我本體於具體生活中的實踐與涵養，從而建立一個物我相合的道德生命。這樣的修養功夫就是孔子的「踐仁」。《孟子・盡心》所言「盡其心，知其性也。知其性，則知天矣。存其性，所以事天也。夭壽不二，修身以俟之，所以立命也」；程伊川「涵養需用敬，進學在致知」；陸象山所謂「先立乎其大」；朱晦翁所言「大學格物致知處，便是凡聖之關。物未格，知未至，如何殺，也是凡人。須是物格知致，方能循循不已，而入於聖賢之境。」〔註66〕總言之，儒家「存心養性」的功夫是從肯定人人皆也可理可義之心出發，從日常生活中謹存德性，盡此道德心，從主體修養轉化其中不合乎道德之處，進而將道德全幅朗現於生命中，達成如《易經》〈乾・文言〉所云：「大人者與天地合其德，與日月合其明，與四時合其序，與鬼神合其吉凶。」之圓滿人格。

就禪宗而言，明見自心本性，當下直超圓頓，便是佛境界，也就是心性修養的終極目標。《六祖壇經・行由品》言：「人雖有南北，佛性本無南北。獦獠身與和尚身不同，佛性有差別」〔註67〕。這是五祖弘忍初見六祖惠能時，惠能所應對之語，其所提舉的便是「人人皆有佛性」，也就是對自性本心清靜的肯認。換言之，禪宗認爲「自性本心」是人人都能具有的，且作爲人能否頓悟成佛的重要根據。心性的本然狀態是清靜無染著的，但人往往受制於生死無常，煩惱塵勞，使得自心本性沉淪不復於輪迴生死之際而難以超脫。所謂「萬法從自性生」便是這個意思，一切法都是由心所造作而成的，心有念頭故種種法因緣而生，心若無念則種種法也因無所依附而滅，因此六祖言：「自性迷是眾生，自性覺是佛。」〔註68〕人是眾是佛，繫乎於心性之泥著與否，即使是凡夫眾生，只要轉迷爲悟，當下頓現般若智慧，「識自心見性，皆成佛道」〔註69〕。簡言之，人若將心滯著於外塵染境，使陷於迷執妄念之中，則本心自性會因此不得明朗，也就無成佛之可能；反之，念念自覺，「無念，無相，無住」，則能明本心，見自性，當下證得涅槃，「於自性中萬法皆現」。

李道純其主張「先持戒定慧而虛其心，後鍊精氣神而保其身」〔註70〕，亦即以性功作爲修行命功之基礎，並貫串於命功修鍊之間。李道純認爲內丹修鍊

〔註66〕《朱子語類・大學二》（臺北：文津出版社，1986年），卷十五，冊1，頁298。
〔註67〕《六祖壇經・行由品》（丁福保註，臺北：文津出版社，1996年），頁62。
〔註68〕《六祖壇經・疑問品》，頁133。
〔註69〕《六祖壇經・般若品》，頁116。
〔註70〕《中和集・性命論》，卷四，第一左。

就是以身體法天效地的過程，都是在體現天的無為而無不為，以及地的應物而無遺。就性功而言，具體的修鍊方法便是「鍊心顯性」。李道純受儒家理論影響，將心以動靜分為「人心」與「照心」，人心就是「不止之心」〔註71〕，就是「妄心」，因其動而感物所以產生欲念，而對外在事物有所執著。相對的，照心就是「不動之心」，也就是天心，也就是心之本來湛然澄寂之面目。鍊心顯性最終的目的便在於常滅妄心，不滅照心，如此才能使心常清常靜，體現天理之不昧，然後「動時自有主宰，一切事物來俱可應」，進而「虛則無礙，靜則無欲。虛極靜篤，觀化知復」〔註72〕，心之虛靜無為便是天道湛然之朗現。從此心之廓然無礙作為基礎功夫，心不動則使身不動，身不動則形軀得以定，元精得以固結，元氣得以能凝結，在此身心不動之後，自有無極真機之妙應也。

由此總觀儒、釋、道三教，他們同樣肯認主體在實踐功夫中的重要性，換言之，想要從「此岸」超脫以達「彼岸」，是不需要攀附外緣以證得，只須內求於自我本心自性，便可得此超脫境界。所以程明道言：「己之心無異於聖人之心，廣大無垠，萬善皆備。欲傳聖人之道，擴充此心耳。」〔註73〕禪宗云：「當知愚人智人，佛性本無差別。」〔註74〕李道純之言：「若言他是太上，自己卻是什麼？須是向自己究竟，方見得親切。太上云：真常之道，悟者自得，即此意也。」〔註75〕皆是內向的肯認主體心性。儒、釋、道從此主體心性之肯認，建立精神境界得以超脫的可能，進而體現天道。所不同的是，

儒家認為「人人皆可為堯舜」，是以己身的生命作為修養對象，透過主體的涵養，道德的實踐，在敬謹中保持由上往下之天命；反之，由心之存養擴充，以體現天道創生不已背後之流行真幾，其所體現的天道具有道德意識。李道純則是從修心鍊性功夫始，由此本來真性體現天道之湛然，使心即道，道即心，然後「虛裡安神虛裡行，發言闡露虛消息。虛至無虛絕百非，潛虛天地悉皆歸」〔註76〕，從而解消「虛體」，達到與道合真的境地，李道純體現的天道本質是「虛」。就禪宗而言，人人皆有成佛的可能，皆能藉由涵養本心自性，證得此自性清淨心，進而當下直超圓頓，直接契入無善無惡之佛境界，

〔註71〕《中和集》，卷三，第三左。
〔註72〕《中和集》，卷一，第六右。
〔註73〕《宋元學案・明道學案》（臺北：廣文書局，1971年），卷十三，二十四左。
〔註74〕《六祖壇經・般若品》，頁97。
〔註75〕《清庵瑩蟾子語錄》，卷三，第七右。
〔註76〕《中和集・鍊虛歌》，卷四，第十左。

禪宗所體現的是精神解脫的涅盤「空」境界。

簡言之，儒、釋、道三教皆由主體本心的肯認與實踐作為主要趨向，並分別發展「存心養性」、「明心見性」、「修心鍊性」之修養功夫。惟三教所欲體證的境界是不相同的，也就是說，儒家天道是包含有倫理規範之意識；而作為宗教的佛、道所體現的則是天道「虛」與「空」之境界。

第五節　小　結

儒、釋、道三教關係從漢魏兩朝關係之初初開展，平和相處，歷經南北朝時期因著文化差異、政治勢力爭取所開展的激辯爭論，過渡到隋唐五代時有論爭，時有討論，一直發展到宋元時期，儒、釋、道三教共同發展出相融相合的平和局面。這其中又以心性理論的融通最為重要。就佛教來說，在早期傳播最主要是受玄學影響，受儒家心性論的影響不大。一直到竺道生提出「眾生皆有佛性」與「頓悟成佛」的理論，才開始與儒家的性善論相通。發展到隋唐，佛教宗派林立，各派對佛性意見不全然等同，但大多都以人性與心性做為言說的重點。如華嚴宗的「見性成佛」，就是把真性落入人性中來說。又如不立文字的禪宗，直指本心，直接突出主體心性的本質，體現中國內向性的思維方式，讓佛教的佛性論內歸於心性。就道教而言，從晚唐到兩宋，以鍊養人體中精氣神為藥物的內丹道派興起，一方面承襲傳統內丹鍊養在命功修持上的功法，另一方面也融攝禪宗對「明心見性」的要求，健全內丹心性修鍊之理論體系。就儒家而言，心性的修為本來就是儒家孔孟的本來之學。孔子在倫理規範處說仁，孟子則把人的心與性結合，在天人合一基礎上做心性論，發展到宋儒，貫通心性與天道的關係，儒家由天命而為性的「天人合一」理論系統也才完備。由此，儒釋道各自的發展道彼此在理論上的相互融攝，不僅三教各自歸向心性，三教在總體上的思想旨趣也是歸向心性。

李道純順應此「三教合一」的思潮，從宇宙論、心性論與修養論三方面建立起「三教合一」之理論特色。換言之，李道純將理學家「無極而太極」之宇宙生成論，與道教「道生一，一生二，二生三，三生萬物」結合，輔之以禪宗「明心見性」的主張，在傳統內丹功法上，加強心性鍊養的功夫理論。然而李道純之所以架構宇宙論與心性論，其價值並非建立在對客觀宇宙生成或主體心性的表述上，相反的，李道純欲藉由宇宙本體的詮釋與主體心性的

建立，提供內丹鍊養之所以可成的理論基礎。簡單一點說，李道純是以實用性為主要考量，在道教長生久視、延展生命命限的目的上，以個人主體生命作為修鍊對象，藉由宇宙論、心性論的理論架構，作為內鍊可以成就丹道的根本理據。綜上，李道純標舉「三教合一」作為思想中心旨趣，以宇宙論、心性論以及修養論作為援儒釋以證道的三個主要進路，雖然其中有理論上的矛盾與牽強，歸向主體心性論的追求卻是三教在長期融攝與會通後，於宋元以後的共同表現。

第四章　李道純會通儒釋之心性理論

第一節　前　言

　　李道純一則順應宋元以來三教合一之思想風潮，二則吸收早期全眞道對心性問題的重視，以性命雙修作爲核心，討論內丹修鍊過程中的心性問題。換言之，李道純是在三教合一的前提下，以性命混融爲理論核心，架構起具有內丹修鍊特色之心性理論。其目的不在建立一套完整的內修學理，而是藉此心性的提出，討論解決丹道鍊製過程中修心養性、修性鍊命的心性問題。

　　首先就「心」而言，心之本然在理境上是與「道」境界的虛靜無爲相合的，如李道純於《三天易髓·釋曰圓覺》中解釋《般若波羅密多心經》「心無罣礙」一句言：

> 自有入無，從粗達妙，發大智慧而破愚癡，常清靜而合和，本來且
> 於圓滿。極則心同太虛，廓然無礙也。〔註1〕

意即心的本然狀態是與太虛同體，廓然無礙的，之所以有差別因緣，顛倒夢想等貪求欲念，皆肇因於心體蒙蔽，因此唯有發大智慧，才能勘破愚癡，使心常清靜，臻於圓滿之境。次就「性」而言，指的是「心」的本體，同樣具有澄明虛靜的本質。李道純吸收《中庸》「喜怒哀樂之未發，謂之中；發而皆中節，謂之和。中也者，天下之大本也；和也者，天下之達道也……」作爲心性關係的說明與界定，其於《太上大通經註》云：

> 中庸曰：喜怒哀樂未發之謂中，中也者，天下之大本也，即靜爲之

―――――――――――――――――

〔註 1〕　《三天易髓》（《正統道藏》洞眞部方法類，光字，臺北：藝文印書館，1962
　　　　年），第八左。

性之義；又曰：發而中節謂之和，和也者，天下之達道也，即動爲
之心之義。性本靜，非心則不見；心本靜，非動即不見。因物見心，
潛心見性，性寂知天，是謂通也。苟或心隨物轉，性所以忘也，故
曰心生性滅；設若潛心入寂，性所以現也，故曰心滅性現也。〔註2〕

「性」作爲「心」的本體狀態，本來面目就如同《中庸》所言之「喜怒哀樂
未發」的「中」，是虛靜湛澄的。而「心」靈動感於物，卻往往受物之牽制蒙
蔽，而喪失其原來的寂然澄明的虛靜本質，因此李道純要求鍊心是在去掉「心」
上的妄執，體現「性」的虛靜狀態，進而體天合道，達到內丹道派鍊心的終
極歸求「道即心」、「心即道」的境界。

於此心性關係落實於命功修持之中，「性」仍作爲本來眞性，亦即內丹修
持的最終物質「金丹」。而「心」作爲丹道修鍊的實體，惟有「心」體虛明，
才能體現「性」體之湛然與「神」體之靈妙。李道純在《道德會元》中解釋
《道德經》第十一章「三十輻共一轂，當其無有車之用」時，利用轂與車比
喻心、神之間的關係：

以輻輳轂利車之用，即總萬法歸心，全神之妙也。輻不輳轂，何以
名車；法不歸心，無以通神。轂虛其中，車所以行；心虛其中，神
所以通變。故虛爲實利，實爲虛用，虛實相通，去來無礙……〔註3〕

就如同車之所以稱作車，是因爲車輪中心穿軸部分是鏤空的，才使得車輪上
的直木能夠聚集於此，車也因而能夠行走。同理，「神」就像車一樣，端賴作
爲轂的「心」體虛靜明徹，「神」才能於此虛明中靈妙通達，也才能復歸道之
虛體明妙。此外，「人之極也，中天地而立命，秉虛靈以成性，立性立命，神
在其中矣」〔註4〕，「神」與「性」在李道純的修命功夫中屬同一層級的概念，
位置上「性繫乎神，潛神於心」〔註5〕，兩者同住於「心」之內，皆是朗現道
體的湛然無爲。惟有此「心」體之湛然虛明，才能使「神與性和」〔註6〕，「性
體」與「神體」之虛明湛然才足以顯現。於此可簡而言之，無論「性功」抑
或「命功」，「收拾身心之要在乎虛靜」〔註7〕，皆著重「心」體上的功夫。亦

〔註2〕 《太上大通經註》(《正統道藏》洞眞部玉訣類，藏字)，第二左。
〔註3〕 《道德會元》(《正統道藏》洞神部玉訣類)，卷上，第七左。
〔註4〕 《中和集》(《正統道藏》洞眞部方法類，光字)，卷一，第五左。
〔註5〕 《中和集》，卷一，第五左。
〔註6〕 《中和集》，卷二，第九右。
〔註7〕 《中和集》，卷二，第九右。

即性功功夫上，鍊心養性的目的在使欲念平息，體現本然眞性，以合歸天道
之虛靜。而命功功夫則在「心」體虛靜的前提下，鍊精化氣，鍊氣化神，使
「神」體復歸道體之湛然，結成大丹。李道純於《中和集·全眞活法》中總
述內丹心性之要，云：

> 全眞道人，當行全眞之道。所謂全眞者，全其本眞也，全精，全氣，
> 全神，方謂之全眞。才有欠缺便不全也，才有點污便不眞也。全精
> 可以保身，欲全其精，先要身安定，安定則無欲，故精全也。全氣
> 可以養心，欲全其氣，先要心清靜，清靜則無念，故氣全也。全神
> 可以返虛，欲全其神，先要意誠，意誠則身心合而返虛也。是故，
> 精氣神三元藥物，身心意爲三元至要。〔註8〕

亦即全精、全氣、全神是作爲全眞道人當行的全眞之道，而欲行此全眞之道，
必先身安定、心清靜，才足以全其元神以復歸天地之道。而李道純內丹心性
理論便是從此精、氣、神與身、心、意等相關概念與範疇之繫連中開展。

　　本章以李道純內丹心性理論作爲主要架構，從「三教合一」風潮之歸向心
性問題作爲開展，觀察李道純與儒、釋兩家在理論觀點上的相互承襲與援用。

第二節　儒道會通之心性理論

　　相較於早期全眞道的心性理論，李道純最大的發展便在於融攝理學家對
《尙書》「人心惟危，道心惟微，惟精惟一，允執厥中」〔註9〕的解釋，將原
來全眞道欲念蒙蔽與否的眞心與塵心，翻轉爲以動靜與否作爲界定的人心妄
心與道心照心，並由此道心等同於天之湛然本體，開出「常滅動心，不滅照
心」的靜定功夫，藉以建構內丹心性的功夫修持。

一、妄心照心與人心道心

　　無論是早期全眞道，抑或是南傳之後的江南全眞道，對心性問題的重視，
皆因心、性是爲內丹修鍊的重要環節而開展。就早期全眞道的心性理論而言，
依循修持功法的不同，心也就有本體或實體的區別，換言之，在性功中討論

〔註8〕《中和集》，卷三，第二十八左。

〔註9〕根據屈萬里《尚書釋義》（臺北：中國文化大學出版部，1984 年）考證，「人
心惟危，道心惟微，惟精惟一，允執厥中」一句，當出於《僞古文尚書·大
禹謨》。

的心，指的是心的本然狀態，所契應的是湛然寂滅的虛空境界。但心有時也會被情欲幻妄給蒙蔽，因此鍊心的主要目的便是要澄心遣欲，去除妄念，不被一切虛幻舊愛境界給蒙昧真源，使心回到「昏昏默默，不見萬物；冥冥杳杳，不內不外，無絲毫念想」〔註10〕的本然狀態。而在命功中討論的心，通常指的是屬於人體臟器的實體，著眼的是蘊含在心中的正陰之精（五行屬火），如何透過命功的修持鍊養，與腎中的正陽之氣（五行屬水）交合逆轉，以結成內丹。概言之，早期全真道的心性理論中，心的意涵通常指的是去除妄念塵俗之後顯見的本然真心，抑或是命功中作為修鍊的臟器主體。

全真道心性理論發展至李道純，心性的內涵有了極重大的發展。李道純將心劃分為人心與道心，其於《中和集》卷一〈照妄圖〉中云：

> 古云：常滅動心，不滅照心。一切不動之心皆照心也，一切不止之心皆妄心也。照心即道心也，妄心即人心也。道心惟微，謂微妙而難見也；人心惟危，謂危殆而不安也。雖人心亦有道心，雖道心亦有人心，係乎動靜之間爾！惟允執厥中者，照心常存，妄心不動，危者安平，微者昭著，到此有妄之心復矣，無妄之道成矣。易曰：復見其天地之心乎！〔註11〕

所謂照心，指的是不動之心，也就是道心；而妄心則是不止之心，也就是人心。李道純是以動靜與否來界定道心與人心，換言之，心若感於物而使妄念發動，「神為心役，心為物牽，縱三尸之熾盛，為六欲之擾攘」〔註12〕，心於是淪為人心妄心，煩惱妄想，種種欲念幻想，無由纏繞於心，自此「流浪生死，常沉苦海，永失真道」〔註13〕。反之，照心道心指的是天心，悟道之士往往能夠體悟天道之寂然澄靜，常存照心，以「照破種種緣相皆是幻妄」，勿使心隨物轉而染著妄執，終至「照心既存，妄心無能為也。久久純熟，決定證清靜身。做是見者，真常之道得矣」〔註14〕。李道純內丹修持功夫之所以要人常滅動心，不滅照心，便是要人在性功上「以心觀道，道即心也。以道觀心，心即道也」〔註15〕，滅絕妄動之心，回歸心之本然狀態，體現道體之

〔註10〕 王重陽《立教十五論》（收於《正統道藏》正一部，楹字），第三左。
〔註11〕 《中和集·照妄圖》，卷一，第三右。
〔註12〕 《太上老君說常清靜經註》（《正統道藏》洞神部玉訣類，是字），第六左。
〔註13〕 《太上老君說常清靜經註》，第六左。
〔註14〕 《太上老君說常清靜經註》，第七右。
〔註15〕 《中和集》，卷三，第十七右。

虛靜；在命功上「人心若與天心合，顛倒陰陽止片時」〔註16〕，以心體之虛靜無爲貫穿於丹道修持功夫之中，從而使人身中之陰陽逆轉交合以結成大丹。李道純並認爲惟有「執中」之人，才能達此照心常存、復見天地之心的最終歸求。

　　早期全眞道雖然也論及眞心與塵心的區別，但實際上眞心與塵心所指的是同一體，亦即心本是杳然澄明之境界，因受外物妄念蒙昧，才顯現塵心狀態，而鍊心主要目的便是去塵心以顯見本然眞心。換言之，早期的全眞內丹學者並無將心二分爲人心與道心的概念，李道純之所以有此心性立論，當是受到宋理學區分道心、人心的思維模式影響。人心與道心這兩個概念源自《尙書》「人心惟危，道心惟微，惟精惟一，允執厥中」，《荀子·解蔽》也有「人心之危，道心之微」之語，但皆無詳細解釋。程伊川對人心與道心作了如下解釋：

> 人心惟危，道心惟微。心，道之所在；微，道之體也。心與道，渾然一也。對放其良心者言之，則謂之道心，放其良心則危矣，惟精惟一，所以行道也。〔註17〕

其將「心」與「道」視爲一體。換言之，道即心，心即道，心與道是相貫通的，精一仍是實現天道的重要方法。發展至朱晦翁，對人心與道心的解釋建立起較完整的詮釋架構：

> 或問人心、道心之別。曰：只是一個心，知覺從耳目之欲上去，便是人心；知覺從義理上去，便是道心。人心則危而易陷，道心則微而難著。微，亦微妙之意。〔註18〕

朱晦翁從理氣觀點詮釋人心與道心，認爲心受限於耳目欲念、形氣之私，所以人心是欲。惟人心亦不是全不好的，只是飢欲食，寒欲衣，「故不言凶咎，只言危」。相反的，道心是知覺於義理，是理。但欲與理在朱晦翁看來不是截然二分的，因爲作爲氣之心是可以凝結造做的，只是常圇於生理欲求而陷落於形氣之中，無可超拔；而作爲理的性，於此可言道心，是無計度無造做的，「只此氣凝聚處，理便在其中」〔註19〕。換言之，「心與理一，不是理在前面爲一物。理便在心之中，心包蓄不住，隨事而發」，心與理本來就是相互貫通

〔註16〕《中和集》，卷三，第十七右。
〔註17〕《宋元學案·伊川學案》（臺北：廣文書局，1971年），卷十五，二十八右。
〔註18〕《朱子語類·尚書一》（臺北：文津出版社，1986年），卷七十八，冊5，頁2009。
〔註19〕《朱子語類·理氣上》，卷一，冊1，頁3。

的，「理無心則無著處」〔註20〕。朱晦翁對人心與道心的闡釋，同時也呼應了其以理氣規範心性之理論。

綜上言之，朱晦翁將道心視爲天理，人心視爲人欲，並認爲人心與道心同是一體，但人欲如同情般，只有中節不中節，既無善惡是非，也同時存於人心與道心之中。與此相較，李道純在人心與道心的判分闡釋上，與朱晦翁的觀點較爲接近。換言之，李道純受到理學二分人心、道心的邏輯概念影響，以照心解釋道心，以妄心解釋人心，並相似於朱晦翁的觀點認爲「人心亦有道心，雖道心亦有人心」，主張人心與道心是同一體的。但所不同的是，理學家是以人欲、天理作爲判分的標準，李道純則認爲人心與道心的差別全在動靜，亦即「不止之心」是爲人心，「不動之心」是爲道心。李道純以動靜作爲界定人心道心的關鍵，其實是爲了與全眞內丹的性功修持相互配合呼應。也就是說，鍊心在內丹修鍊中佔有舉足輕重的地位，全眞性功修鍊目的在使心「靜定之時，謹其所存，則天理常明，虛靈不昧」，於此「動時自有主宰，一切事物之來俱可應也」〔註21〕。換言之，使心在性功修持中完全靜定凝結，從而在心之湛然空寂中顯見本來眞心實體。一旦靜定功夫純熟以後，則「無極之眞復矣，太極之妙應明矣。天地萬物之理，悉備於我矣」〔註22〕，如此才可進言鍊精化氣，鍊氣化神，鍊神還虛等命功修持以結成大丹，完成內丹的終極歸求。於此，李道純雖然融攝理學家對人心、道心二分的立論架構，但在內丹修鍊的基礎上仍進行義理上的改造，以「不止之心」與「不動之心」代之以天理人欲，並於此基點上主張「常滅妄心，不滅照心」。

二、成丹以靜與內聖以敬

無論是早期全眞道的「元始虛無是祖宗」〔註23〕，抑或是後期李道純「道本至虛，至虛無體，窮於無窮，始於無始」〔註24〕，他們皆以虛靜作爲性功與命功的基本要求。換言之，從道體之境界而言，道本至虛，道之本然是虛靜無爲，此「虛」此「靜」可字之爲道體本體的概念。然就內丹功夫而言，明達高士之所以能成仙證道，全氣全神，自然是「惟靜惟虛，胎仙可冀」，亦

〔註20〕《朱子語類・性理二》，卷五，冊1，頁85。
〔註21〕《中和集》，卷一，第一左。
〔註22〕《中和集》，卷一，第一左。
〔註23〕《重陽全眞集》（收於《正統道藏》太平部，交字），卷五，第三右。
〔註24〕《中和集》，卷一，第四左。

即以身心之虛靜體現道之虛靜，然後「虛則無礙，靜則無欲，虛極靜篤，觀化知復。動而主靜，實以抱虛。二理相須，神與道俱」〔註25〕。因此，李道純於《中和集》卷一有言：

> 天地之道，惟虛惟靜，虛靜在己，則是天地在己也。道經云：人能常清靜，天地悉皆歸，其斯之謂歟。清即虛也，虛靜也者，其神德聖功乎。〔註26〕

李道純將虛靜作為內丹修持的主要綱領，認為功夫鍊養的最終目的就是要以身心之虛靜體現道體之虛靜，進而修鍊出本來眞性，脫出陽神，鍊結大丹，終至與虛空同體合一。而此功夫修鍊方法即是性命雙修。

　　承前所言，在整個內丹性功與命功的修鍊中，虛靜都是基本的功夫要求。分而言之：就性功鍊養而言，主要目的是在使心之本體去除妄念雜質，達到湛然寂滅的靜定狀態，而此境界以李道純之語表現，是謂「潛神於絕境，萬物芸然而不動；息於中虛，萬物寂然而無生」〔註27〕，亦即性功鍊心的最終目的便是在於心念俱寂，萬慮俱息。一旦性功達此虛寂湛然，便可進一步修持命功鍊養。就命功鍊養而言，虛靜的表現是藉由心念之滅絕不動，「忘情養性，虛心養神，萬緣頓息，百慮俱澄，身心不動，神凝氣結」〔註28〕，進而使「身心合而還其本初，陰陽合而復歸太極」〔註29〕。簡而言之，在整個內丹性命雙修的過程中，虛靜是貫穿其中的。也就是說，虛靜並非階段性任務，而是無論性功之心性鍊養，抑或是命功修持的功夫中的下手採藥，抽添進火，乃至三元混一，結成聖胎，都必須以虛靜作為基礎，因此李道純詩作：「自得身心定，凝神固氣精。身閑超有漏，心寂證無生。烏兔從來去，乾坤任變更。廓然無所礙，獨露大光明。」〔註30〕所呈現的便是以虛靜貫通性功與命功，終至結成內丹的光明境界。

　　總言李道純內丹鍊養之功夫修持，其認為性功修持上要「以虛養心」使心能靜定；在命功鍊養上，要「以虛運氣」，使神氣虛靈不昧。倘若功夫達此，則能形神俱妙，超脫於造化之外，是故「虛者，天下之大本也」。李道純對虛

〔註25〕　《中和集》，卷一，第六右。
〔註26〕　《中和集》，卷一，第十三左。
〔註27〕　《無上赤文洞古眞經註》（《正統道藏》洞眞部玉訣類，藏字），第三右。
〔註28〕　《中和集》，卷三，第二左。
〔註29〕　《中和集》，卷三，第七右。
〔註30〕　《中和集》，卷五，第九右。

靜的重視，並不侷限於道教之內丹體證，他還以此繫聯儒、釋、道三教。換言之，道教以虛靜體現天道，進而與道體合一之內丹修為，在佛教是「如如不動，了了常知」的「圓覺」境界；在儒家則是《易經・繫辭》所表現的「寂然不動，感而遂通」，體現的正是「太極之妙」，所以「三教所尚者，靜定也」〔註31〕。於此，李道純於《中和集》卷四作〈鍊虛歌〉，不僅呈現虛靜之於內丹鍊養的重要性，也以「虛」字貫串三教，認為「為仙為佛與為儒，三教單傳一個虛」。〈鍊虛歌〉云：

> 為仙為佛與為儒，三教單傳一個虛。亙古亙今超越者，悉由虛裡做功夫。學仙虛靜為丹旨，學佛潛虛禪已矣，扣予學聖事如何？虛中無我明天理。道體虛空妙無窮，乾坤虛運氣圓融。陰陽造化虛推盪，人若潛虛盡變通。還丹妙在虛無谷，下手至虛守靜篤。虛極又虛元氣凝，靜之又靜陽來復。虛心實腹道之基，不昧虛靈採藥時。虛己應機真日用，太虛同體丈夫兒。採鉛虛靜無為作，進火以虛為橐籥。抽添加減總由虛，粉碎虛空成大覺。究竟道沖而用之，解紛挫銳要兼持。和光混俗忘人我，象帝之先只自知。無盡以前焉有卦，乾乾非上坤非下。中間一點至虛靈，八面玲瓏無縫罅。四邊固密劂渾淪，箇是中虛玄牝門。若向不虛虛內用，自然闔闢應乾坤。玄牝門開功則極，神從此出從此入。出出入入復還虛，平地一聲春霹靂。霹靂震時天地開，虛中迸出一輪來。圓陀陀地光明大，無欠無餘照竹齋。竹齋主人大奇特，細把將來應時物。虛裡安神虛裡行，發言闡露虛消息。虛至無虛絕百非，潛虛天地悉皆歸。虛心直節青青竹，箇是鍊虛第一機。〔註32〕

李道純從虛以合道出發，認為儒、釋、道三教同以「靜」字作為功夫基礎，但理學家並不這麼認為。有學生問「敬莫是靜否？」程伊川曰：「才說靜，便入於釋氏之說也。不用靜字，只用敬字」〔註33〕。伊川認為所謂的「靜」字其實是類似佛教的靜坐絕慮，理學家的功夫修養是不能類同於「靜」的，而是要用「敬」字才足以稱之。「敬」是可以包含有虛靜的層面，只是在虛靜之外，「敬」容納有更多的道德意識，所以伊川以「敬」區分「靜」，主要著眼

〔註31〕《中和集》，卷一，第一左。
〔註32〕《中和集》，卷四，第十右。
〔註33〕《二程全書・遺書》（京都：中文出版社，1979年），卷十九，第十一右。

點便在於「敬」，是在敬謹道德倫常與規範中修己立命，進而參育天地流行，成就其作為人之價值。而「靜」只是泯念絕慮，使心空寂質湛然，並沒有追求成人成聖之意識與價值。

伊川是以「敬以直內，義以方外」作為修養功夫的主要內容：

> 問：敬、義何別？曰：敬只是持己之道，義便知有是有非。順理而行是為義也，若只守一個敬字，不知集義，卻都無事也。且如欲為孝，不成只守一個孝字，須是知所以為孝之道，所以奉侍當如何，溫清當如何，然後能盡孝道也。又問：義只在事上，如何曰內外一理？曰：內外一理豈特事上求，合義也。敬以直內，義以方外，合內外之道也。〔註34〕

伊川以行孝作為比喻，只守一個孝字，如何稱作行孝？應該還要知道如何侍奉父母、如何用和顏悅色順從父母……才能稱作行孝。同理，「敬」是安身修己的功夫，也只是一種功夫，若無致知順理，仍不足成為安身修己的功夫。但「敬」與「義」並非因此而二分，而是其作為修養功夫之二個層面，「敬」之後而有「義」，「義」歸求於「敬」。換言之，「義」與「敬」是一體之兩面，離了「敬」便無「義」，捨了「義」也就無「敬」。於此，黃宗羲作案語曰：「此即涵養用敬、進學致知宗旨所由立也」。亦即，伊川提點出「敬」字作為成聖功夫之學。

朱熹承此「敬」的功夫哲學，認為「聖賢之所以成始成終者，皆由此。故曰：修己以敬，下面安人安百姓」〔註35〕。而此「敬」的內容，在朱熹看來，就是《孟子・告子上》將丟失的良心找回來的「求其放心」，就是君子是否存仁、存禮之自我體察，也是《大學》中為彰明自己德性所言之格物、致知、誠意、正心等綱目。於此「敬」的態度著功夫，「則貫通之理始見」。朱熹進一步對「敬」作解釋：

> 敬不是萬慮休置之謂，只是隨事專一謹畏，不放逸爾。非專一閉目靜坐，耳無聞，目無見，不接事物，然後為敬。整齊收斂這身心，不敢放縱，便是敬。〔註36〕

亦即「敬」不是泯除耳目欲念，絕萬慮息萬念的靜坐方式，它應該是隨事應

〔註34〕　《宋元學案・伊川學案》，卷十五，第十二左。
〔註35〕　《宋元學案・晦翁學案》，卷四十八，第五十四左。
〔註36〕　《宋元學案・晦翁學案》，卷四十八，第五十五右。

物的敬謹態度。也就是在行住坐臥之間，以一種敬謹的態度收斂身心，省察自己，使身心不陷落於恣意放縱之中，進而使心地光明昭然，於體悟天道之中實現自我道德之價值。

理學除程朱學派之外，尚有象山一系。陸象山是以「心」作為主體，認為本心即理，既為一切價值標準的根據，亦是仁義道德本身。陸象山〈與趙監書〉曰：

> 仁義者，人之本心也。孟子曰：存乎人者，豈無仁義之心哉？又曰：
> 吾固有之，非由外鑠我也。〔註37〕

亦即人之本心靈明昭然，蘊含仁義本質，是吾人所共同具有且毋須向外尋求。由此，陸象山提出「先立乎其大」作為功夫綱領，認為欲成就聖人之道，便要此價值自覺之豁達朗通，觀萬理萬事而不為所累，將放失於外之精神心念收攝於內，故其言曰：

> 人精神在外，至死也勞攘。須收拾作主宰，收得精神在內，當惻隱
> 即惻隱，當羞惡即羞惡。誰欺得你，誰瞞得你，見得端的後常涵養，
> 是甚次第。〔註38〕

陸象山將成德成聖之道收攝於己身，要學者將收拾放馳於外的本心，並以此主體作為主宰，見本心之理，此念之誠，則知「心只是一個心字，某之心，吾有之心，上而千百載聖賢之心，下而千百載復有一聖賢，其心亦只如此。若能盡我之心，便與天同。」〔註39〕換言之，陸象山以心之主體自覺能否豁達展現作為成德的關鍵，其提舉自我本心作為功夫要求，認為己之心即為人之心，即為聖賢之心，即為天地之心。得此心之朗現，則性亦如此，情亦如此，才亦如此。簡言之，陸象山功夫要求「不外收拾精神，自作主宰，則能一念自警策，便與天地相似。常思量放教規模廣大，則宇宙內事即分內事，己分內事即宇宙內事。」〔註40〕

李道純「虛靜」與程朱學派的「敬」，或象山的「先立其大」，從義理架構而言，同時體現中國哲學「性命與天道相貫通」的實踐理路。先就李道純之內丹鍊養功夫而言，在性功修持上，以復歸道體之湛然虛靜，作為心地的

〔註37〕《陸象山全集》（臺北：世界書局，1975 年），卷一，頁 6。

〔註38〕《宋元學案‧象山學案》，卷五十八，第十一右。

〔註39〕《陸象山全集‧語錄》，卷三十五，頁 288。

〔註40〕語見《中國哲學原論‧原性篇》（臺北：學生書局，1989 年），第十四章「象山、慈湖至陽明之即心性功夫，以言心性本體義」，頁 435。

展現；而命功鍊養則是以人的身體模仿天地之運行，在心性湛然的前提之下，鍊精化氣，鍊氣化神，鍊神還虛，然後以虛合道。但無論是性功或命功，天道之湛然都可以下貫為本來之真性。而藉由自我身體生命的修鍊，也可以由下而上貫通天道之虛無空寂。次就程朱學派敬謹的修養功夫言之，其承續先秦儒家「天命下貫而為性」之觀點，敬謹守住從天命而來的道德之性，繼而以心為基點，從本心的存養擴充感通宇宙背後天命流行之體，參贊天地化育，進而體現天所包含之德性內容。再就象山一系而言，以一己之心比擬為人之心與聖賢之心，認為心自覺豁達之展現才是成德的關鍵，故提舉自我本心作為功夫要求，得此心之朗現，即為天地之心之朗現。於此，李道純與理學家同樣以自我生命作為修養的主體，所以李道純主張鍊製內丹是不可向身外求，此如程明道所謂：「己之心無異聖人之心，廣大無垠，萬善皆備，欲傳聖人之道，擴充此心焉耳。」〔註41〕所不同的是，道教作為一宗教，是要建立起永恆的生命歸求，具體表現便是藉由身中物質的交合鍊製，結成大丹，以超拔於凡塵俗世之中。而作為傳統倫理綱常維護者的理學家，他們正視自己的道德人格，並由此出發，在道德的實踐中控制情欲，進而契應天地化育萬物所顯現的仁義之心。簡言之，李道純作為道教內丹傳承的一環，從天道下貫的是一種湛然空寂的境界，人與之契應的是身中內丹之「鍊虛合道」。理學家則是從天道誠明的角度切入，以心之敬謹修養體悟天道道德仁義之內容。兩者雖同具有「天人合一」的哲學特質，但所指涉的天道實體與功夫歸求，卻有著極大的差異。

第三節　釋道會通之心性理論

就禪宗而言，「自性佛性」的標舉，即是當下肯定人人皆具有成佛的可能。惠能初從嶺南新州至黃梅東禪寺禮拜五祖弘忍，惟求成就佛道。但五祖弘忍對來自嶺南、風俗與獦獠相雜的惠能是否成得了佛道存疑，惠能對曰：「人雖有南北，佛性本無南北。獦獠身與和尚不同，佛性有何差別。」〔註42〕亦即佛性本為眾生所當有，豈與身是和尚或獦獠相關？五祖弘忍當下驚覺惠能「根性大利」。於此，對本心自性的肯定，可視為禪宗心性論及成佛功夫理論開展的前提。

〔註41〕《宋元學案·明道學案》，卷十三，第二十四左。
〔註42〕見丁福保註《六祖壇經·行由品》（臺北：文津出版社，1996年），頁62。

同樣的，李道純認爲「雖至人也有人心，雖下愚也有道心」，只要從心之本然清淨無爲出發，人人皆有成道得道的可能，不會因爲愚聖而有所不同。

一、本心自性與本心即道

本心自性是人人都能具有，亦爲人皆能成佛的依據。黃檗希運云：

> 諸佛與一切眾生，惟是一心，更無別法。此心自無始以來，不曾生，不曾滅，不青不黃，無形無相，不屬有無，不計新舊，非大非小，超過一切限量名言蹤跡，當體便是，動念即乖，猶如虛空，無有邊際，不可測度，惟此一心是佛。〔註43〕

亦即「本心自性」是不分階級、凡聖與善惡，是所以成佛之主體。其原初是無染無著的絕對清淨，所以《六祖壇經‧懺悔品》如是說：

> 世人性本清靜，萬法從自性生。思量一切惡事，即生惡行；思量一切善事，即生善行。如是諸法在自性中，如天常清，日月常明，爲浮雲蓋覆，上明下暗。忽遇風吹雲散，上下俱明，萬象皆現。世人性常浮游，如彼天雲。善知識，智如日，慧如月，智慧常明，於外著境，被自念浮雲蓋覆自性，不得明朗。若欲善知識，聞眞正法，自除迷妄，內外明徹，於自性中萬法皆現。〔註44〕

心性的本初狀態就像湛澄的天空一樣，慧日普照，智月常明。但人是有情眾生，往往受制於生死無常，難脫於煩惱塵勞，以至於自心本性像浮雲遮蔽天空般，不再清淨無染，也因此沉淪不復。相反的，倘若人能自覺的祛除無明，超拔於執著之外，就如風吹浮雲散，還天空本來之明朗湛然，自性本心是可以回復其原有的清靜狀態。所謂「萬法從自性生」，一切法都是由心所造，心生故種種法因運而生，心滅則種種法也隨之而滅，如同人之念善作惡，端賴一心之造化。同理，「自性迷是眾生，自性覺是佛」〔註45〕，亦即「自性本來具足，但於善惡事上不滯，喚作修道人。取善捨惡，觀空入定，即屬造作。更若向外馳求，轉疏轉遠。但盡三界心量，一念妄想，即是三界生死根本；但無一念，即除生死根本，即得法王無上珍寶。」〔註46〕人是眾是佛，繫乎

〔註43〕《黃檗山斷際禪師傳心法要》（收於《佛光大藏經》語錄部，高雄：佛光出版社，1994年），頁315。
〔註44〕《六祖壇經‧懺悔品》，頁159。
〔註45〕《六祖壇經‧疑問品》，頁133。
〔註46〕《古遵宿語錄‧馬祖道一禪師語錄》（收於《佛光大藏經》語錄部），卷一，

於心性念頭之泥著與否，心念若能無造作，超拔於是非取捨，則能得此純一不雜之心，進而成佛成聖。換言之，倘若人之心念滯著於外塵染境，心性陷於迷妄之中，自性因為沉溺不得明朗而滅絕，也就無成佛之可能。反之，念念自覺，拂去外在塵染著境，回復朗現之真如本性，「於自性中萬法皆現」。

對此「本心自性」的證悟，就禪宗而言是重要且是成佛的不二法門。《六祖壇經‧行由品》載五祖弘忍請諸門人作偈頌，察其是否悟得本心般若之性以傳付衣法，上座師神秀偈曰：

　　身是菩提樹，心如明鏡臺。時時勤拂拭，勿使惹塵埃。

神秀以菩提比喻身，以明鏡譬喻心，認為修行之功就像拂拭明鏡，塵埃盡去，鏡就無所不照，如同心中妄念皆盡滅絕，自能達到覺悟的境界。但五祖弘忍並未傳付衣法給神秀，原因在於神秀仍拘執於客觀存在的肯定，尚未契悟菩提真性之證悟是當下「識自本心，見自本性」，故五祖批評其「未見本性，只到門外，未入門內」。反觀惠能之偈：

　　菩提本無樹，明鏡亦非臺。本來無一物，何處惹塵埃。〔註47〕

其從虛靈不昧的空境界徹悟一切，既無菩提也無明鏡，甚至連心都予以超越，於是本來就空無一物，何來塵埃之沾染與罣礙。五祖最後傳付衣缽給惠能，並訓誡曰：「不識本心，學法無益，若識自本心，見自本性，即名丈夫、天人師、佛。」〔註48〕由此可知，神秀與惠能兩則偈頌之所以能分出高下，便在於惠能當下證悟自心本性的空寂，契得禪宗「見性成佛」之心性意旨，故能得五祖衣法而為六祖。於此，「本心自性」之清淨不染著是禪宗在對佛性本有的提舉之後所標示的成佛依據，而「明心見性」則是禪宗證成佛道之功夫修為。

「心」與「性」的意義在禪宗心性理論中是相類似的概念，六祖惠能言：「不悟即佛是眾生，一念悟時，眾生是佛。故知萬法盡在自心，何不從自心中，頓見真如本性。」〔註49〕無論其所指涉是自心、本性或真如，皆可解釋為成佛依據之清淨本體〔註50〕。此真如心即是本心，也是自性，是眾生具有

　　　　頁8。
〔註47〕《六祖壇經‧行由品》，神秀偈，頁71；惠能偈，頁78。
〔註48〕《六祖壇經‧行由品》，頁80。
〔註49〕《六祖壇經‧般若品》，頁116。
〔註50〕丁福保箋註《六祖壇經》自序言：「《壇經》所謂佛性、實性、真如、自本心、自本性、明心見性、禪定解脫、般若三昧、菩提涅槃、解脫知見、諸佛之本源、不思善、不思惡、即自己本來面目，皆自性之異名也。」

且人人平等的成佛依據，因故六祖惠能一再舉示「自識本心」的重要性，即是要提點眾人，「若自悟者，不假外求」、「若識自性，一悟即至佛地」〔註51〕。也就是說，要悟得佛與眾生相同之本心佛性，是不能向外尋求，而是要反求諸己，遣執除相，才能見自心本性之湛然清淨，也才能「去來自由，無滯無礙。應用隨作，應語隨答，普見化身，不離自性」〔註52〕。禪宗證真成佛的「明心見性」功夫理論，也是由此對「自心本性」的肯定，以及「自識本心」之頓悟真如本性的基點下所架構開展。

反觀作為道教內丹學派之李道純，是從成就內丹這個主題下建構心性理論，主要目的並非建立一內在歸求的哲學體系，而是以此作為內丹修鍊的基礎，提供性功契應清虛湛澄的境界，並將之貫穿在命功修為中，作為性命雙修的重要前提。受理學將心二分為人心、道心的影響，李道純也將人心區分為靜定不動之照心與動而不止的妄心，如其所言：

> 妄念始蒙於不自知覺，神為心役，心為物牽，縱三尸之熾盛，為六
> 欲之擾攘，豈得不著物之故。〔註53〕

人倘若不自覺的陷入外在物相的貪戀與執著，妄心隨之產生，人也就於輪迴之中無法超脫生死，此乃「眾生所以不得真道者，為妄心不滅」之故。反之「照心即道心」，所指的就是虛靜澄然的本心狀態。李道純闡釋本心境界與「道」之關係時云：

> 以心觀道，道即心也；以道觀心，心即道也〔註54〕

此乃李道純引用丹書之言說明丹道鍊製過程中，本心應體現天心之湛然，回歸本心原來面目，此本心的原始狀態即是「道」，也是「空無所空，所空既無，無無亦無，無無既無，湛然常寂」〔註55〕的境界。用禪宗的話來說，指的是「不思善，不思惡，正恁麼時，那個是自己本來面目」，換言之，李道純對於本心境界詮釋，其實是相當於禪宗對本心自性的規定：

> 眾生所以不得真道者，為有妄心。是謂妄心一動，起種種差別因緣，
> 因緣纏縛，失道之本也。〔註56〕

〔註51〕《六祖壇經・般若品》，頁118。
〔註52〕《六祖壇經・頓漸品》，頁222。
〔註53〕《太上老君說常清靜經註》，第六左。
〔註54〕《中和集》，卷三，第十七右。
〔註55〕《無上赤文洞古真經註》，第一左。
〔註56〕《清庵瑩蟾子語錄》（《正統道藏》太玄部，阜字），卷三，第七右。

亦即心的本然面目是清靜的，而芸芸眾生之所以不能契應本心之湛然，是受到外在慾望、差別因緣的纏縛，因此「有道之士，常以道制慾，不以慾制道」，不使本心沉淪於妄念之中，讓「神所以清，心所以靜」，使「至道與神氣混混淪淪，周乎三才，萬物應變而無窮，至廣大而盡精微」〔註 57〕，然後體現妄念滅絕之後的常清常淨、無染無著的無窮狀態。於此「本心即道」的境界體現之後，性命雙修的丹道功夫也循此開展與建構。李道純於《清庵瑩蟾子語錄》卷三如是說：

> 若言他是太上，自己卻是什麼？須是向自己究竟，方見得親切。太
> 上云：真常之道，悟者自得，即此意也。〔註58〕

「太上」係指無上可上之正真妙道，是存乎自己心中，非假外物可得，因故太上老君訓誡學道之人「真常之道，悟者自得」，亦即「學道底人，收拾身心，致虛之極，守靜之篤，則能觀復」〔註 59〕。換言之，無論心性修為之性功，抑或大丹鍊製之命功，皆同是內求於本心本性的湛然，以體現天心天道清淨無為之境界朗現，以「復其見天地之心乎」。

除了以「本心即道」的境界詮釋作為心本然面貌的體現外，李道純還以「性」作為體現本體湛然的另一個表義字。其於《中和集》有言「性在心先，心自性生」，亦即從「心」與「性」邏輯發生的先後順序而言，是先有性而後有心，要了然本來性體之究竟，只有從心上著功夫才足以體現。但此言並非意指性體是在心體之外的另一個存在物，當是性作為心之本體，心體澄明後即可顯見性體之圓朗，故言：

> 心虛澄則性本圓明，性圓明則無來無去。〔註60〕

心體的虛靜澄明狀態就是性體的本然狀態，換言之，在本心虛靜淨澄中，心即是性，性即是心，兩者是二而一、一而二的概念，也同時體現道體清淨無為的虛空境界。

二、頓悟成佛與以虛合道

承上所言，禪宗六祖惠能之心性表現在於「本心自性」的提舉與肯認，

〔註57〕《太上老君說常清靜經註》，第三右。
〔註58〕《清庵瑩蟾子語錄》，卷三，第七右。
〔註59〕《中和集》，卷四，第七右。
〔註60〕《中和集》，卷四，第二右。

其修養功夫理論必然是落在對此自性的掌握與修持。惠能某日陞座，以般若智慧教示大眾：

> 菩提般若之智，世人本自有之，只緣心迷，不能自悟。須假大善知識，示導見性。當知愚人智人，佛性本無差別，只緣迷悟不同，所以有愚有智。〔註61〕

馬祖道一亦示眾云：

> 在迷為識，在悟為智；順理為悟，順事為迷；迷即迷自家本心，悟即悟自家本性；一悟永悟，不復更迷。如日出時，不合於冥，智慧日出，不與煩惱暗俱。了心及境，妄想即不生，妄想既不生，即是無生法忍，本有今有，不假修道修禪，不修不坐，即是如來清淨禪。〔註62〕

般若之智慧並非於心之外再有一般若智慧，而是人心本自具足。無論佛祖抑或凡夫，皆有此佛性智慧，無高下分別，之所以有眾生與佛的不同，在於自家本心之迷妄不覺。換言之，即使是凡夫眾生，只要轉迷為悟，當下頓現般若智慧，使智慧如日升般光量朗現，不生煩惱妄執，然後能「識自心見性，皆成佛道」〔註63〕。如何識自心，見自性，使明心見性以臻佛道成為可能？

《六祖壇經‧定慧品》載：

> 我此法門，以定慧為本……定是慧體，慧是定用。即慧之時定在慧，即定之時慧在定。若識以義，即是定慧等學。〔註64〕

「定」指的是「外離相即禪，內不亂即定，外禪內定，是為禪定」〔註65〕，而「慧」則是禪定到極致圓熟時所透顯之智慧。亦即以「見諸境心不亂」之禪定為體，圓熟之智慧為用，寂而常照，照而常寂，體用不離，當下明心見性才足以得大智慧。於此惠能建立「頓教」之名，並以為無念、無相、無住之功夫作為禪定的具體內容：

> 我此法門，從上以來，先立無念為宗，無相為體，無住為本。無相者，於相而離相；無念者，於念而無念；無住者，人之本性。〔註66〕

〔註61〕《六祖壇經‧般若品》，頁97。
〔註62〕《景德傳燈錄‧江西大寂道禪師語錄》（收於《佛光大藏經》史傳部），卷二十八，頁1805。
〔註63〕《六組壇經‧般若品》，頁116。
〔註64〕《六祖壇經‧定慧品》，頁140。
〔註65〕《六祖壇經‧坐禪品》，頁150。
〔註66〕《六阻壇經‧定慧品》，頁144。

簡言之，人對一切境界不起心動念，面對世間萬物，知其相乃隨因緣生滅，本質是空無虛幻，如此無所妄執著心，是以「無住」為本。但此處所言之空無斷滅並非絕對的空無斷滅，而是於相不執著於相，於念不繫縛於念之無自性，亦即人皆具有之般若本性。至此，「若起正真般若觀照，一剎那間，妄念俱滅。若識自性，一悟即至佛地」〔註67〕。六祖惠能不主張漸修，因此無一套完善可供學者逐步進程的修養理論，只有功夫的指點，要學人就現實生活的行住坐臥等種種情境，常發菩薩真心，當下超拔於執著偏見，然後頓見真如本性，照見般若智慧清淨心。六祖云：

> 見聞轉誦是小乘，悟法解意是中乘，依法修行是大乘，萬法盡通，
> 萬法具備，一切不染，離諸法相，一無所得，名最上乘。乘是行義，
> 不在口爭。汝須自修，莫問吾也。一切時中，自性自如。〔註68〕

此頓悟功法並非死守文字解義或攀附經典權威，而是「解行雙修」。既有禪定之功夫修持，也有智慧的啟悟；既有義理之了解，也有本心自性的契應。於此，六祖批駁神秀門下偏執於住心觀靜之功夫，執著在一具臭骨頭上強立功課的作為「是病非禪」〔註69〕，是不懂明心見性、一悟即能成佛的道理。

反觀李道純內丹修持功夫，是在心性契應「道體」之虛空澄淨為本然面貌之前提下所建構開展的。《中和集》卷三有言：

> 復以修身復見天地之心，窮理盡性以至於命，此金丹之妙也。〔註70〕

金丹之道是學道之士的最終歸求，但整體而言是有次序性的。也就是說，在性命雙修的前提之下，必先進行性功修養，使心性回歸湛澄之本然面目，契應天地道體無為之境界，才足以進行命功之涵養與鍊就，終至「身心俱靜，天地合也。至靜之極，則自然真機妙應」〔註71〕，結成大丹。於此，鍊心顯性便成為李道純在內丹功夫修持次第上，極為重要的環節。就李道純而言，鍊心顯性所體現的境界，與禪宗「明心見性」的空無清靜是相同的，如《太上老君說常清靜經註》所言：

> 絕欲之要必先忘物我，忘物我者，內忘其心，外忘其形，遠忘其物。
> 三者既忘，復全天理，是名大，即艮止之義。易云：艮其背，不獲

〔註67〕《六祖壇經‧般若品》，頁118。
〔註68〕《六祖壇經‧機緣品》，頁191。
〔註69〕《六祖壇經‧頓漸品》，頁217。
〔註70〕《中和集》，卷三，第十一右。
〔註71〕《中和集》，卷四，第八左。

其身；行其庭，不見其人。艮其背，即內觀其心，心無其心；不獲

其身，即外觀其形，形無其形也。〔註72〕

此間所指內觀想其心，而忘心之所在；外觀想其形，而形無所住。此頗似於禪宗「無相、無念、無住」不執著內外二境之體驗。但作為性命雙修之內錬道派，若只專注在性功的錬養，無非是一種偏執，故李道純云：「錬丹之要只是性命兩字，離了性命，便是旁門；各執一邊，謂之偏枯。」〔註73〕換言之，修持性功固然可以了悟心性，若缺少了證命的功夫，「只修真性不修丹」〔註74〕，即便是「萬劫英靈」也難進入聖域。李道純於《太上昇玄消災護命妙經註》有言：

若欲玉符保神，金液錬形，必先存乎元始祖氣，而後檢攝種種因緣，

始能破一切差別，離一切境界，斷一切幻妄，解一切纏縛，是以不

為愛欲苦惱而永無輪轉也。作是見者，長生久視之道得矣。〔註75〕

意即命功修錬之前，必先進行性功的修持，使知因緣之無定相、無差別，既能勘破世間事物之種種差別，離卻幻妄愛戀，不繫纏於貪欲執著，則能離卻生死輪迴，得此「長生久視」之道。李道純於此運用佛教因緣、幻妄、輪轉等詞彙，作為性功必須化解纏縛的概念。但性功的完成只是丹道修持的一半途程，換言之，若要功行圓滿，還須藉助命功之採取真藥、取坎填離，進而以神馭氣、錬神還虛以交結成丹。而在命功行持進退之間，錬心顯性仍有其關鍵性的地位，亦即無論是錬精化氣、錬氣化神抑或是錬神還虛，都必須以心體之復返真空狀態作為先決條件。《清庵瑩蟾子語錄》卷五有李道純教示門眾之〈疊字藏頭頌〉即言：

元神錬形，錬形保精，保精禦氣，禦氣神存，神存定性，定性明心，

明心悟本，悟本神靈，神靈氣住，氣住精凝，精凝形固，形固長生，

長生久視，久視丹成，丹成脫蛻，脫蛻元神。〔註76〕

其意即指錬神之首要必先錬就其精，而錬精之前要先禦其氣，禦氣之前又得先存守本心本性。於此，本心本性若得以定守，則元神得以虛靈，元氣得以固守。元氣既得固守，元精自然得以凝結，形體得以常固。一切功法發展至此，長生之道得矣，金丹之道亦得矣。由此可知，李道純雖主張性命兼修之

〔註72〕《太上老君說常清靜經註》，第三左。
〔註73〕《中和集》，卷三，第三十右。
〔註74〕《中和集》，卷四，第一左。
〔註75〕《太上昇玄護命妙經註》（《正統道藏》洞真部玉訣類，收字），第二右。
〔註76〕《清庵瑩蟾子語錄》，卷五，第六右。

內丹功法，究其實質內容，性功與命功並非斷然二分之事，而是性功貫徹於命功之中，並藉由命功所體現開展。

在李道純之前的道教內丹學者並不主張「頓悟」的功夫，他們認爲證道成仙並非一時一日可得，教門中之諸仙眞都是因爲長時間的積功累行才能得道成仙，頓悟不過是長期以來累世修行的結果罷了。但李道純參究禪宗當下識見本心本性之「頓悟」功夫，融攝傳統內丹學派對命功修行次第的說法，將丹道功法分爲漸法三乘以及最上一乘之頓悟功法。所不同的是，以六祖惠能爲主的禪宗，主張無論資質優劣，都必須當下超拔執著偏見以頓悟成佛；而李道純則是依學道之人根器資質之優劣，並舉漸法三乘與頓法最上一乘：

> 下士須從漸入，先窮物理，窮盡始得盡性。纔有一物不盡，便有窒礙處。須先一一窮盡，得見自己性，然後至於命。上智之人則不然，但窮得一理盡，萬理自通，盡性至命，一時都了，如禪家戒定慧一同也。〔註77〕

亦即下士之人資質低下，故從鍊精化氣、鍊氣化神、鍊神還虛之漸法層層著手。而上智之人夙有根器，故能直接修性自然了命，當下兼修性功命功，然後「功滿德隆，直超圓頓，形神俱妙，與道合眞」〔註78〕。

綜上所言，李道純繼承中唐以後內丹學派內求於心之功法，受禪宗心性論影響，一反傳統道教肉體長生之要求，在修養本心本性以契應天道之湛然的前提下，建立其性命兼修的丹道功法。相較禪宗與李道純理論主張，李道純「本心即道心」，將道體之虛空無爲作爲本心去妄執後的體現，與禪宗「明心見性」契悟本來清靜面目相同。另外李道純認爲無論性功或命功，都不能離了此身而向外尋求，這與禪宗提舉肯認「本心自性」也有異曲同工之妙。而在境界的最終歸求上，李道純與禪宗都主張通過宗教的修鍊功夫，脫離命定的生死造化，以進入另一個泯沒動靜、有無的絕對自由世界。雖然有全眞家認爲禪宗將悟道成佛的修證建立在「明心見性」的功夫上，追求的只是一種精神解脫，與內丹呈現精神與肉體的雙重解脫不同，但李道純在回答其門弟子之問涅盤與脫胎有何不同時卻認爲：

> 涅盤與脫胎只是一箇道理。脫胎者，脫去凡胎也，豈非涅盤乎？如道家鍊精化氣，鍊氣化神，鍊神還虛，即抱本歸虛，與釋氏歸空一

〔註77〕《清庵瑩蟾子語錄・鍊性指南》，卷六，第九左。
〔註78〕《中和集》，卷二，第十七左。

　　理無差別也。〔註79〕

進一步的將禪宗「通之於心，明之於本，直下脫卻千重萬重貼肉汗衫，豁然契悟本來眞淨明妙，沖虛寂淡，如如不動眞實正體」〔註80〕的精神解脫，等同於內丹性命雙全、形神俱妙境界。由此看來，李道純內丹心性論與禪宗的關係，遠較融攝理學思想來得深刻許多。

第四節　中派丹法之心性理論

　　中派丹法係以李道純爲主要代表人物。蕭天石先生於其著作《道家養生學概要》中言：「道家玄宗，以南北東西四派最大，原無中派之立宗，然就其修丹訣法之異同而言，則又有判分中派之必要。」〔註81〕施達郎於《道教內丹養生學概要》轉引王沐的說法也云：「中派並非教團，亦非金丹內煉派系，乃後來內丹煉師將接近中派學說及丹功功法，排列一起，而稱中派，實際都是南宗北宗的改革者，自行著書立著並傳徒而已。」〔註82〕換言之，李道純原是南宗嫡傳門人，其命功功法祖述南宗初祖張伯端。全眞道南傳後，歸化全眞門下，也收攝全眞道心性理論以立論。此外，李道純還順應宋元之際三教合一的思潮，在原來的思想基點上，吸收宋理學對「中和」的看法，將「守中致和」、「允執厥中」的觀念應用在內丹修煉之中，進而發展出以「守中」爲特色的內丹理論。此一內丹理論影響後來尹眞人、黃元吉、閔小艮等人，故學者將「守中」功夫作爲主要法門之內煉丹師，於傳統內丹東、西、南、北四派外，另立一「中派」以標誌之。

一、守中致和

　　「中和」這一概念是取自《中庸》：「喜怒哀樂未發謂之中，發而皆中節謂之和。中也者，天下之大本；和也者，天下之達道也。致中和，天地位焉，萬物育焉。」李道純不僅將所居之舍，題識「中和」二字，更以此「中和」觀念建構思想，開展其「守中」之內丹理論。其於《中和集》卷一畫有「中和圖」，並解釋曰：

〔註79〕《中和集》，卷三，第十三左。
〔註80〕見《佛果克勤禪師語要》。
〔註81〕見《道家養生學概要》（臺北：自由出版社，1963年），頁128。
〔註82〕見《道教內丹養生學概要》（香港：香港道教學院，1992年），頁76。

《禮記》云：喜怒哀樂未發謂之中，發而中節謂之和。未發謂靜定
中謹其所存也，故曰中。存而無體，故謂天下之大本。發而中節謂
動時謹其所發也，故曰和。發無不中，故謂天下之達道。誠能致中
和於一身，則本然之體虛而靈，靜而覺，動而正，故能應天下無窮
之變也。老君曰：「人能常清靜，天地悉皆歸。」即子思所謂「致中
和，天地位，萬物育」同一意。中也，和也，感通之妙用也，應變
之樞機也，《周易》生育流行，一動一靜之全體也。〔註83〕

所謂「中」，指的是喜怒哀樂蘊藏心中尚未被激發的心理狀態；「和」則是指
喜怒哀樂發動以後皆能合乎節度，恰如其分的表現。由此，李道純將求中作
為靜定時的功夫，求和作為應物感物時的要求，並於此守中致和的功夫中，
求得本然之體「虛而靈，靜而覺，動而正」，以應天下無窮之變也。

換言之，李道純認為「人心靜定未感於物時，湛然天理」，但「一感於物，
便有所偏倚」，往往失掉未發之時的虛靜。因此，李道純主張「靜定之時，謹
其所存，則天理常明，虛靈不昧，動時自有主宰，一切事物之來俱可應也。」
〔註84〕也就是說，在靜定中體現本然虛靜心性玄妙靈覺，則能契應天道之湛
然常明，進而能在應物感物中合乎節度，無所不應，無所不正。

李道純極為重視「中和」觀念，其中又以對「中」的討論居多。其認為
儒、釋、道三教都有「中」境界。用佛教的話來說，指的是「不思善，不思
惡，正於恁麼時，那個是自己本來面目」；從儒家立場而言，就是《中庸》「喜
怒哀樂未發」的狀態；在道教則是「念頭不動處」。於此不難發現，李道純無
論是用佛教的不思善、不思惡的本來面目，抑或是道教念頭不動的本然狀態
解釋「中」字，所論所述只在體現「中」之為「中」的湛然寂滅與萬緣頓息
的本來狀態。於此基點上，李道純還引用《易經‧繫辭》「寂然不動也，感而
遂通天下之故也」，詮解「中」的觀念，指出「寂然不動，中之體；感而遂通，
中之用也」〔註85〕。其以「寂然不動」的未發狀態作為「中」之本體，「感而
遂通」的已發狀態作為中之發用，也就是以「中」字統貫未發與已發。援此
守中致和的要求於內丹修持之中，便表現在李道純對心性鍊養的功法上。也
就是說，全真性功所要契證的是「心清累釋足以盡理，慮絕情忘足以盡性，

〔註83〕《中和集‧中和圖》，卷一，第一左。
〔註84〕《中和集》，卷一，第一左。
〔註85〕《清庵瑩蟾子語錄》，卷六，第四左。

私慾俱泯足以造道，素朴純一足以知天」〔註 86〕的本心虛靜。於此前提下，李道純以「中」作爲契應萬物變化的主要樞紐，認爲「寂然而通，無所不通；無爲而成，無所不成；不見而知，無所不知」〔註 87〕，亦即經由「守中」可以無所不知，無所不成，進而達到「湛然常不動，天理感而通」的境界。

「中和」概念的建立，是宋理學心性理論架構極爲重要的一個環節。程伊川結合《易經·繫辭》「寂然不動，感而遂通」討論「中和」曰：

> 喜怒哀樂之未發謂之中。中也者，言寂然不動者也。故曰：天下之大本。發而中節謂之和，和也者，言感而遂通者也，故曰天下之達道。〔註 88〕

伊川以「寂然不動」解釋喜怒哀樂未發之前的氣象，認爲這種未發的狀態其實就是道的本然狀態體，亦即道之體。「感而遂通」則爲喜怒哀樂之發動且合乎節度，也就是道的發用，因其能感而通，也就爲無所不通。伊川進一步將此中和分爲本體與心理兩種層次，若只是論本體，則說「萬理皆具，更不說感與不感」；若針對人之本分而言，則強調欲得其中，並非求中於喜怒哀樂未發之時，而是「存養於喜怒哀樂未發之時」，亦即「涵養久則喜怒哀樂自中節」〔註 89〕。此間所指涵養功夫，便是個敬字。李道純相似於程伊川的思考方式，亦將「中之體」與「中之用」結合「寂然不動」與「感而遂通」，以表現心之靈妙。但總的來說，李道純在中和觀念上的表現與朱熹「中和舊說」較爲接近。朱熹將未發之中體以天命流行，生生不息作爲解釋，是「性」，是「寂然不動」；並由此順而提點良心發現之端則作爲「心」，亦即「感而遂通」。簡而言之，朱熹看來，所謂「未發」指的是天理本然寂感不動流行之體，也就是人之本心、良心，也就是「性」；喜怒哀樂之發出萌現則爲「心」。因爲已發未發之間是無容間息的，所以功夫之要便在於良心因事萌發時，察此良心之發現，謹存此心之生生不已、靈動活潑，藉以貫乎大本達道之全體。

與之相較，李道純同樣以靜定未感於物，作爲心之未發狀態，其所表現的是「中」，是「湛然天理」，也是「太極之妙」；心之發用而中節，謂之「和」。換言之，其無論是未發之「中」或已發之「和」全繫乎於心之虛而靈覺。爲

〔註 86〕《中和集》，卷一，第十一右。
〔註 87〕《中和集》，卷一，第十一左。
〔註 88〕《二程集·遺書》。
〔註 89〕《宋元學案·伊川學案》，卷十五，第二十九左。

使心地常保清靜湛然以應萬物，李道純也同樣主張在心上下工夫，所不同的是，朱熹從本心之呈現與創生德性作為進路，認為凡喜怒哀樂之發，四肢百體之動，全端賴於本心律則之調節與潤澤，才能切實體現所謂發而中節的達到之和。而李道純所要求的是「鍊心」，是以心的靜定與虛明不昧作為進路，進而由此心念之湛然，在性功境界上復歸太極之妙，在命功上作為丹道修持的基礎，並貫穿於鍊丹功夫之中，其中並未包含有道德意識。簡言之，李道純在理學家的影響下，建立其對「中和」觀念的詮解。義理上，接受理學家結合《易經·繫辭》「易，無思無為也，寂然不動，感而遂通天下之故」以解釋「中和」之已發與未發。在邏輯上，則與朱熹「中和舊說」的觀念較為相合，同樣以心之虛通靈妙貫串已發未發，並主張從心上著功夫。但其間的差異在於朱熹的功夫修養多包涵道德意識，並以此觀念貫通天道。而李道純作為道教之一環，多以實用為功，即便是靜定以朗現天道之湛然，最終目的還是作為丹道之基，不涉及道德層面的討論。

二、允執厥中

李道純吸收理學家對「中和」問題的討論，並內化之，以建構自己的內丹心性體系。亦即李道純基於性命雙修的前提下，融攝理學家對「中和」觀念的哲學思辨，將之擴充改造為內丹鍊製過程中的功夫修養，因而提出「守中」、「致和」的心性要求，使心之本體虛而靈、動而正，以應萬物無窮之變。此外，李道純也結合《尚書》「允執厥中」之義，認為學仙道之輩，當執中守正，使安定人心之危殆，復全道心之微著。李道純與弟子間有一段討論，如是說：

> 問書云：人心惟危，道心惟微，惟精惟一，允執厥中。允執厥中，
> 不知中如何執？曰：執者一定之辭。中者，正之中也，道心微而難
> 見，人心危而不安。雖至人亦有人心，雖下愚亦有道心。苟能心常
> 正得中，所以微妙而難見也。若心稍偏而不中，所以危殆而不安也。
> 學仙之人，擇一而守之不易，常執其中，自然危者安而微者著矣。
> 金丹用中為玄關者，亦是這箇道理。〔註90〕

意思就是說，無論是微妙難見的道心，抑或是危殆不安的人心，皆是人人所共有的。之所以悟道之人能夠顯見道心之微，是因為能「執中」。執此正中之

道，便能扶偏倚之心使之合中，進而體現道體之虛靜湛然。因故，李道純言
「學仙之人，擇一而守之不易，常執其中，自然危者安而微者著矣」。此處所
謂「中」，由李道純看來，既不是中外之中，也不是四維上下之中，更不是在
中之中，其所指涉的「中」是類同於佛教「不思善，不思惡」的本來面目，
是儒家「喜怒哀樂未發」之狀態，也是道教所謂「念頭不動處」，亦即本來清
靜之本體眞性。

　　結合「中」之本性，於內丹修持功夫中，李道純再拈出「玄關」作爲命
功修鍊之主體。其於《中和集》卷二有〈玄關一竅〉贈門弟子，言：

> 夫玄關一竅者，至玄至要之機關者，非印堂，非顖門，非肚臍，非
> 膀胱，非兩腎，非腎前臍後，非兩腎中間，上至頂門，下至腳跟，
> 四大一身，才著一處便不是也，亦不可離了此身向外尋之。所以聖
> 人之書一中字示人，只此中字便是也。〔註91〕

「玄關一竅」對整個內丹修持來說，是極爲玄要的關口。修道之人往往不知
「玄關」位在何處，或以爲在己身，卻泥著在形體之上。或以爲在身外，卻
也陷落於外物。事實上，「玄關」並非具體有形的處於印堂、肚臍、膀胱、兩
腎……中，但也不能離了自己本身向外尋求。於此，李道純以傀儡作爲譬喻，
其認爲傀儡之所以能手足舉動，百般舞蹈，是因爲主人牽動綁在傀儡身上的
細線。嚴格來說，不是傀儡動，是主人使之動。而人身四大就如同傀儡，玄
關可以比擬成細線，主人便是本來眞性，若非本來眞性牽動玄關，所有功夫
便是枉然。換言之，不是特定某個部分就是玄關，「玄關」就是「中」，是在
行住坐臥中著功夫，是向內求得，是在「身心靜定，方寸湛然，眞機妙應處」
〔註92〕中自然可見。及至得此「玄關」，則一得永得，所有的命功修持中的採
藥調息、火候推遷，甚至脫胎神化，也都不出此竅之妙用無窮。因此，李道
純認爲，只要修道之士能存誠存恆，於舉心動念處著功夫以見得「玄關」，則
內丹鍊養之功夫便能一徹萬融，在此「玄關」中盡現之。

　　李道純從「中和」理論出發，將之落實於內丹修鍊，稱「寂然不動，玄
關之體也；感而遂通，即玄關之用也」〔註93〕，並由此開出「玄關一竅」之
妙用。但無論「玄關一竅」相應於李道純內鍊四乘丹法中，是「腎前臍後」，

〔註91〕《中和集・玄關一竅》，卷二，第十一右。
〔註92〕《中和集》，卷三，第三左。
〔註93〕《中和集》，卷三，第三左。

「泥丸」，或是「天心」，還是頓法一得永得的「中」，收拾身心之要還是繫乎於本體的虛靜。李道純有言：

> 以靜立基，向平常踐履處攝動心，除妄情，息正炁，養元精，自然於寂然不動中，感通於萬物也。恁麼則靜亦靜，動亦靜，動而應物，其體常靜，是謂眞靜。眞靜久久則明妙，明妙而後瑩徹，瑩徹而後靈通，瑩徹靈通，十方无礙，是謂至清靜也。心清靜則身清靜定矣。〔註94〕

換言之，在日常行住坐臥之間，去除妄情，求得本來眞性之靜定，自然能在靜定中感通於萬物。但此處所言靜定，不是如土石般不動之靜，而是在靜而靈覺、動應萬物中，常保心之清靜無染。如此守得「中」之寂然，心自然清靜，身也自然安定，復見天地之心之金丹亦可成矣。是故，李道純於《中和集》卷六〈贈止庵張宰公〉言：「惟正惟中，只是這修仙秘訣。若稍有偏頗，動生差別。試向動中持得定，自然靜裡機通徹，會三元五氣入黃庭，金花結。……」〔註95〕又〈贈安閑子周高士〉也言：「眞鼎眞爐，不無不有，惟正惟中，向靜裡施工。定中斡運，寂然不動，應感潛通。……」〔註96〕在在都顯示出求中致和以臻於虛寂之境，並由此交合結成金丹，體天合道，是李道純內丹功夫的主要法門。

誠如蕭天石先生所言李道純之丹法訣要曰：「守人身之中以應天地之中，致人身之中以合天地之中；此實天人變化、天人合一之微旨。守中則至正，執中則至善，致中則至和，位天地，育萬物，極神聖，其功用全在斯矣。」〔註97〕亦即李道純將內丹鍊養最終歸求的復歸天地之心，全都歸向於「守中」。換言之，從心體之本然虛靜出發，往上體悟道體之湛然無爲，向下內求心地之清靜，存全眞心本性之靈通無礙，進而使眞性與虛空同體，抱本還元，結成內丹，全部功用皆在「中」字，所以李道純曰：「聖人只書一中字示人。」〔註98〕李道純以「中」作爲玄竅的內丹心性理論，後來也深刻影響如尹眞人「守本體之中」、黃元吉「守有形之中，以鍊精化氣；守無形之中，以鍊虛合道」以及閔小艮「中黃直透」等內丹理論。

〔註94〕《全眞集玄祕要》（《正統道藏》洞眞部方法類，光字），第十四左。
〔註95〕《中和集》，卷六，第十右。
〔註96〕《中和集》，卷六，第五右。
〔註97〕見《道家養生學概要‧中派修眞要旨》，頁128。
〔註98〕《清庵瑩蟾子語錄》，卷六，第四右。

第五節 小 結

　　對心性問題的重視，可以說是中唐以後儒、釋、道三教因緣際會，思想相互融通的結果。就佛教而言，自竺道生提出「一闡提有佛性」以肯認眾生皆有成佛之可能，一直發展到天台宗、華嚴宗以及禪宗對自覺心與主體自由的肯定，才使得佛教向內尋求主體超越的心性修養漸趨完善。這其中又以禪宗對「自心本性」的提舉，「明心見性」當下證得佛性以成佛的表現最為突出。次就儒家而言，心性問題一直是中國哲學史上相當重要的問題，無論是孟子的惻隱、羞惡、辭讓、是非四端，抑或是後來理學家從誠敬、致知、慎獨等綱目提鍊出成聖成賢之修養功夫，儒家討論心性問題主要是從倫理道德層面作為考量，以期由此建立成聖之內在根據。末就道教而言，其與佛教同作為宗教教團，也是企求超越凡塵欲念，達到另一個絕對自由的世界。早期道教主要是從肉體的長生不死作為神人、至人、真人的表現，經過歷代君王因服丹藥致死，藥石花費非一般道士所能擔負……整個外丹鍊製不得不尋求轉向。與此同時，受到佛教肯定內在心性的影響，經過唐代王玄覽、吳筠、司馬承禎等道士的努力，發展至宋元以後，道教終於建立起較為完滿的內丹心性理論。總言之，佛教從內在自體心性的覺悟出發，尋求彼岸世界的永恆。儒家在心性中包含倫理道德，關心如何成聖成賢。道教則以內丹鍊就作為前提，從心性鍊養功夫中契應天道。於此，儒、釋、道三教便在「心性」議題上交集與會通。李道純便在這樣的思想融會中，建立起結合禪宗「明心見性」與理學「中和」的中派心性理論。

　　總的來說，李道純是在內鍊成丹的終極歸求上，建立起具有「三教合一」特色的心性理論。李道純援引禪宗對主體心性的肯定與「自性佛性」的提舉，認為無論是至人或愚人，皆有悟道成仙的可能。而作為成仙依據的本來真性，是在自身中，不可向外尋求。李道純吸收《中庸》喜怒哀樂未發之前「中」的概念，作為對此本來心性的規定，亦即其最初應是體現道體之湛然虛靜且常保靈覺的樣貌。只是作為寂然不動的心之本體，往往因為有感於物而產生偏倚，欲念妄執因而產生，真源蒙昧，於此，「明心見性」使心體拂去纏縛，恢復本來面目，便成為李道純內丹修鍊功夫中最重要的一環。換言之，李道純承續內丹學派對長生久視的要求，其心性理論最終目的便是要在心性靜定的狀態下，鍊精化氣，鍊氣化神，鍊神還虛，終至結成大丹，形神俱妙，復見天地之心。由此，李道純開出兼融性功與命功的修持法門。分而言之，性

功主要目的是在恢復本來真性之明朗湛然。李道純以禪宗「明心見性」之修養功夫作為鍊心的主要內容，也就是在行住坐臥日常間，見得本心之清靜，不以靜坐觀復等手段求之。而在命功修持方法上，李道純則結合「中和」與「玄關」，以「守中」作為命功修鍊的方法，立見「玄關一竅」，結成金丹作為最終歸求。本來人之心性同具有成仙證道的可能，本質上並無差異，但李道純在傳統道教鍊精化氣，鍊氣化神與鍊神還虛的內鍊原則下，融攝禪宗頓悟法門，將內鍊成丹之功夫修持分為四個進程。至於修道之士是從頓法抑或漸法入，則端賴根器之利鈍。但無論是性功鍊養或是命功修持，心性本體的虛靜是貫穿其間的，所以李道純說：「收拾身心之要在乎虛靜。」只要本體心性常保清靜虛寂狀態，自能感通萬物無所偏倚。繼而在此心體朗現的基礎上，中下之士可經由漸法三乘復歸道體之虛寂，上智之人則能一時了性證命，一徹萬融。

第五章　李道純性命雙修之內丹功法

第一節　前　言

李道純於《中和集》卷四有〈性命論〉曰：

> 夫性者，先天至神一靈之謂也；命者，先天至精一氣之謂也。精與
> 性，命之根也。性之造化繫乎心，命之造化繫乎身。見解智識出於
> 心也，思慮念想心役性也；舉動應酬出於身也，語默視聽身累命也。
> 命有身累，則有生有死；性受心役，則有往有來。是知，身心兩字，
> 精神之舍也，精神乃性命之本也。性無命不立，命無性不存，其名
> 雖二，其理一也。嗟乎！今之學徒，緇流道子，以性命分爲二，各
> 執一邊，互相是非，殊不知孤陰寡陽皆不能成全大事。修命者不明
> 其性，寧逃劫運；見性者不知其命，末後何歸仙。師云：鍊金丹不
> 達性，此是修行第一病；只修眞性不修丹，萬劫英靈難入聖。……
> 〔註1〕

所謂「性」指的是先天至神一靈，而「命」則是指先天至精之一氣。性與命二
者是道教鍊就內丹重要的兩個概念。分而言之，「性繫乎神」而「潛神於心」〔註
2〕，所以「性之造化繫乎心」。然而人心面對事物會產生差別見解，思慮念想，
甚至慾望執著，這種種外緣幻相纏縛於心使之蒙蔽，則「心役性」，虛靜湛然之

〔註1〕　《中和集》（收於《正統道藏》洞眞部方法類，光字，臺北：藝文印書館，1962
　　　　年），卷四，第一右。
〔註2〕　《中和集》，卷一，第五左。

-83-

本體無法朗現。就「命」言之,「命繫乎氣」而「氣聚於身」〔註3〕,於是乎「命之造化繫乎身」。但人身眼耳鼻口舌往往應酬舉措,產生視聽幻想使身受累,故身累命,形體於是無法超脫。一旦身心皆受物累,有往有來,有生有死,精神形軀也就墮入輪迴無法超拔。基於此,李道純認為「精神乃性命之本也」,鍊心是為了要顯性,修身是為了保命,於是乎鍊丹之要便只是「性命」二字而已。換言之,內丹修鍊是要藉由性功與命功之鍊養,使身心合和寂定,性命永固,進而臻於「渾成圓頓,直入無為,性命雙全,形神俱妙」〔註4〕之境界。

就性功而言,主要目的是要去掉心上的妄執,復歸性的本來虛靜狀態。李道純於《太上大通經註》註〈玄理章〉時云:

> 《中庸》曰:喜怒哀樂未發之謂中。中也者,天下之大本也,即靜為之性之義。又曰:發而中節謂之和,和也者,天下之達道也,即動為之心之義。性本靜,非心則不見;心本靜,非動即不見。因物見心,潛心見性,性寂知天,是謂通也。苟或心隨物轉,性所以忘也,故曰:心生性滅。設若潛心入寂,性所以現也,故曰:心滅性現。……〔註5〕

「靜為之性」指的是本來真性就像喜怒哀樂未發前之寂然不動,而心則如喜怒哀樂發而中節之靈妙感通。若心感於物而產生妄執,則性之本然也就隨之淪陷無法彰顯,於是心生種種法生,心滅種種法滅。故性功主要著重在心體的鍊養,使之寂定以顯本來真性,進而體天道之湛然。繼就命功而言,內丹之所以可成的根據在於以人身體現天道的結果。李道純以《道德經》四十二章「道生一,一生二,二生三,三生萬物;萬物負陰而抱陽,沖氣以為和」作為比擬,將天道化生萬物與內丹鍊養精、氣、神三項重要物質結合:

道生一　一生二　二生三　三生萬物

虛化神　神化氣　氣化精　精化形

亦即從「道」稟賦陰陽兩氣,藉著兩氣的相互迴盪化育天、地、人三才,進而長養萬物,生生不息。與此相應的便是「萬物本一形氣也,形氣本一神也,神本至虛,道本至無,易在其中矣」〔註6〕,如此由道體之至虛極定而下生

〔註3〕《中和集》,卷一,第五左。

〔註4〕《中和集》,卷四,第二右。

〔註5〕《太上大通經註》(收於《正統道藏》洞真部玉訣類,藏字),第二右。

〔註6〕《中和集》,卷一,第五右。

萬物，稱之為「順」，也就是丹書所謂「順則成人」。反之，從萬物往上逆行，則：

> 萬物含三　三歸二　二歸一
> 鍊乎至精　精化氣　氣化神〔註7〕

內丹鍊養上稱之為「鍊精化氣」、「鍊氣化神」，待氣凝神結後，終至「鍊神還虛」，體天合道，李道純稱此由下往上的過程為「逆」，逆則可以成就丹道。總而言之，性功修鍊在使「心滅性現」，返回本然虛極之體；而命功鍊養則在成就丹道，使命基永固，故性命修鍊的最終歸求便在於「身心合而還其本初，陰陽合而復歸太極」〔註8〕。

　　本章即是從李道純內化儒、釋兩家心性理論，用以建立己身思想規模的同時，從性命的修持功夫觀察李道純如何會通融貫南、北二宗之修鍊功法，架構一套中派之功夫修養理論。

第二節　修心鍊性

　　李道純認為「性無命不立，命無性不存」，在內丹修鍊過程中「離了性命便是旁門，各執一邊便是偏枯」〔註9〕，換言之，其承稟著道教內丹學傳統，主張「性命雙修」以登真蹺境。但在性功與命功先後次第上，李道純主張全真北宗「主者是性，賓者是命」〔註10〕之「先性後命」：

> 高上之士，性命兼達，先持戒定慧而虛其心，後鍊精氣神而保其身。
> 身安泰則命基永固，心虛澄則性本圓明。……〔註11〕

所謂「先性後命」即是要人收心降念，先持「明心見性」功夫使對境不染著；心念寂定以後，繼之以命功功夫鍊精化氣、鍊氣化神、鍊神還虛，然後使「性圓明則無來無去，命永固則無死無生，至於混成圓頓，直入無為，性命雙全，形神俱妙也」〔註12〕。於此「先性後命」以至性命兼修的內鍊功夫中，如何使心念清靜寂定，復歸原來本性，即成為性功修鍊的主要要求。

〔註 7〕《中和集》，卷二，第五左。
〔註 8〕《中和集》，卷三，第七右。
〔註 9〕《中和集》，卷三，第三十右。
〔註10〕《重陽真人授丹陽二十四訣》（收於《正統道藏》太平部，交字），第一左。
〔註11〕《中和集・性命論》，卷四，第一左。
〔註12〕《中和集・性命論》，卷四，第二右。

一、心即道，道即心

根據李道純心性理論之內涵，心其實可以二分為危殆不安的「人心」，與寂然常照的「道心」。人心動而感物，心隨物轉，墮入輪迴以致萬劫不復；而道心就是天心，就是能夠勘破種種妄緣幻相，進而體天道湛然本體之心，也稱照心。李道純於《中和集》卷一〈畫前密意・聖功第十六〉中提到：

> 聖人所以為聖者，用易而已矣。用易所以成功者，虛靜而已矣。虛則無所不容，靜則無所不察。虛則能受物，靜則能應事，虛靜久久則靈明。虛者，天之象也；靜者，地之象也。自強不息，天之虛也；厚德載物，地之靜也。空闊無涯，天之虛也；方廣無際，地之靜也。天地之道，惟虛惟靜。虛靜在己，則是天地在己也。道經云：人能常清靜，天地悉皆歸。其斯之謂歟。清即虛也，虛靜也者，其神德聖功乎！〔註13〕

李道純將易三分為易理之「天易」、易象之「聖易」與易道之「心易」，「觀聖易貴在明象，象明則入聖」〔註14〕，讀聖人之易便能窮理以知「天易」，既知「天易」便能進一步行「心易」之道。於此，聖人之所以能成聖的關鍵，便在於其以無所不容之虛靜心，體察易象變化，窮究易理，行持易道，然後通曉天地化育之變化，是為「用易」。然天地之象究竟為何？李道純認為，天之象是「虛」，故能化育萬物，生生不息；地之象為「靜」，故能厚德載物，使萬物自生自長而不干預，是故「天地之道，惟虛惟靜」，虛靜在己也就是天道在己，所以道經以「人能常清靜，天地悉皆歸」作為教訓，亦即要人復見天地之心，了悟常清常靜之真常道體，此「天道在己」便是道教「天人合一」之功夫體現。此虛靜之道體，若具體言稱，可用道教的「金丹」，佛教的「圓覺」，儒家的「太極」作為比擬。李道純於《中和集》卷一〈玄門宗旨・太極圖〉有言：

> 釋曰圓覺，道曰金丹，儒曰太極。所謂無極而太極者，不可極而極之謂也。釋氏云：如如不動，了了常知。易繫云：寂然不動，感而遂通。丹書云：身心不動以後，復有無極真機，言太極之妙本也。是知三教所尚者，靜定也。周子所謂主於靜者是也。蓋人心靜定未感物時，湛然天理，即太極之妙也；一感於物，便有偏倚，即太極之變也。苟靜

〔註13〕《中和集》，卷一，第十三左。
〔註14〕《中和集・畫前密意》，卷一，第十一左。

定之時，謹其所存，則天理常明，虛靈不昧，動時自有主宰，一切事
物來俱可應也。靜定功夫純熟，不期然而自然，至此無極之眞復矣，
太極之妙應明矣，天地萬物之理悉備於我矣。〔註15〕

人心靜定未感於物時，是心之本然，是性之靜，是喜怒哀樂未發之寂然不動，
此時所體現的便是湛然澄寂之天理。一旦人心動而應物，若不符節而有所偏倚，
妄執心起，則心隨物轉，心生性滅。因此，李道純認爲學道之人當「謹始」，亦
即靜定之時謹愼護持，使心常清，性常靜，體現天理之虛靈不昧，如此「動時
自有主宰，一切事物來俱可應」。若以性功修持觀之，「虛則無礙，靜則無欲。
虛極靜篤，觀化知復」〔註16〕，虛其心能知天地之化育，復見天地無爲之心，
故「以心觀道，心即道也；以道觀心，道即心也」〔註17〕，亦即心之虛靜便是
天道湛然之體現；而就命功鍊養言之，虛其心則身不動，則形定、精固、氣凝，
於此身心不動之後，自有無極眞機之妙應，「天地萬物之理悉備於我矣」。故如
何「直下承當下靜定功夫，至於致虛之極，守靜之篤」〔註18〕以顯性之「寂然」，
進而復歸無上正眞之妙道，便是李道純性功對心之「靜定」的修鍊要求。

　　以「先性後命」作爲性命雙修功夫次第的全眞道北宗，亦是追求「心本
是道，道即是心，心外無道，道外無心」〔註19〕的境界。馬丹陽認爲「天道
但清淨無爲，逍遙自在，不染不著，此十二字若能咬嚼得破，便做個徹底道
人」〔註20〕，如何能契應天道之無爲不染著？《重陽立教十五論》中有「論
降心」，曰：

凡論心之道，若常湛然，其心不動，昏昏默默不見萬物，冥冥杳杳
不內不外，無絲毫念想，此是定心，不可降也；若隨境生心，顛顛
倒倒，尋頭覓尾，此名亂心也，速當剪除，不可縱放，敗壞道德，
損失性命。〔註21〕

其認爲鍊心功夫在剪除執泥於外境之亂心，謹存湛然不動之定心，此定心是體
現天道之本來眞心，是在行住坐臥間修行，亦即馬丹陽所言「諸公若要修行，

〔註15〕　《中和集・太極圖》，卷一，第一左。
〔註16〕　《中和集》，卷一，第六右。
〔註17〕　《中和集》，卷三，第十八右。
〔註18〕　《清庵瑩蟾子語錄》（收於《正統道藏》太玄部，皁字），卷三，第四右。
〔註19〕　《重陽眞人授丹陽二十四訣》，第四左。
〔註20〕　《丹陽眞人語錄》（收於《正統道藏》太玄部，皁字），第四左。
〔註21〕　《重陽立教十五論》（收於《正統道藏》正一部，楹字），第三左。

飢來喫飯，睡來合眼也。莫打坐也莫學道，只要塵凡事屏除，只用心中清靜兩個字，其餘都不是修行」〔註22〕。全眞道自重陽祖師成立教團以來，性命雖然是修行的根本，但「明心見性」卻是功夫的首要要求。換言之，心不離性，心往往因爲妄念之遮蔽而使性體蒙昧，遠離清靜。是故心外無道，道外無心，唯有清靜心地，使之一念不動，才能契應天道之清靜寂然，復歸本來眞性。

而以張伯端爲初祖的道教「南宗」，雖然以命功之修鍊爲主，但功法的最後階段，亦即鍊神還虛的步驟，仍是要以性功修鍊作爲終結的。張伯端於《悟眞篇·後序》言：

> 欲體夫至道，莫若明夫本心。故心者，道之體也；道者，心之用也。
> 人能察心觀性，則圓明之體自現，無爲之用自成，不假施功，頓超
> 彼岸。〔註23〕

其以諸相頓離，心不染纖塵，作爲心體之朗然廓明的表現，而這樣的心體境界，足以隨機應物，超脫死生，契應所謂「無上至眞之妙道」。於此，無論是李道純鍊心使之靜定以體天道之湛然，或全眞北宗「明心見性」見道之清靜，抑或是張伯端朗現心體，執超彼岸，契應無上正眞之道，他們同樣重視心的靈妙功能，在心即道、道即心的前提之下，透過鍊心的方式朗現天道之廓然無礙，完成性功的要求。

二、鍊心、顯性、合道

李道純曰：「人之極也，中天地而立命，稟虛靈以成性，立性立命，神在其中。」〔註24〕天地原來是窮於無窮，始於無始之至虛寂之道體，人體現天道虛靈不昧之本然眞性而立性立命。命繫乎氣，而氣聚於身，如何使身不動以修命，屬命功鍊養之事；然而性繫乎神，神潛寂於心，鍊心則神虛靈妙運，則顯性之本然面目，於是當下承當靜定之功夫，然後致虛靜、守靜篤，復見天心，便成性功鍊心重要底事。蕭天石先生針對鍊心曾提出看法認爲：「修虛極靜篤法，先須用收字訣，即收放心者是；次須用息字訣，即息妄心者是；再次須用淨字訣，即淨凡心者是；最後須用空字訣，即空聖心者是。」〔註25〕

〔註22〕《重陽教化集》（收於《正統道藏》太平部，交字），卷三，第十三右。
〔註23〕《紫陽悟眞篇三家註》（收於《正統道藏》玉訣類，律字），卷五，第十九左。
〔註24〕《中和集》，卷一，第五左。
〔註25〕見《道家養生學概要·鍊心訣要》（臺北：自由出版社，1963年），頁164。

循蕭天石先生之鍊心訣要，亦將李道純鍊心功法分述如下：

（一）收放心

　　求其放心本是孟子針對學問所提出的追求之道。《孟子・告子上》：

　　　　仁，人心也；義，人路也；舍其路而弗由，放其心而不知求，哀哉！
　　　　人有雞犬放，則知求之；有放心，而不知求！學問之道無他，求其
　　　　放心而已矣。〔註26〕

孟子感嘆雞犬走失了，都會急著尋找，反而是人的良心仁義放失了，卻不願
去尋求，所以孟子認為把丟失的良心找回來，就是求取學問道理了。李道純
將孟子「求其放心」落實於性功鍊求上，指的便是將向外放求的心給找回來，
使其端正本位，不被外物所眩惑，恢復其寂然不動之本心本性。這就如同《大
學》教人修身以正心，曰：「身有所忿懥，則不得其正；有所恐懼，則不得其
正；有所好樂，則不得其正；有所憂患，則不得其正。」〔註27〕也就是說，
當心為憤怒不平、喜樂好惡、憂患恐懼等情緒交雜時，必會失掉其原來「正」
之本心狀態，所以要回歸心之本然，便要除卻這些攀附在心上的恐懼心、貪
嗔心、妄想心等。李道純註《太上老君說常清靜經》針對「所以不能為者，
心未澄，慾未遣也。能遣之者內觀其心，心無其心；外觀其形，形無其形；
遠觀其物，物無其物，三者既悟，惟見於空」的註解，有類似看法。其言曰：

　　　　太上云：清靜為天下正。所謂正者，至公無私也，惟天理之至公，
　　　　為能勝人慾之至私。世人所以不能造道者，非不能也，為物慾之所
　　　　眩也。絕欲之要必先忘物我，忘物我者內忘其心，外忘其形，遠忘
　　　　其物，三者既忘，復全天理。〔註28〕

人之所以不能體現天道湛然的原因並不是「不能為」，而是被物慾所拖累牽
絆。而要拋離物欲的牽制，要內觀其心而無心，外觀其形而無形，遠觀其物
而無物，意即不為外物欲念所牽累，然後歸復天下至正之道。此所謂天下至
正之道，指的是至公無私之道，也就是「清靜」。惟有清靜之天下至公，才能
制服人心欲念之至私，故李道純言「物慾見空，則清靜之天復矣」〔註29〕。

〔註26〕《孟子・告子》（《十三經注疏》，臺北：藝文印書館，1997年），卷十一下，
　　　　第六左。
〔註27〕《大學》（《四書章句集注》，臺北：大安出版社，2005年），頁11。
〔註28〕《無上赤文洞古真經註》（收於《正統道藏》洞真部玉訣類，藏字），第三左。
〔註29〕《太上老君說常清靜經註》（收於《正統道藏》洞真部玉訣類，是字），第四
　　　　右。

於此可知，收放心的下手關鍵便在於無欲。故李道純在《中和集》有一〈委順圖〉：〔註30〕

李道純認為身、心、世、事謂之四緣，世人常為此而有所為牽絆。洞達之士，能夠勘破身、心、世、事在虛幻中有，故能夠委身之寂然，委心洞然，委世混然，委事自然；進而使身順天命以應人，心順天道以應物，事順天時以應變，事順天理以應機。如此既能委，又能順，兼能應者，則能脫灑四緣，不為外境所拖累而常清常靜。

相似於李道純斷絕外境欲念的主張，全真北宗在識心見性的修為功夫中也提到所謂的「禁欲」。王重陽在《重陽教化集》便認為：「凡人修道，須以此十二個字：斷酒色財氣，攀緣愛念，憂愁思慮。如不依此，便作靈丹，性命亦不能了。」〔註31〕意即要人不僅要棄絕酒色財氣等生理需求，更要向內斬盡七情五欲的牽絆，向外斷除愛染緣起的攀附，澄心遣欲，然後「薄滋味所以養氣，去嗔怒所以養性，處污辱低下所以養德，守一清靜恬澹所以養道。名不著於簿籍，心不繫於於勢力」，終至「脫人之殼，與天為徒也」〔註32〕。總之，將放失在外的心收攝，減少其因物情轉的契機，是為鍊心的第一步驟

（二）息妄心

李道純以動與靜來界定照心與妄心。換言之，「一切不止之心皆妄心也，一切不動之心皆照心也」。妄想心萌發，則「生種種差別因緣」，乃至於「涉穢途，觸禍機，落陰趣」，心生貪求，七情六欲擾攘不安，終至煩惱妄想種種相緣，墮入生死輪迴之中無由解脫，所以「妄想之心，輪迴之根本也」〔註33〕。基於對息絕妄心以復見天機的要求，李道純援引道經「常滅妄心，不滅照心」訓示弟子，其認為之所以能悟道者，是因為常存照心以勘破種種緣相之幻妄，

〔註30〕《中和集》，卷一，第二左。
〔註31〕《重陽教化集》，卷二，第三右。
〔註32〕《丹陽真人語錄》，第二左。
〔註33〕《太上老君說常清靜經註》，第六左。

勿令欲念著交纏其中。一旦照心恆存，妄心也就無所作爲，能「作是見者，真常之道得矣」，「無妄之道成矣」〔註34〕。於此，節引李道純《中和集》卷四〈玄理歌〉第二首曰：

> ……絕慮忘機無是非，隱耀含華遠聲色。寡欲薄味善根臻，省事簡緣德本植。一念融通萬慮澄，三心別透諸緣息。諦觀三教聖人書，息之一字最簡直。若於息上做功夫，爲佛爲仙不勞力。息緣達本禪之機，息心明理儒之極，息氣凝神道之玄，三息相須無不克。說與知堂田皎蟾，究竟自心爲軌則。〔註35〕

念頭一旦萌生，則有欲求，有貪嗔，有煩惱，所以禪宗要人以「無念爲宗」，儒家要人「退藏於密」，道教要人「息氣凝神」，無非都是要斬除外念欲想，使人歸復眞念，無念，然後萬慮澄靜，諸緣息絕。故李道純認爲在「息」字上著功夫，是儒、釋、道三教成佛成仙的共通法則。

　　道教南宗在性命雙修的內鍊法則中，主張「先命後性」，亦即先持命功的修鍊，再由性功歸求道體本然，於是對命功的重視甚過於對性功的討論。後來有感執於命功修鍊並不能超跨三界，故融通禪宗對心性修養之論點，健全南宗性功修鍊之理論。故張伯端於《禪宗歌頌詩雜言》曰：「故此《悟眞篇》先以神仙命脈誘其修鍊，次以諸佛妙用廣其神通，終以眞如覺性遣其幻妄，而歸於究竟空寂本源矣。」〔註36〕也就是說，對「心」體之鍊養，便成爲命功能否歸於空寂本源的關鍵。張伯端於《玉清金笥清華秘文金寶內鍊丹訣・心爲君論》提到：

> 心者，神之舍也；心者，眾理之妙而宰萬物也。性在乎是，命在乎是。學道之士先須了得這一箇字，其餘皆後假事矣。〔註37〕

換言之，欲求得性與命兼修，便得在「心」上下功夫，因爲性與命同繫乎心，心便是整個內丹修鍊過程的主體。至於心之本然狀態，張伯端是用「靜」字界定的，其言曰：「心惟靜則不外馳，心惟靜則和，心惟靜則清，一言以蔽之曰靜。」〔註38〕欲求得此心之靜定，「但於諸相不留心，即是如來眞軌則。爲除萬相將眞

〔註34〕《太上老君說常清靜經註》，第七右。
〔註35〕《中和集》，卷四，第十五左。
〔註36〕《紫陽眞人悟眞篇拾遺》（收於《正統道藏》洞眞部玉訣類，律字），第一右。
〔註37〕《玉清金笥清華秘文金寶內鍊丹訣》，（收於《正統道藏》洞眞部方法類，稱字），卷上，第三左。
〔註38〕《玉清金笥清華秘文金寶內鍊丹訣》，卷上，第五右。

對，妄若不生眞晦爾；能到眞妄兩俱非，方得眞心無罣礙。」〔註39〕張伯端認爲「妄念莫大於喜怒哀樂」〔註40〕，而妄念一起，心便不得其靜，若能在心動念之初急拾之，使心不怒不喜，久之自然靜定也。

於此相較張伯端與李道純對心之本然的解釋，似乎有著異曲同工之妙。也就是說，張伯端與李道純同以「寂然不動，感而遂通」作爲心之用，以心之動有喜怒哀樂而偏倚，作爲妄念之內容，所以李道純要人「潛心知性，性寂知天」，使心靜定以體現天道；張伯端要人「怒裡回思則不怒，喜中知抑則不喜，種種皆然，久而自靜」〔註41〕。全眞北宗則與之不同，他們認爲心因受到形軀與私欲之所限制，而在眞心上蒙上妄塵，故鍊心的目的在去掉蒙昧不明之妄念，使心回復清靜無躁動之狀態。

（三）淨凡心

人之心往往眩惑於外在事物，而有七情六慾，有貪嗔癡，有妄念幻相，也因此心往往有所偏倚，無法體現心體之本然靈妙，性體之湛然寂靜。而道教內丹性命雙修的功夫，無論先修性或先修命，都是要人屛去外在環境加諸心上的妄執，以體天合道，復見天地之心。是故，學道之初的收拾放失之本心，與息絕動念妄心之功夫，其實是最難的。因爲其扭曲人感於物的直截本性，而要人絕欲，息念，以道制欲。但內丹最終的歸求在體天合道，形神俱妙，保持心神之清靜又成了絕對必然，故李道純曰：

> 有道之士，常以道制慾，不以慾制道。以道制慾，神所以清也，心所以靜，至道與神氣混混淪淪，周乎三才萬物，應變而無窮，至廣大盡精微矣。〔註42〕

換言之，悟道之士能夠體現天道之清靜無爲，收攝放失之本然眞性。面對感官世界的種種因緣，能夠歸心不動，制欲絕念，故有道之人「歸心不動則自然澄澄湛湛，絕點翳純清，復其本然清靜之大本矣」〔註43〕。於此，心清靜則靈妙，則圓通，則融徹，也就見天道無爲而臻於化境，終至超脫生死之輪迴，與道合眞，與虛同體。鍊心功夫行至此，「內清靜者，心不起雜念；外清

〔註39〕《紫陽眞人悟眞篇·禪宗歌頌詩雜言》（收於《正統道藏》洞眞部玉訣類，律字），第四右。
〔註40〕《玉清金笥清華秘文金寶內鍊丹訣》，卷上，第六右。
〔註41〕《玉清金笥清華秘文金寶內鍊丹訣》，卷上，第六右。
〔註42〕《太上老君說常清靜經註》，第二左。
〔註43〕《太上老君說常清靜經註》，第三右。

靜者，諸塵不然著，爲清靜也」〔註44〕，守靜之功篤也。

（四）顯空心

止念絕欲，使心體靜定；息絕妄念，使心體復歸寂然不動之本然面目。心體虛無清靜，則性體湛然；性體湛然，則能顯見道體之無爲虛寂。於此，鍊心最終的歸求即在於復見本性，體現虛無之道。但此虛無之道並非完全絕無，在李道純看來，「眞無」是「體象是幻垢，色聲是根塵，外空色聲，內空體象，內外俱空，眞一常存」之「不無中無」〔註45〕。同理，不空之空是謂眞空，不色之色之謂眞色，鍊心顯性之最終境界便是要體道之虛空，進而由此虛空超拔有無，不著有無，終使心性豁達，「心法雙忘，體同太虛，包羅物外，大道之理至是而盡矣」〔註46〕。

人乃稟天地之虛靈以成性，並由此立性立命，體天合道。然萬物造化皆由心始，人不止之妄心往往外著於身心世事，內制於受想行識，隨世變遷，隨形生滅，隨行善惡，墮入生死輪迴而萬劫不復。因此，性功鍊心之要求即在去掉人心之妄執，使「萬事見空，一心歸寂，超然獨存」〔註47〕，使之脫去造化之用，復歸原來靜定湛然之境界。心既湛然，性也隨之寂定，致虛極，守靜篤之功亦備矣。故李道純註《道德經》十六章曰：「善爲士者，致虛靜篤，復命歸根，純是神妙。共向這裡具眼，參學事畢。」〔註48〕

第三節　頓漸法門

性命修鍊最終目的是結成金丹，所謂金丹者，「虛無爲體，清靜爲用，無上至眞之妙道也」〔註49〕，佛家稱其爲「圓覺」，儒家喚做是「太極」，「初非別物，只是本來一靈而已。本來眞性永劫不壞，如金之堅，如丹之圓，愈鍊愈明」〔註50〕。此金丹之妙道，並非求之於外，而是效仿天地之運行，以人身爲鼎爐，內求於身，在自家中結成。換言之，人人皆可悟道，人人皆可成仙。

〔註44〕《重陽眞人授丹陽二十四訣》，第二左。
〔註45〕《無上赤文洞古眞經註》，第一右。
〔註46〕《太上大通經註》，第四右。
〔註47〕《中和集》，卷六，第二十二右。
〔註48〕《道德會元》（收於《正統道藏》洞神部玉訣類，談字），卷上，第十右。
〔註49〕《中和集・試金石》，卷二，第十一左。
〔註50〕《中和集》，卷三，第十五右。

一、登眞捷徑

〈登眞捷徑〉〔註51〕是李道純贈頤庵詹宰之「命基九事」，其將下手知時、眞鉛眞汞、探藥入爐、抽鉛添汞、周天火候、持盈固濟、固濟鼎爐、溫養、調神出殼等九步驟，作爲「登眞躡境」之旨。茲分述如下：

（一）下手知時

「欲鍊金丹先明下手處，若不知下手工夫，萬般扭捏，千種杜撰，都不濟事。」〔註52〕鍊丹之首要，必先安爐立鼎，李道純認爲鍊丹不出一身，故以乾（☰）中眞金爲鼎，在人是心；坤（☷）中眞土爲爐，在人是身。坤卦爲地，地乃孕育萬物之母。是以丹道過程中，「坤」作爲妙化之本，然後藉由巽卦之風作爲火候推遷之功夫。在此火候周天中，鍊丹便全憑一身之造化。「既知下手處，又要知時節」，也就是紫陽眞人所言「鉛遇癸生須急採，金蓮望遠不堪嚐」〔註53〕，此間所謂「癸生」，便是「一陽生」，是以一陽生於五陰下之復卦（䷗）作爲象徵，所謂「復見天地之心」。此陽氣發動之機，便是萬物豐隆的開始，故丹道功夫援用之，以爲「一陽既復，四大咸安，百骸俱理，此長生久視之道也」〔註54〕。如何見此一陽之時？李道純認爲，「識時莫若通理，明理莫若虛靜。虛則明，靜則清，清明在躬，天理昭明，天之變化，觀易可見」〔註55〕，以致虛守靜的功夫靜待一陽來復之機，則身中自有一陽生，年年、月月、日日，都可以是多至。

（二）眞鉛眞汞

眞鉛者，坎中一點眞陽也。係先天至靈乾卦（☰）之一陽入坤卦（☷）而成坎卦（☵），其性屬水。其中陽爻是乾金，稱「水中金」；在人身而言，是腎中生氣時的眞一之精，也名「身中精」；就五行相生而言，金生水，金反隱沒於水中，故名「母隱子胎」，又稱「金公」；坎卦本爲太陰坤卦之體，受乾陽而成少陽，故喻之爲「嬰兒」，以象其「負陰抱陽」。總此，眞鉛以坎卦（☵）表示，水中金、身中精、母隱子胎、金公、嬰兒等皆其異名。眞汞者，離中一點眞陰也，是坤卦之一陰入乾卦而成離卦（☲），其性屬火，又名「砂

〔註51〕《清庵瑩蟾子語錄》（收於《正統道藏》太玄部，卑字），卷六，第十右。
〔註52〕《清庵瑩蟾子語錄》，卷六，第十左。
〔註53〕《紫陽眞人悟眞篇三家註》，卷一，第二十二右。
〔註54〕《清庵瑩蟾子語錄》，卷三，第三右。
〔註55〕《中和集》，卷一，第十右。

中汞」。在人身而言是心生液時，心液中的眞陽之氣，故名「心中氣」；離卦本爲太陽乾之體，受坤陰之一爻而成少陰，故以「奼女」爲名，象其「雄裡懷雌」。於此，眞汞以離卦（☲）表示，砂中汞、心中氣、奼女等是其異名。眞鉛、眞汞「是自己身中本來二物」〔註56〕，同爲鍊丹之藥物也。

（三）採藥入爐

　　眞鉛眞汞既爲內鍊之藥物，所謂採藥者，即是採身中眞鉛眞汞之謂。紫陽眞人曰：「要知產藥川源處，只在西南是本鄉。」〔註57〕西南指坤卦，作爲藥物之眞鉛，是坤卦因交乾卦之一爻而成坎，其體本屬坤，故說藥之本源在坤卦。李道純認爲知道藥之產源不足爲奇，識得採藥時機才是其中妙道。但採藥消息是很難用筆舌形容與描述，古人認爲時至則神知。紫陽眞人謂「鉛見癸生須急採」〔註58〕，此間所謂「採」，即「不採之採謂之採」〔註59〕，亦即採藥不離動靜中。採得藥物之後，當將此藥物送入無爲鼎爐中進行鍊就，使之結成玄珠內丹，如此長生久視之道便可成也。

（四）抽鉛添汞

　　李道純認爲「所謂抽添者，抽有餘而補不足也。」〔註60〕又曰：「身不動氣定謂之抽，心不動神定謂之添。」眞鉛（☵）與眞汞（☲）是丹道進行過程中的藥物，最終歸求便是在身心不動的前提之下，使神凝氣結，結成大丹。於是，以眞汞爲種子，眞鉛爲藥，採取坎中之陽以補離中之陰使成爲乾，恢復乾坤尚未交媾以前之本來面目，即稱之爲「抽鉛添汞」，也就是紫陽眞人所說：「取將坎位中心實，點化離宮腹裡陰。從此變成乾健體，潛藏飛躍盡由心。」〔註61〕自此而後，虛心養神，萬緣頓息，百慮俱澄，神凝氣結，李道純名此爲「丹基」，也稱爲「聖胎」。此外，忘精養性、攝念歸心、鍊精化氣等等，都是「抽鉛添汞」之異名。

（五）周天火候

〔註56〕《清庵瑩蟾子語錄》，卷六，第十一左。
〔註57〕《悟眞篇》，卷一，七言律詩八首之七，第二十二右。
〔註58〕《紫陽眞人悟眞篇三家註》，卷一，第二十二右。
〔註59〕《中和集》，卷二，第六左。
〔註60〕《清庵瑩蟾子語錄》，卷六，第十二右。
〔註61〕《悟眞篇》，卷三，第十二右。按：李道純所引用之言以「裡」爲「內」，更「從」爲「自」，與紫陽原詩略有出入。

「火者，心也；候者，念也。以心煉念謂之火候。」〔註62〕也就是在內丹修鍊的過程，對意念或以意念掌握呼吸的程序與法度。但眞火本來無候徵，當虛其心以體會之。古之聖人惟恐後來修道之人無以取則，便以始於「復」終於「坤」的十二消息卦，配之以月、日、時，利用卦爻陰陽消息之變化，作爲丹道修持時進火退符的原則。李道純於《中和集》卷二繪有〈火候圖〉〔註63〕，將之輔以《三天易髓》之〈儒曰太極・火符直指〉〔註64〕配合整理如下：

爻　　辭		月	日	時	火候	說　　明
復 ䷗	初九潛龍勿用	十一	初一	子	起火	一陽生，宜守靜，常存誠，心正定。
臨 ䷒	九二見龍在田	十二	初三	丑	進	鼓巽風，進火功，刹那間，滿爐紅。
泰 ䷊	九三終日乾乾	正	初六	寅	徐進	天地交，陰陽均，汞八兩，鉛半斤。
壯 ䷡	九四或躍在淵	二	初八	卯	沐	水制火，金剋木，到斯時，宜沐浴。
夬 ䷪	九五飛龍在天	三	十一	辰	遇	五氣朝，三花聚，木金交，鉛汞住。
乾 ䷀	上九亢龍有悔	四	十四	巳	止	體純乾，六陽備，便住火，莫擬議。
姤 ䷫	初六履霜至冰	五	十六	午	退	始生陰，莫妄行，勞執捉，謹守城。
遯 ䷠	六二直方大	六	十八	未	退	逢六二，漸漸退，陰正中，陽伏位。
否 ䷋	六三含章可貞	七	二十	申	徐退	白雪凝，黃芽生，勞愛護，莫持情。
觀 ䷓	六四括囊無咎	八	二十三	酉	浴	汞要飛，鉛要走，至斯時，宜謹守。
剝 ䷖	六五黃裳元吉	九	二十六	戌	守中	群陰盡，丹道畢，至精凝，元氣息。
坤 ䷁	上六龍戰千野	十	二十八	亥	戰	陰既藏，陽再生，到這裡，再隄防。

李道純認爲謹獨的功夫是重要契機。換言之，要以「清虛方寸盈如玉，極致沖虛守靜篤」〔註65〕的虛靜狀態，才能體會火候推遷之則，開展鍊養內丹之功夫。只是「丹道用卦，火候用爻，皆是譬喻，卻不可執在卦爻上」〔註66〕，否則便淪爲心念之妄執。

（六）持盈固濟

老子《道德經》第九章有言：「持而盈之，不如其已；揣而銳之，不可長保。金玉滿堂，莫之能守；富貴而驕，自遺其咎。功成身退，天之道也。」

〔註62〕《清庵瑩蟾子語錄》，卷六，第十二左。
〔註63〕《中和集》，卷二，第二左。
〔註64〕《三天易髓》（收於《正統道藏》，洞眞部方法類，光字），第一左。
〔註65〕《中和集》，卷四，第十六左。
〔註66〕《中和集》，卷四，第三左。

換言之，凡過度自滿自驕、顯露鋒芒者，是無法守成。惟有「功成而弗居」之人，含藏收斂，蓄養動力，才是長久之道。鍊丹亦復如是，行功之際，精凝氣結、氣凝神結之時，當守柔謙下，滿而不溢，如此才能無爭，全其本然，抱元守一，復歸無爭。倘若不識持盈，則前功俱廢。故紫陽真人云：「未鍊還丹須急採，鍊了還須知止足。若也持盈未已心，不免一朝遭殆辱。」〔註67〕

（七）固濟鼎爐

錬製丹藥的過程，兩氣交合，火候周天循環已足，則當持盈勿使其太過，固濟勿使其走漏。「固濟者，牢封土釜者。」〔註68〕土釜位於中宮，因為真鉛性走，真汞性飛，若未固濟鼎爐使之走漏，丹則不能成，故李道純作「固形」詩曰：「全真妙理不難行，惟恐隨緣逐色聲。萬幻不侵情自絕，一心無染念安生？屏除人我全天理，把握陰陽合泰亨。說與修丹高士道，色聲無漏性圓明。」〔註69〕換言之，固濟之要在心性寂定，調燮真息使其綿綿不斷，十二時中殷切照顧，外境勿使其入，內境勿令其出，金丹大藥成就之後，方得自如。

（八）溫 養

就如同婦人懷胎十月相似，於行住坐臥之際，都必須兢兢業業，如牛養黃，如龍養珠一般，常守其中，護持靈胎，勿使氣息間斷，勿令其有些許的差失，毫髮有差則前功俱廢。李道純作頌曰：「真息綿綿謂之溫，含光默默謂之養。胎內嬰兒就，便加溫養功。時時常照顧，脫殼顯神通。」〔註70〕

（九）調神出殼

調神初殼亦即脫去凡胎，李道純比喻脫胎為「身外有身」。所以調神出殼就與母親愛護從其所出之嬰兒相似，時時刻刻都得防危慮險，居處中常懷抱，行進間勤看守，勿使其稍有差池，直到長成才能脫離母親獨立。調神出殼也是虛其心，靜其身，真息調節源源不斷，進而神虛兩忘，丹與鼎爐一起掀飛。此時方見遨遊物外，虛徹靈通，性命雙全，形神俱妙，然後復歸於太極。此脫胎境界，「與釋氏歸空一理無差別也」〔註71〕，李道純作「出入」

〔註67〕《紫陽真人悟真篇三家註》，卷四，第二十七左。
〔註68〕《清庵瑩蟾子語錄》，卷六，第十三右。
〔註69〕《中和集》，卷五，第二右。
〔註70〕《清庵瑩蟾子語錄》，卷六，第十七左。
〔註71〕《中和集》，卷三，第十三左。

詩曰：「谷神不死爲玄牝，箇是乾坤闔闢機。往往來來終不息，推推盪盪了無爲。白頭老子乘龍去，碧眼胡兒跨虎歸。試問收功何所證，周天帀地月光輝。」〔註72〕

總言之，內丹鍊養的功夫須以意念的集中爲前提，從安爐立鼎始，然後透過意念的寂定調節精、氣，使其凝結爲眞鉛眞汞而成爐中藥物。俟一陽生時，憑藉意念的掌控調節採藥入爐，抽鉛添汞，進而在火候推遷之間持盈守成，固濟土釜，終至溫養靈胎，調神出竅。總此登眞九事，即可反還天地，然後有無不立，內外皆空，與太虛同體，故李道純作頌贊此體悟太虛的境界曰：「純一不雜謂之全，太虛同體謂之眞。一致而百慮，同歸而殊途。達得全眞理，身心混太初。」〔註73〕

二、頓漸法門

「性理之學，本無次序」，只是人之稟性根器有優劣之分，才將修持功法二分爲頓入與漸入。李道純區分曰：

> 中下之士須從漸入，先窮物理，窮盡始得盡性，才有一物不盡，便有窒礙處。須先一一窮盡，得見自己性，然後至於命也。上智之人則不然，但窮得一理盡，萬理自通，盡性至命，一時都了。〔註74〕

全眞道內丹修鍊功法，本來是不主張頓悟的，因爲全眞修鍊家認爲「入聖之道，須是苦志多年，積功累行，高明之士，賢達之流，方可入聖之道」〔註75〕。但李道純參酌禪宗「明心見性」主張，於傳統道教鍊養功夫法則外，建立起頓悟功法，將命功修鍊分爲頓、漸四乘，這其中既有中下之人漸第修鍊，也有特達之士的一徹萬融，可以說是李道純在全眞內丹修鍊法則上新的發展。

（一）漸法三乘

李道純認爲「漸教起手之初，鍊精化氣，漸次鍊氣化神，然後鍊神還虛」〔註76〕，換言之，李道純漸法三乘之下乘安樂法，可以比作「鍊精化氣」；漸

〔註72〕 《中和集》，卷五，第二左。
〔註73〕 《清庵瑩蟾子語錄》，卷六，第十八左。
〔註74〕 《清庵瑩蟾子語錄・鍊性指南》，卷六，第九左。
〔註75〕 《重陽立教十五論》（收於《正統道藏》正一部，楹字），第十二論聖道，第五右。
〔註76〕 《清庵瑩蟾子語錄》，卷六，第十右。

法中乘養命之法，是「鍊氣化神」；「鍊神還虛」則爲漸法上乘之延生之道。

1. 漸法下乘：安樂之法

> 下乘者，以身心爲鼎爐，精氣爲藥物，心腎爲水火，五臟爲五行，
> 肝肺爲龍虎，精爲眞種子，以年月日時行火候，嚥津灌漑爲沐浴，
> 口鼻爲三要，腎前臍後爲玄關，五行混合爲丹成。此乃安樂之法，
> 其中作用百餘條，若能忘情，亦可養命。〔註77〕

漸法下乘其實就是「鍊精化氣」的功夫，以「後天八卦圖」爲主要參究模式（參考右圖）。漸法下乘以身心爲鼎爐，精、氣爲藥物，腎中之氣與心中之液作爲火候推遷媒介，坎卦（☵）水中之元陽至精爲眞種子，十二消息卦配以年、月、日作爲持盈退符之則，藉此元陽之氣發動，以塡補離卦（☲）實中虛，使其恢復未交媾時乾健之體而成丹。

火心
離　坤
巽　中　兌　木肝
金肺　震　土脾
艮　乾
坎
水腎

內鍊的功夫是在心性寂定的前提下進行。換言之，性功之修定已使得後天之精、氣豐隆足供鍊養之用。透過意念的鍛鍊，小藥於是產生。所謂小藥指的便是坤體交乾卦一陽所成之坎卦（☵），其陰中之陽爻，便是元陽至精，亦是鍊精功夫中之眞種子，產生之時便是所謂一陽生。李道純認爲鍊精之要在「知時」〔註78〕，而此等時辰便是「身中癸生一陽時也，便可下手探之」〔註79〕。如何是下手探之？亦即透過意念掌控，在周天火候推遷中進行。也就是說，以「絕斷色塵無毀辱，清虛方寸瑩如玉」〔註80〕之靜篤功夫謹守「玄宮」，使形神安靜，集中注意，俟一陽生之時（指的便是復卦一陽生於五陰下之靜極生動之機），加重意念的控制，用武火逼使離卦腎中氣向上急行，進而衝破

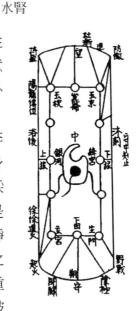

〔註77〕《中和集》，卷二，第十五左。
〔註78〕《中和集·全眞活法》，卷三，第三十一右。
〔註79〕《中和集》，卷三，第十八左。
〔註80〕《中和集》，卷四，第十六左。

玄關而採得小藥眞鉛。此間所謂「採藥」，便是採得坎卦眞陽以補離卦之陰。
採得小藥之後，仍要繼續進行火候周天的運行以涵養、封爐，不使內丹向外
走漏。封固之後，內丹隨腎中氣的推遷沿督脈自然上升。俟其行進至玉枕關，
火候流行至夬卦（䷪）之時，陽氣漸定，當持盈不使其太過。然後於陰陽交
合之際，以輕微意念之文火代替武鍊，使內丹從頭頂崑崙循著任脈緩緩下降，
至陰爻褪盡剝卦（䷖）之時，當守中知止，靜待下一階段鍊氣化神功夫之鍛
鍊。於此周天火候中，「否泰二卦，陰陽交際之要津也。泰卦三陽升，當此之
時宜防危；否卦三陰降，當此之時宜固守。」〔註81〕而壯卦（䷡）、觀卦（䷓）
比爲沐浴，意即不進火，不退火，謹守修養之謂也。

　　內丹修鍊其實是通過陰消陽息的過程，使陰氣褪盡，陽氣增
長，終至全陽。李道純曰：「大修行人，分陰未盡則不仙；一切常
人，分陽未盡則不死。」〔註82〕簡言下乘「鍊精化氣」功夫之修
持過程，是有意識的運用意念，採取小藥坎卦（☵）中之元陽至
精，作爲塡補離（☲）中之虛，使其復歸尙未交媾前之全陽乾體，
故名「取坎塡離」。又因坎卦五行屬水，於水中求得元陽至精，故
也稱爲「水府求玄」。李道純用右圖表示之。

有爲
取坎塡離

2. 漸法中乘：養命之法

> 中乘者，乾坤爲鼎器，坎離爲水火，烏兔爲藥物，精神魂魄意爲五
> 行，身心爲龍虎，氣爲眞種子，一年寒暑爲火候，法水灌溉爲沐浴，
> 內境不出外境不入爲固濟，太淵降宮精
> 房爲三要，泥丸爲玄關，精神混合爲丹
> 成。此中乘養命之法，其中作用數十條，
> 與下乘大同小異，若行不怠，亦可長生
> 久視。〔註83〕

中乘功夫是建立在「鍊精化氣」基礎上的，以「先
天八卦圖」作爲指導圖示（見右圖）。金烏與玉
兔（眞汞與眞鉛之異名）爲藥物。此時身心寂不
動，故神潛於心，意即元氣中包含有元神，兩者

頭
乾
☰
坤 ☷ 坎 眞鉛
兌 ☱
眞汞 離 ☲ 中意 艮
震 ☳
坤 腹

〔註81〕《全眞集玄秘要》（收於《正統道藏》洞眞部方法類，光字），第三左。
〔註82〕《中和集》，卷四，第五左。
〔註83〕《中和集》，卷二，第十六右。

交結不分，故此階段之「鍊氣化神」，便是以眞汞中元陰之氣作爲眞種子，目的在使神凝氣結以結成丹。

在小周天的火候工夫中，主要是利用意念之推遷將眞汞移入中宮，鍊離卦（☲）中一點元陰之氣。李道純認爲「鍊氣在調燮。所謂調燮者，調和眞息，燮理眞元也。老子云：『玄牝之門，是謂天地根。綿綿若存，用之不勤。』其調燮之要乎。」〔註84〕也就是說，此中乘功夫著重的是呼吸在修鍊過程的推盪作用，而此呼吸並非口鼻呼吸，而是眞意之闔闢作用。此間所指「呼」是消，也就是陽爻褪去而陰爻來復；相反的，「吸」便是息，亦即陰爻去而陽爻來歸。結此呼吸二字，指的便是眞息往來無窮之狀態。有時也以「橐籥」作爲象徵，喻其綿綿不息，若存若亡。李道純還將此眞意的闔闢作用比喻爲「玄牝之門」。換言之，在眞意作「吸」這個動作的同時，離卦中之至精會隨之自督脈上升，然後眞氣聚於頭頂乾卦處，故曰「呼則接天根」〔註85〕，也稱作「闢戶」，李道純形容爲「呼則龍吟雲起」〔註86〕，意指心不動。相反的，當眞意「吸」氣時，離中至精則隨之自任脈下降，氣歸小腹坤卦，是言「吸則接地根」，也謂爲「闔戶」，李道純形容爲「吸則虎嘯生風」〔註87〕，即身不動也。呼吸之初本是運用意念使之升降周流，而後注心在息，內觀以靜定不動，於是原來之有爲呼吸漸漸被自然無爲之動靜闔闢所取代，故李道純謂「鍊氣之要在乎心不動，心不動則氣定，氣定則神凝」，功夫至此聖胎凝結，中乘功夫完備矣。於此一升一降、一呼一吸、身心不動之間，眞汞採得眞鉛中之至陽復歸於乾體，氣凝神結，結成聖胎，故「鍊氣化神」也稱作「抽鉛添汞」。又其以乾爲天，坤爲地，於此天地間綿綿不息，作用無窮，故也稱「乾坤闔闢」，李道純以右圖表示之。

張伯端有言「眞土制眞鉛，眞鉛制眞汞，鉛汞歸土釜，身心寂不動。」〔註88〕意即坎卦乃乾卦交眞土坤卦而成，其體爲坤卦，其中一點元陽至精是爲眞鉛，故言「眞土制眞鉛」。而乾卦交坤卦所成之離卦採眞鉛之元陽塡補元陰，使其歸復乾體，是言「眞鉛制眞汞」。於此，精固氣聚神凝，身不動心亦不動，故曰「身

有無交入
乾坤闔闢

〔註84〕《中和集》，卷三，第三十一右。

〔註85〕《中和集》，卷三，第八左。

〔註86〕《中和集》，卷三，第三十一左。

〔註87〕《中和集》，卷三，第三十一左。

〔註88〕《金丹四百字》（收於《正統道藏》太玄部，唱字），第五左。

心寂不動」。此離宮休定，即中乘「鍊氣化神」之功成。

3. 漸法上乘：延生之道

> 上乘者，以天地爲鼎爐，日月爲水火，陰陽爲化機，鉛汞銀砂土爲
> 五行，性情爲龍虎，念爲眞種子，以心鍊念爲火候，息念爲養火，
> 含光爲固濟，降伏內魔爲野戰，身心意爲三要，天心爲玄關，情來
> 歸性爲丹成，和氣薰蒸爲沐浴，乃上乘延生之道。其中與中乘相似
> 作用處，不同亦有十餘條。上士行之，始終如一，可證仙道。〔註89〕

漸法上乘亦即「鍊神還虛」，是建立在鍊精化氣、鍊氣化神的功法基礎上。經
過鍊精、鍊氣之命功功夫後，精固氣定神凝，身心寂不動，聖胎成全陽，於
是鍊此元陽之體即是鍊此元神，欲鍊此元神當知神潛於心，故李道純認爲「鍊
神之要在乎意」〔註90〕，鍊神即是鍊心，全是性功底事。

　　道本至虛至無之體，因受陰陽兩氣之交感而化育萬物，「天圓而動，北辰
不移，主動者也；地方而靜，東注不竭，主靜者也。」〔註91〕而人於天地中
間，稟虛靈而立性立命，若以虛養心，則心所以靜，神所以靈，如北辰不移，
故謂天道在己；以性養氣，氣所以運，如東注之不竭，身則常存，故謂地道
在己。於此，天地虛靈之道在己也，以此虛靈明妙修持之，則以心即道，道
即心，則「形神俱妙，陰陽不得而推遷，超出造化之外也。」〔註92〕而此上
乘功法以天地爲鼎爐，日月爲水火，性情爲龍虎，念爲眞種子，以心鍊念爲
火候……皆是以人體效天法地，將丹道功夫收攝於心之上所開展。換言之，
鍊神功夫在養神，養神之要在乎鍊心，使心知一切念慮妄執都是陰趣，一切
幻緣法相都是魔境，若隨念而緣起，隨情而縱意，則「陰長魔勝」〔註93〕，
陽氣消褪，之前鍊成之純陽丹體亦無所用，因爲「陽盡陰純死矣」〔註94〕。
相反的，若於平常行住坐臥日用間，使心潔淨，處事以直，處事以順，處心
以柔，處身以靜，以性攝情，遣幻緣斷念慮，使心歸復本然虛靜之面貌，則
不著一切相，不染一切法，不見一切物，不知一切事，不爲幻緣魔境惑亂，
不使塵緣染著，「六塵不入，六根清靜，五蘊皆空，五眼圓明。到這裡，六根

〔註89〕《中和集》，卷二，第十六右。
〔註90〕《中和集》，卷三，第二十九右。
〔註91〕《中和集》，卷四，第十右。
〔註92〕《中和集》，卷四，第十左。
〔註93〕《中和集》，卷四，第五左。
〔註94〕《中和集》，卷四，第五左。

互用，通身是眼，群陰消盡，遍體純陽」〔註95〕。故李道純謂：「念慮絕則陰消，幻緣空則魔滅，陽所以生也。積習久久，陰盡陽純，是謂也。」〔註96〕功夫至此，性命雙全，形神俱妙，與道合眞也。

　　總此鍊神還虛之功夫，虛則清靜，清靜則靈明，靈明則神妙，神妙則至極。既至神妙境界，則「命寶凝矣，性珠明矣，元神靈矣，胎仙成矣，虛無自然之道畢矣。」〔註97〕故李道純曰：「功夫到此，一個字也用不著。」〔註98〕李道純以右圖表示鍊氣化神之後的不壞元神是爲乾體，意定後則神靈，神靈後則可復歸太極○。

無爲
○
≡

　　此外，李道純又將此漸法三乘與紫陽眞人「三五圖局說」〔註99〕配合解釋之（見右圖）。首就下乘功法而言，震卦屬木生數「三」，其與生數「二」屬火之離卦有相生作用，故「同成五」；兌卦屬金生數「四」，與生數「一」、屬水之坎卦有相生作用，也同成「五」。因「鍊精化氣」係以心（離）、腎（坎）作爲水火交合，其

南 火 神
離
天二地七

東　震　中　兌　西
木　　　　　　　　　金
性　天三地八　天五地十土意　天四地九　情

坎
天一地六
北 水 精

天干分屬己、戊，且須透過處於中宮之土作爲牽繫，故曰「戊己還從生數五」，故土「五」居中是一家。功夫至此，「三家相見結嬰兒」，所謂嬰兒即是精氣凝結之元氣大藥。次以中乘功法言之，震卦之性與離卦之神同繫乎心，故「東三南二同成五」；坎卦之精與兌卦之情同繫乎身，故「北一西四同成五」；而此五行中以意爲主宰，故意是「無偶有自是一家」。於此使身心虛靜，身心意自然相合混一，故曰「三花聚，五氣朝，聖胎凝」。末以上乘丹法釋之，以「水火交」稱下乘之精合神，身不動也，故「北一西方四共之」；以「金木併」稱中乘之情合性，心不動也，故「東三南二同成五」；意大定則「五行全」，故稱之爲「戊己還從生數五」。如此身心意相合，則「金丹之能事畢矣，神仙之

〔註95〕《中和集》，卷四，第六右。
〔註96〕《中和集》，卷四，第五左。
〔註97〕《中和集》，卷一，第六左。
〔註98〕《中和集》，卷二，第七左。
〔註99〕《中和集》，卷二，第八右。原詩見《紫陽眞人悟眞篇三家註》，卷二：「三五一都三個字，古今明者實然希。東三南二同成五，北一西方四共之。戊己身居生數五，三家相見結嬰兒。嬰兒是一含眞氣，十月胎成入聖基。」，第十六右。

大事至是盡矣」。

（二）頓悟功法

> 夫最上一乘，無上至眞之妙道也。以太虛爲鼎，太極爲爐，清靜爲丹
> 基，無爲爲丹母，性命爲鉛汞，定慧爲水火，窒慾懲忿爲水火交，性
> 情合一爲金木併，洗心滌慮爲沐浴，存誠定意爲固濟，戒定慧爲三要，
> 中爲玄關，明心爲應驗，見性爲凝結，三元混一爲聖胎，性命打成一
> 片爲丹成，身外有身爲脫胎，打破虛空爲了當。此最上一乘之妙，至
> 士可以行之，功滿德隆，直超圓頓，形神俱妙，與道合眞。〔註100〕

承前所言，人乃稟道之虛靈而於天地間立性立命，故收拾身心之要，即在效
天法地之功用也。換言之，性命雙修亦即身心兼修，通達天理的修道之士，
能知天道生生不息在於無爲，故鍊心以虛靈不昧；亦能知地之厚德載物，長
養萬物而不居功，是故修身以清靜無爲。於此，以心法天，以身法地，常保
身心清靜，天地造化之機盡在一己，便如道經所云之「人能常清靜，天地悉
皆歸」。李道純也云：「保身在調燮，保心在撿攝；調燮貴乎動，撿攝貴乎靜，
一動象天，一靜象地，身心俱靜，天地合也。至靜之極，則自然眞機妙應，
非常之動也。」〔註101〕此間所謂「自然眞機妙應」之機關，指的便是天心，
即是玄關。既見得天心，既見得玄關，心能歸於虛寂之天，身則入於無爲之
地，動與靜俱忘；功夫至此，精自然化氣，氣自然化神，神自返歸於虛，並
與太虛混而爲一，即所謂「返本還元」，長生久視之道至此盡矣。是以李道純
將頓法視爲「無上至眞之妙道」，即在於此一乘功是性功兼達命功，以天地未
分化前之太虛作爲鼎，以如如不動、了了常知之太極作爲爐，以身心清淨無
爲作爲丹法修鍊之藥物；進而以懲忿窒欲、洗心滌慮，存誠定意、性情合一
作修持之要則，以明心見性作爲復歸本然清靜之凝結；終至「虛則無礙，靜
則無欲，虛極靜篤，觀化知復」〔註102〕。是故，李道純謂此頓教「以精氣神
謂之元藥物，下手一時都了」〔註103〕，上根之人可以藉此功法「直超圓頓，
形神俱妙，與道合眞」。

〔註100〕　　《中和集》，卷二，第十六左。
〔註101〕　《中和集》，卷四，第八左。
〔註102〕　《中和集》，卷一，第六右。
〔註103〕　《清庵瑩蟾子語錄》，卷六，第十右。

總此頓漸功法，全是在身心上作功夫，「鍊氣在保身，鍊神在保心」，而保全身心之要無出乎動與靜。換言之，「致虛靜，守靜篤，則能觀復」〔註104〕，於此「身定則形固，形固則了命；心定則神全，神全則了性。身心合，性命全，形神妙，謂之丹成也」〔註105〕。

第四節　玄關一竅

玄關者，「至玄至妙之機關也」。張伯端於《金丹四百字》述此玄關曰：「此竅非凡竅，乾坤共合成，名為神氣穴，內有坎離精。」〔註106〕又云：「身中一竅，名曰玄牝。此竅者，非心，非腎，非口鼻也，非脾胃也，非穀道也，非膀胱也，非丹田也，非泥丸也。」〔註107〕亦即玄關一竅不是口鼻、心腎、脾胃、膀胱等形體上之凡竅，而是丹道所成之玄竅。此玄關一竅乃最神最靈最神妙之處所，若從己身中求，則拘泥於形體而不可得；若向外界求，則執著於物相亦不可得，故李道純認為「寧有定位著在身上即不是，離了此身向外尋求亦不是」〔註108〕，只有在平日行住坐臥間向內著功夫，直至「身心靜定，方寸湛然，真機妙應處自然見之也」〔註109〕。

一、至玄之竅

李道純於《中和集》卷二作〈玄關一竅〉以贈門人：

> 夫玄關一竅者，至玄至要之機關者。非印堂，非顖門，非肚臍，非膀胱，非兩腎，非腎其臍後，非兩腎中間。上至頂門，下至腳根，四大一身，才著一處便不是也。亦不可離了此身向外尋之，所以聖人只以一中字示人。只此中字，便是也。我設一喻令爾易知。且如傀儡，手足舉動，百樣趨蹌，非傀儡能動，是絲線牽動；雖是線上關棙，卻是弄傀儡底人牽動。咦，還識這個弄傀儡底人麼？休更疑惑，我直說與汝等。傀儡比此一身，絲線比玄關，弄傀儡底人比主

〔註104〕《中和集》，卷四，第七右。
〔註105〕《中和集》，卷三，第三十左。
〔註106〕《金丹四百字》，第七右。
〔註107〕《金丹四百字》，第四右。
〔註108〕《中和集》，卷三，第三右。
〔註109〕《中和集》，卷三，第三左。

人公。一身手足舉動非手足動，是玄關使動。雖是玄關動，卻是主
人公使教玄關動。若認得這個動底關捩，又奚患不成仙乎？〔註110〕

玄關乃至玄至要之一竅，學道之人能否成仙得道，端賴於能否見此玄關一竅。
李道純以傀儡與絲線的關係作為譬喻，其認為傀儡之所以能夠手舞足蹈，表
現各種不同的姿勢，不是因傀儡本身能夠自由活動，而是身上繫綁的絲線使
其能夠活動；雖然絲線是傀儡能動與否的關鍵，卻也必須仰賴人去牽動絲線
使傀儡能動。傀儡就如同我們形軀一般，絲線可以比擬作玄關，形軀所以能
動，是此玄關之作用而使之能動。更深一層來看，卻是主人翁使玄關動，進
而牽動形軀之動。因為丹家視此「玄關一竅」為不傳之秘，丹經皆不言其位
於何處。說它為「有」，才著一處便不是；說它是「無」，且不能離了此身向
外尋求，故只用一個「中」字作為表示。

> 聖人只書一中字示人，此中字，玄關明矣。所謂中者，非中外之中，
> 亦非四維上下之中，不是在中之中。釋云：不思善，不思惡，正恁
> 麼時，那個是自己本來面目，此禪家之中也。儒曰：喜怒哀樂未發
> 謂之中，此儒家之中也。道曰：念頭不起處謂之中，此道家之中也。
> 此乃三教所用之中也。《易》曰：寂然不動中之體，感而遂通中之用
> 也。老子云：致虛極，守靜篤，萬物並作吾以觀其復。《易》云：復
> 其見天地之心。且復卦一陽生於五陰之下，陰者靜也，陽者動也，
> 靜極生動，只這動處便是玄關也。汝但於二六時中舉心動念處著功
> 夫，玄關自然見也。見得玄關，藥物火候，運用抽添，乃至脫胎神
> 化，並不出此一竅。〔註111〕

既不能執於有形，也不能在無中求得此玄關一竅，故三教聖人強名為「中」。
李道純認為就佛教來看，指的就是不思善，不思惡，本來清靜的自性本心，
當下悟得此本心清靜可以成佛。從儒家觀點來看，指的是喜怒哀樂未被激發
之前的寂然不動狀態，見得此天下之大本，可以盡心，知性，進而參贊天道
之化育流行。就道教來看，指的是念頭不起處，也可以《道德經》第六章中
虛空難量之「玄牝」譬喻之，見此念頭之寂然不動處，一得永得，藥物火候，
乃至於三元八卦，全都可以歸結其中。

李道純認為欲見此一玄竅，當於起心動念處著功夫，如《道德經》第十六

〔註110〕《中和集》，卷二，第十一右。
〔註111〕《中和集》，卷三，第十七左。

章所云：「致虛極，守靜篤，萬物並作吾以觀其復。」是以復卦（䷗）一陽爻位
於五陰爻下「靜極生動」之動處爲玄關，惟有默默存存，固守靜寂，「收拾身心，
致虛靜，守靜篤，則能觀復。」〔註112〕亦即《易繫》所謂「復見天地之心」。
既能觀其復，則能知天地變化之流行，亦即道書所云「人能常清靜，天地悉皆
歸」。而此一玄關，祇能默識神會以悟明其處，不能以文字求解，更不可以言語
指明。但修道之士往往不明其中道理，或者拘限於形軀中口鼻、心腎、膀胱等
凡竅中求玄關，或者向外尋求產門生身處，殊不知功法中之腎前臍後、泥丸等
強爲指名之關竅，是給予中下之士修行之權便法則而已，「若以有形著落處爲玄
關者，縱勤功苦志，事終不成。」〔註113〕總言此「玄關一竅」，指的是人至虛
至靈之本來面目，若於未發靜定中謹其所存，存而無體，是爲天下之大本；若
於發動處謹其所發，合宜節度，是天下之達道。所以用《易繫》的話來解釋，
是謂「寂然不動即玄關之體也，感而遂通即玄關之用也」〔註114〕。若能得見此
一玄竅，「藥物火候，運用抽添，乃至脫胎神化，並不出此一竅」。

二、中是捷徑

　　李道純認爲「至靜之極，則自然真機妙應，非常之動也」，這動的機關便
是道心，便是天心。「天心既見，玄關透也。玄關既透，藥物在此也，鼎爐在
此矣，火候在此矣，三元八卦，四象五行，種種運用悉具其中矣。功夫至此，
身心混合，動靜相須，天地闔闢之機盡在我也。」〔註115〕所以，李道純作〈沁
園春〉以勉門下弟子中庵要執中以妙用時云：

> 中是儒宗，中爲道本，中是禪機，這三教家風，中爲捷徑。五常百
> 行中立根基，動止得中執中不易，更向中中認細微，其中趣，向詞
> 中剖露慎勿狐疑。　箇中造化還知，卻不在當中及四維。這日用平
> 常由中運用，興居服食中裡施爲。透得此中便明中體，中字元來物
> 莫達。全中了，把中來劈破，方是男兒。〔註116〕

成仙得道之捷徑，在執此玄關之中使其四通八達，進而寂然而通，無所不通，
無所不成，無所不知，終至解消「中」之名，使一念不生，復見天道無極自

〔註112〕《中和集》，卷四，第七右。
〔註113〕《中和集》，卷三，第三左。
〔註114〕《中和集》，卷三，第三右。
〔註115〕《中和集》，卷四，第八左。
〔註116〕《中和集》，卷六，第六左。

然眞機。換言之，若欲歸求丹道之終極，「除卻玄關竅，其他總不眞。無爲中蹭蹬，有作枉勞卒」〔註117〕，全繫乎此玄竅之通達。

（一）惟中惟正

李道純結合《尚書》「人心惟危，道心惟微。惟精惟一，允執厥中」的觀點，認爲「惟正惟中只這是修眞秘訣」〔註118〕。「中」指的是以寂然不動來體物之無爲，參與天地化機之本體，也就是喜怒哀樂未發前之天下大本；「正」指的是安常靜定以應物無疆，長養萬物不恃其功之本然，也就是喜怒哀樂已發且符宜合節之達道。修道之人，修鍊之初必以「正己」的功夫爲基礎。正己接人，人亦歸正。正己處事，事亦歸正。人心之本來面貌是體現天道之虛靈不昧，因動應世事萬物而有所牽絆拘泥。若於此間，未能應身而寂然不動，應心而洞然無礙，如何能順天理，順天道，順天時，順天命，以保持心之常清常靜以應萬機萬化？所以李道純認爲「正己者，進修之大用也，入聖之階梯也」〔註119〕，就性功之鍊養心性而言，心地若能常清常靜，虛靈通妙，欲念無所由生，妄相無所由執，自然安定危殆之心，顯現微妙之道，進而以己身之正應萬事萬物，萬事萬物隨之而正，天下隨之而正，終能契應天下之萬變，體天道而無遺。是以守中致和「則本然之體虛而靈，靜而覺，動而正，故能應天下無窮之變也」〔註120〕，心包含有天地生育流行、一動一靜之全體也。而丹道鍊養以中作爲玄關一竅，同樣是這個道理。換言之，以此心之清淨無爲落實於內丹命功修持，玄關中蘊藏有無數妙運化機，若能使此心無造作，靈明不昧，天地歸道，「通玄處，把坎中一離移入南離」〔註121〕，則丹成；火候推遷過程中，守中使氣之周流運行無過與不及，是爲「黃裳元吉」〔註122〕。

（二）抱元守一

李道純將內丹之所以可成的根據，建立在《道德經》四十二章「道生一，一生二，二生三，三生萬物；萬物負陰而抱陽，沖氣以爲和」之理則上。並以內丹鍊養的精氣神三物質與之相應，認爲順則生育萬物，逆則成丹。簡單

〔註117〕《清庵瑩蟾子語錄》，卷六，第十九左。
〔註118〕《中和集》，卷六，第十右。
〔註119〕《中和集》，卷一，第十左。
〔註120〕《中和集》，卷一，第二右。
〔註121〕《中和集》，卷六，第七右。
〔註122〕《全眞集玄秘要》，第四左。

來說，內丹修鍊就是人身體現天道的結果，道即是一，一即是道，守得此「一」，則使萬物逆而歸於一，使本來不思善、不思惡之本然心體朗現道體之無爲湛然。所以李道純曰：「抱元守一通玄竅，惟精惟一明聖教。太玄眞一復命關，是知一乃眞常道。」〔註123〕也就是說，抱元就是守一，就是守中，就是守道，也就是「一徹萬融天理明」。其於《中和集》卷四有〈抱一歌〉曰：

> 無極極而爲太極，太極布妙始於一。一分爲二生陰陽，萬類三才從此出。本來眞一至虛靈，亙古亙今無變易。祇因成質神發知，善惡機緣有差忒。隨情逐幻長荊榛，香味色聲都眩惑。誠能一上究根原，返本還元不費力。一夫一婦定中交，三女三男無裡得。三元八卦會於壬，四象五行歸至寂。忽然迸破頂顖門，爍爍金光滿神室。虛無之谷自透通，玄牝之門自闔闢。一陽來復妙奚窮，四德乾運恆不息。浩氣凝神於窅冥，出有入無於恍惚。中間主宰是什麼，便是達鄉原有的。〔註124〕

本來天道是至爲虛靈不昧的眞一之體，在其鴻蒙未判，未稟氣陰陽之前，是先天地而生，先天地而存，是爲「無極」，指其「無極之極」之謂也。然自稟陰陽之氣交合，化生三才而生萬物，天道仍以其清淨無爲，厚德載物行於天地之間，參贊萬物化育之流行而不干預。人心所當體現的便是此無爲而無所不爲的天道虛靈。然而人心應物而有善惡分判，受感官眩惑，以至於眞靈蒙昧。因此，李道純認爲，人若能凝神寂照，守此「一」之神靈眞機，則原來心之本然寂然不動可現，本心既現，身亦不動，玄關亦得通透。於此身心不動，玄關通透之際，精氣神三寶凝結，精神魂魄意五行交合，三元八卦盡現其中，乾體大丹應運而成，眞常之道得矣。然後知此道本從無生，萬有本歸一無，進而出有入無，使不息之眞氣與靈妙之元神在惚恍窅冥之中返虛，然後一、無兩字都予以掀翻。自此，修道人之一生大事全部畢矣。是以「說妙談玄了不通，爭如默默守其中。不偏不倚玄關透，不易方能合聖功。」〔註125〕

綜上，此至玄至妙之玄關一竅，可以是向上求得天道之湛然無爲，也可以是向內求得本心本性之寂然清靜。見得此玄竅，則道體之無爲，丹道之三元五行盡現其中。然而因爲此一玄竅難以筆舌形容，故聖人強立名以「中」

〔註123〕《中和集》，卷四，第二十一右。

〔註124〕《中和集》，卷四，第二十一左。

〔註125〕《清庵瑩蟾子語錄》，卷六，第二十七右。

字標誌之，乃以權變使修道之人利於內丹之錬養修持，期有聖功之表現。也就是說，欲見得此玄關一竅，不能拘泥於形體物相上尋求，或執泥於口鼻凡竅，而是當在日常行住坐臥間，於念頭不動處著功夫，或者致虛靜篤，或者執中除妄，體現天心玄妙之機，捨棄緣相妄念之執，然後通透此竅之妙用，進而身心不動，使元神臻於希夷之化境，歸根復命體現天道元本虛靈。是故李道純曰：「清清淨淨本無言，才有施為不自然。默識通玄關竅透，性靈神化寶凝堅。」〔註126〕所有造化功行盡繫於此玄關一竅之通透也。

第五節　小　結

內丹錬養的主要修為是透過修心顯性兼以內丹錬養的功夫修持，使性命雙徹，臻於天人合一、物我無分的虛極境界。李道純稟此內丹學傳統，將性命雙修的功夫法則立論在「體天合道」的基礎上。換言之，道體本無極而太極，因受陰陽兩氣交感而有三才，也才有萬物化育。於此生育萬物的過程，天仍無為，地猶厚德，故能應萬物自化而無違。同理，人與之相應，稟道之虛靈以立性立命而有形，精氣神蘊含其中，內丹錬養的過程便是性命雙修以體顯天道的過程，亦即以「內修心性與精氣神，外應宇宙乾坤之神理與天機，一以使天人物我之精神生命交流互織，其解脫蛻化肉體之假我，而達於金剛不壞、與天地同在、與宇宙永存之真我」〔註127〕作為最高化境。於此，李道純在性命兼達的前提下，以全真北宗「先性後命」的主張作為功夫次第。繼而宗主張伯端《悟真篇》之命功理論，並結合《尚書》「惟精惟一，允執厥中」的觀點，架構其性命雙修的理論。

就性功錬養而言，致虛極，守靜篤，復見天地之心是終極歸求。也就是說，人心本來是靜寂不動的清虛面目，因受物慾牽累蒙蔽而危殆不安，墮入輪迴而有生有死，無由解脫。因此修道之士當剪除心中妄念，拋離物欲之侷限，勘破身心世事虛幻妄執，常存照心，永滅妄心，進而歸根復命，契應天道之湛然，達心即道，道即心的合一境界。是故，李道純註《太上老君說常清靜經》時曰：

> 有道之士，常以道制慾，不以慾制道。以道制慾，神所以清也，心

〔註126〕《清庵瑩蟾子語錄》，卷六，第二十五左。
〔註127〕語見蕭天石著：《道家養生學概要・丹道派修真要旨》，頁27。

所以靜，至道與神氣混混淪淪，周乎三才萬物，應變而無窮，至廣
大盡精微矣。〔註128〕

亦即「人能常清靜，天地悉皆歸」之理。次就命功鍊養而言，李道純效天法
地之運行，以人身爲鼎爐，精氣神爲藥物，眞氣流行爲火候推遷，輔之以卦
爻陰陽消長作爲法則，於人身中內修成丹，以期形神俱妙，精神達於絕對自
由之境界。於此，根據人稟器之優劣，李道純將性理修爲分爲頓漸四乘。根
器中下之人，當從漸法入手，也就是鍊精化氣，鍊氣化神，終至鍊神還虛，
體天合道。通達之徒則由頓法修持，直接由性功修持而了命。理雖有漸入與
頓法，但最終結果都是「諸緣頓息，萬法皆空，動靜俱忘，有無俱遣，使得
玄珠成象，太一歸眞也。性命雙全，形神俱妙，出有入無，逍遙雲際，果證
金仙也。」〔註129〕此外，李道純還將丹道理論中「至玄至妙之機關」與「允
執厥中」結合，提出「守中」之功夫理論。「守中」功夫是貫通性功與命功的，
換言之，若於心性鍊養中見此關竅，便得以見天心，復歸性體之湛然以合道；
若在命功中通透玄關，則三元五行八卦混同其中，則可了命，證入無上至眞
妙道。由此，李道純以見此「玄關」作爲性命雙修功法中最重要之關鍵，而
「守中」則爲不二法門，是故「中」爲登眞捷徑，只要在日常行進起居中修
持，舉心動念處著功夫便可得之。

總此李道純性命雙修之內丹功夫，可以《中和集》卷六之言作結：

洞達之士，清靜光明，故能勘破身心世事因虛幻中有，有則爲物，
物極則返，返則復歸虛幻也。作是觀者，則知無象之象乃是實象。
養其無象，象故常存；守其無體，體故全眞。至於純純全全合乎大
方，溟溟涬涬合乎無倫，超出虛無之外，是謂無造化也。執著之者，
身心不定，念慮交攻，所以喪其無象，散其無體，故流浪生死，常
沉苦海也。苟有收拾身心，屏除念慮，內境勿令出，外境勿令入，
內外清靜，名爲照了。至於內忘其心，外忘其形，一眞洞然如太虛，
廓然無礙，造化又有何焉？〔註130〕

意即性命雙修在於出有入無，使心體純一不雜，身與太虛同體，然後形神俱
妙，身心混太初，最終達得全眞理。

〔註128〕《太上老君常說清靜經註》，第二左。
〔註129〕《中和集》，卷三，第二十二右。
〔註130〕《中和集》，卷六，第二十二左。

第六章　結　論

李道純於《中和集》卷三有〈全眞活法〉授與諸門人：

全眞道人，當行全眞之道。所謂全眞者，全其本眞也。全精，全氣，
全神，方謂之全眞。才有欠缺，便不全也；才有點污，便不眞也。
全精可以保身，欲全其精，先要身安定，安定則無欲，故精全也。
全氣可以養心，欲全其氣，先要心清靜，清靜則無念，故氣全也。
全神可以返虛，欲全其神，先要意誠，意誠則身心合而返虛也。是
故，精氣神爲三元藥物，身心意爲三元至要。學神仙法不必多爲，
但鍊精氣神三寶爲丹頭。三寶會於中宮，金丹成矣。豈不易知？豈
爲難行？難行難知者，爲邪妄眩惑爾！鍊精之要在乎身，身不動則
虎嘯風生，玄龜潛伏，而元精凝矣。鍊氣之要在乎心，心不動則龍
吟雲起，朱雀斂翼，而元氣息矣。生神之要在乎意，意不動則二物
交，三元混一，而聖胎成矣。乾坤鼎器，坎離藥物，八卦三元，五
行四象，並不出身心意三字。全眞至極處，無出身心兩字，離了身
心便是外道。雖然，亦不可著在身心上，才著在身心又被身心所累，
須要即此用，離此用。予所謂身心者，非幻身肉心也，乃不可見之
身心也。且道如何是不可見之身心？雲從山上，月向波心。〔註1〕

所謂「全眞」，指的就是全精、全氣、全神。身安定則精全，可以保身；心
清靜則氣定，可以養心；意誠則全神，可以返虛。於此，全眞之道不出身心

〔註 1〕 《中和集》（收於《正統道藏》洞眞部方法類，光字。臺北：藝文印書館，1962
年 2 月影印），卷三，第二十八左。

二字，「身心合而還其本初，陰陽合而復歸太極」〔註2〕便是。換言之，學神仙法只在鍊精、氣、神三寶，及至此三寶混於中宮，則金丹可成，長生久視之道得矣。內丹之所以可成，是人的身體法天效地的結果。李道純以《道德經》四十二章「道生一，一生二，二生三，三生萬物；萬物負陰而抱陽，沖氣以爲和」作爲比擬，認爲「道」本是虛靜無爲，因受陰陽兩氣之交感流行，而化育天、地、人三才，進而長養萬物，生生不息；而人「中天地而立命，稟虛靈以成性」〔註3〕，若相應於道體之化生萬物，則依序爲虛化神→神化氣→氣化精→精化形，如此由道而萬物，稱之爲「順則成人」；反之，從萬物向上逆行，則鍊乎至精→精化氣→氣化神，終至鍊神還虛，以體天道之湛然，故稱之爲「逆則成丹」。於此理論架構下，李道純將內丹修鍊功法分爲頓、漸四乘，亦即漸法下乘安樂之法是爲「鍊精化氣」，中乘養命之法則爲「鍊氣化神」，上乘延生之道則等同「鍊神還虛」；最上一乘頓法，李道純稱之爲「無上至眞之妙道」。然「命繫乎氣，性繫乎神；潛神於心，聚氣於身，道在其中也」〔註4〕，又內丹修鍊「離了性命便是旁門，各執一邊便是偏枯」〔註5〕，是故鍊精化氣、鍊氣化神兩乘功夫屬修命底事，鍊神還虛與最上一乘頓法同爲修性之事。總此，內丹修鍊全是修命與修性之功夫而已。

就性功而言，主要的表現就是「鍊心顯性」。受到禪宗提舉「自性佛性」，肯認「人人皆能成佛」的論點影響，李道純也說：「若言他是太上，自己卻是什麼？須是向自己究竟，方見得親切。太上云：眞常之道，悟者自得，即此意也。」〔註6〕也就是說，人人皆可成仙得道，之所以有凡塵與仙佛的差別，皆在此心之清靜與否。李道純在解釋〈太極圖〉時認爲，人心本來靜定未感於物時，可以體現湛然天理，若感於物而有所偏倚，則會產生幻相欲念與妄執。所以當在靜定中謹其所存，常滅妄心，不滅照心，使天理常明，虛靈不昧，則動而感物時便自有主宰準則，「一切事物之來俱可應」〔註7〕。若結合「中和」與《易繫》「寂然不動，感而遂通」的觀念詮解本心本性，是以「喜怒哀樂未發之謂中」來比喻心體本來寂然不動之面目，也就是「靜爲之性」；

〔註2〕《中和集》，卷三，第七右。
〔註3〕《中和集》，卷一，第五左。
〔註4〕《中和集》，卷一，第五左。
〔註5〕《中和集》，卷三，第三十右。
〔註6〕《清庵瑩蟾子語錄》（收於《正統道藏》，太玄部，卑字），卷三，第七右。
〔註7〕《中和集》，卷一，第一左。

「喜怒哀樂發而中節之謂和」比喻成心體感而遂通之靈妙，也就是「動爲之心」之義，是故性與心乃體與用之關係，性功鍊養的最終歸求便在於鍊心顯性以復天地之心。若用佛教的話來說，鍊心顯性就是所謂的「明心見性」。換言之，人對外在境界要能不起心動念，對世間萬物要知其乃隨緣生滅，是空是虛幻，如此無所妄執著心，於相不執著於相，於念不繫縛於念，在現實生活行住坐臥間，便可當下超拔於執著偏見，頓見眞如本性，照見般若智慧清淨心，這就是李道純所說「照心常存，妄心不動」，則天理之湛然可現。此外，李道純從「守中致和」的觀念出發，將《尙書》「人心惟危，道心惟微，惟精惟一，允執厥中」與內丹鍊養過中至玄至妙之「玄關」結合，提出「守中」之說：

> 執者，一定之辭。中者，正中之道也。道心微而難見，人心危而不
> 安。雖至人亦有人心，雖下愚亦有道心。苟能心常正得中，所以微
> 妙而難見也；若心稍偏而不中，所以危殆而不安也。學仙之人，擇
> 一而守之不易，常執其中，自然危者安而微者著矣。金丹用中爲玄
> 關者，亦是這個道理。〔註8〕

意即求得本來眞性之靜定，自然能在靜定中感通於萬物，常保心之清靜無染。守得「中」之寂然，心自然清靜，身也自然安定，金丹亦可成矣。所以李道純認爲「惟正惟中」才是修眞的秘訣，此「守中」之丹訣功法，後來也影響尹眞人、黃元吉、閔小艮等丹師。總言之，李道純在宋元以來「三教合一」時代思潮下，以道會通儒、釋的心性理論，並將其運用在性功鍊養上，最終歸求即在使心脫去造化做作，復歸原來靜定湛然之境界。心既湛然，性也隨之寂定，性功鍊養之事亦畢矣。

就命功而言，李道純認爲性理之學雖無次序，但人之稟器有優劣不同，故將命功修持分爲頓法最上一乘與漸法三乘，其言曰：

> 中下之士須從漸入，先窮物理，窮盡始得盡性。纔有一物不盡，便
> 有窒礙處。須先一一窮盡，得見自己性，然後至於命也。上智之人
> 則不然，但窮得一理盡，萬理自通，盡性至命，一時都了，如禪家
> 戒定慧一同也。〔註9〕

根器中下之人，當從鍊精化氣，鍊氣化神，鍊神還虛漸次層遞向上修證，而

〔註8〕《中和集》，卷三，第十右。
〔註9〕《清庵瑩蟾子語錄・鍊性指南》，卷六，第九左。

上智之人則以性兼命，下手一時都了。就內丹鍊養來說，是人體效天法地、逆則成丹的過程。李道純認為鍊精之要在使身不動，身不動則元精固結，進而使元氣凝定；鍊氣之要在使心不動，心不動元氣凝定，則元神也隨之靈妙。至此神氣凝結之時，人體已於中丹田結成不壞純陽元神，如何鍊此元神使之返還虛體，與道合真，便全然是常清、常靜、復見天地之心的性功功夫了。另外李道純受到禪宗「明心見性」與「當下頓見真如本性」的影響，在傳統內丹修持功夫上，提出無上至真妙道之「頓法」，讓通達之士能盡性至命，一時都了。此頓法之修持，亦以性功功夫為主。概言命功的修持，是以人身為鼎爐，真息流動為火候推遷，以卦象陰陽之消長作為取則，使作為藥物的精氣神在人體中醞釀交結成丹，最後鍊此純陽元神，使之脫胎了當，與太虛同體。但無論是鍊丹之初的有無互用，動靜相須，抑或是丹成之後的諸緣頓息，萬法皆空，都必須以靜定之本體貫串之。總言李道純命功理論的表現，在修行次第上，是取自全真北宗「先性後命」的觀點，認為應當「先持戒定慧而虛其心，後鍊精氣神而保其身」〔註10〕，且同北宗般極為重視心性的鍊養；而在鍊養方法上，除承襲傳統內丹修鍊取則於《周易》卦象數術外，亦多援引張伯端《悟真篇》之語解釋。是故，李道純於內丹鍊養功夫之融會全真北宗與金丹南宗，當與其從南宗門下歸化全真有關。

綜上所言，李道純以南宗傳人歸化全真北宗門下，所以在命功功法具有混融南北宗之思想特色；另外，處於「三教合一」的時代氛圍裡，李道純秉持著「皇天無二道，聖人無兩心」〔註11〕的理念，明言「引儒釋之理證道，使學者知三教本一。」〔註12〕不僅在心性理論上融通儒、釋兩家，在傳作著述上或以內丹理論註解佛典，或以內丹法則參究佛教公案，或模仿禪宗棒喝、打圓相等教學方式……等等，在在顯示其「三教本一」的主張。於此，筆者試以〈全真活法〉做起點，將其所衍伸的種種思維繪成簡圖，以明本篇論文所欲架構之李道純道教思想：

〔註10〕《中和集‧性命論》，卷四，第一左。
〔註11〕《中和集》，卷三，第四右。
〔註12〕《三天易髓》（收於《正統道藏》，洞真部方法類，光字，台北：藝文印書館，1962 年），第十右。

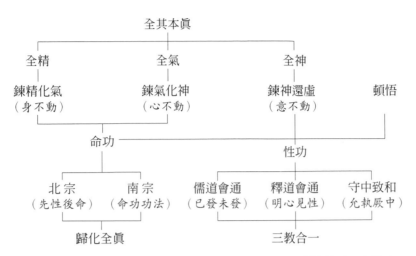

　　本篇論文係以「李道純道教思想」為主軸，分別從其生平事略、三教合一思想、心性理論以及性命雙修功法等方面探討研究。若從李道純之生平事略向上推演，李道純以南宗門人歸化全真門下，內丹理論上既以「先性後命」作為修煉次第，又祖述《悟真篇》之丹道理論，並在著述中多次採用之，可視為融會南北宗思想之證據。次就三教合一角度推擴，李道純順應宋元以來三教合一之思想潮流，不僅高舉「三教本一」之旗幟，更從宇宙論、心性論以及教學方法等多個層面進行思想的會通，其中又以內在心性修為的肯認最為重要。亦即李道純融通儒、釋對心性問題的討論，既結合儒家「中和學說」與道教「玄關一竅」提出「守中」之內丹修煉法則，深刻影響後來諸如尹真人、閔小艮、黃元吉等丹師；也受禪宗「當下見得自心本性清靜」的影響，提出頓悟之法，從而建立以全其本真、形神俱妙為終極歸求之道教內丹心性理論。綜觀李道純之道教思想，上承道教內丹南、北宗思想旨趣，旁通儒釋心性理論，下啟明清內丹「守中」一派理論，學者冠以「元代著名之道教理論家」之名，實當之無愧也。

參考書目

壹、古籍專書

一、《正統道藏》，臺北：藝文印書館，1962 年影印。

1. 〔宋〕張伯端，《玉清金笥清華秘文金寶內鍊丹訣》，洞真部方法類，稱字。
2. 〔宋〕張伯端，《金丹四百字》，太玄部，唱字。
3. 〔宋〕張伯端，《紫陽真人悟真篇三家註》，洞真部玉訣類，律字。
4. 〔宋〕張伯端，《紫陽真人悟真篇拾遺》，洞真部玉訣類，律字。
5. 〔宋〕白玉蟾，《海瓊傳道集》，正一部，弁字。
6. 〔宋〕王重陽，《立教十五論》，正一部，楹字。
7. 〔宋〕王重陽，《金關玉鎖訣》，太平部，交字。
8. 〔宋〕王重陽，《重陽分梨十化集》，太平部，交字。
9. 〔宋〕王重陽，《重陽全真集》，太平部，枝、交字。
10. 〔宋〕王重陽，《重陽真人授丹陽二十四訣》，太平部，交字。
11. 〔宋〕王重陽，《重陽教化集》，太平部，交字。
12. 〔宋〕馬鈺，《丹陽真人直言》，正一部，楹字。
13. 〔宋〕馬鈺，《丹陽真人語錄》，太玄部，卑字。
14. 〔宋〕馬鈺，《洞玄金玉集》，太平部，氣字。
15. 〔宋〕馬鈺，《漸悟集》，太平部，弟字。
16. 〔宋〕丘處機，《大丹直指》，洞真部方法類，稱字。
17. 〔宋〕丘處機，《磻溪集》，太平部，友字。
18. 〔宋〕李簡易，《玉谿子丹經指要》，洞真部方法類，稱字。

19. 〔元〕李道純,《三天易髓》,洞眞部方法類,光字。

20. 〔元〕李道純,《太上大通經註》,洞眞部玉訣類,藏字。

21. 〔元〕李道純,《太上老君說常清靜經註》,洞神部玉訣類,是字。

22. 〔元〕李道純,《太上昇玄消災護命妙經註》,洞眞部玉訣類,收字。

23. 〔元〕李道純,《中和集》,洞眞部方法類,光字。

24. 〔元〕李道純,《全眞集玄秘要》,洞眞部方法類,光字。

25. 〔元〕李道純,《無上赤文洞古眞經註》,洞眞部玉訣類,藏字。

26. 〔元〕李道純,《道德會元》,洞神部玉訣類,談字。

27. 〔元〕李道純,《清庵瑩蟾子語錄》,太玄部,卑字。

28. 〔元〕李道謙,《七眞年譜》,洞神部譜錄類,致字。

29. 〔元〕李道謙,《甘水仙源錄》,洞神部紀傳類,息字。

30. 〔元〕李道謙,《終南山祖庭仙眞內傳》,洞神部紀傳類,川字。

31. 〔元〕李道謙,《終南山說經臺歷代仙眞碑記》,洞神部紀傳類,川字。

32. 〔元〕秦志安,《金蓮正宗記》,洞神部譜錄類,致字。

33. 〔元〕陳致虛,《金丹大要》,太玄部,睦、夫字。

34. 〔元〕苗善時,《玄教大公案》,太玄部,下字。

二、書目類

1. 〔明〕朱睦㮮:《百川書志》,嚴靈峰編輯:《書目類編》冊 27,臺北:成文出版社,1978 年 5 月。

2. 〔明〕晁瑮:《寶文堂書目》,嚴靈峰編輯:《書目類編》冊 28,臺北:成文出版社,1978 年 5 月。

3. 〔明〕徐惟起:《紅雨樓家藏書目》,嚴靈峰編輯:《書目類編》,冊 28,臺北:成文出版社,1978 年 5 月。

4. 〔明〕焦竑:《國史經籍志》,王雲五主編:《叢書集成簡編》冊 16 至冊 19,臺北:商務印書館,1966 年 3 月。

5. 〔明〕陳第:《世善堂書目》,嚴靈峰編輯:《書目類編》冊 29,臺北:成文出版社,1978 年 5 月。

6. 〔清〕錢謙益:《絳雲樓書目》,臺北:廣文書局,1969。

7. 〔清〕錢曾:《述古堂書目》,王雲五主編:《叢書集成簡編》冊 27,臺北:臺灣商務印書館,1966 年 3 月。

8. 〔清〕嵇璜:《續文獻通考》,臺北:新興書局,1956 年 8 月。

9. 〔清〕王圻:《續文獻通考》,影明萬曆刻本,京都:中文出版社,1979 年 10 月。

10. 〔清〕倪燦:《補遼金元藝文志》,《百部叢書集成‧史學叢書》冊 60,臺北:藝文印書館,1965 年。

11. 〔清〕紀昀:《四庫全書總目》,據文淵閣四庫本影印,臺北:臺灣商務印書館,1986 年 3 月。

12. 〔清〕金門詔:《補三史藝文志》,《百部叢書集成‧史學叢書》冊 60,臺北:藝文印書館,1965 年。

13. 〔清〕錢大昕:《補元史藝文志》,《百部叢書集成‧史學叢書》冊 56,臺北:藝文印書館,1965 年。

三、其他類

1. 〔梁〕釋僧佑:《弘明集》,臺北:新文豐出版公司,2001 年 7 月。

2. 〔唐〕孔穎達疏:《周易正義》,臺北:臺灣中華書局,1960 年 4 月。

3. 〔唐〕姚思廉:《梁書》,楊家駱主編:《新校本二十五史》,臺北:鼎文書局,1977 年 10 月。

4. 〔唐〕令狐德棻:《周書》,楊家駱主編:《新校本二十五史》,臺北:鼎文書局,1977 年 10 月。

5. 〔唐〕李延壽:《南史》,楊家駱主編:《新校本二十五史》,臺北:鼎文書局,1977 年 10 月。

6. 〔後晉〕劉昫:《舊唐書》,楊家駱主編:《新校本二十五史》,臺北:鼎文書局,1977 年 10 月。

7. 〔北宋〕程頤、程顥:《二程全書》,京都:中文出版社,1979 年 6 月。

8. 〔北宋〕歐陽修:《新唐書》,楊家駱主編:《新校本二十五史》,臺北:鼎文書局,1977 年 1 月。

9. 〔北宋〕張君房輯:《雲笈七籤》,濟南:齊魯書社,1988 年 9 月。

10. 〔南宋〕白玉蟾:《指玄篇》,《藏外道書》冊 7,成都:巴蜀書社,1994 年 4 月。

11. 〔南宋〕陸九淵:《陸象山全集》,臺北:世界書局,1975 年 6 月。

12. 〔元〕黎靖德編:《朱子語類》,臺北:文津出版社,1986 年 12 月。

13. 〔元〕李道純:《周易尚占》,嚴一萍選輯:《百部叢書集成‧寶顏堂秘笈》,據明萬曆年間繡水沈氏尚自齋刻寶顏堂秘笈本影印,臺北:藝文印書

14. 館,1965 年。

15. 〔元〕脫脫:《宋史》,楊家駱主編:《新校本二十五史》,臺北:鼎文書局,1977 年 10 月。

16. 〔元〕脫脫:《金史》,楊家駱主編:《新校本二十五史》,臺北:鼎文書局,1977 年 10 月。

17. 〔明〕尹眞人高弟：《性命圭旨》，《藏外道書》冊 9，成都：巴蜀書社，1994 年 4 月。

18. 〔明〕黃宗羲：《宋元學案》，臺北：廣文書局印行，1971 年 6 月。

19. 〔明〕宋濂：《元史》，楊家駱主編：《新校本二十五史》，臺北：鼎文書局，1977 年 10 月。

20. 〔清〕趙翼：《二十二史箚記》，臺北：臺灣商務印書館，1965 年。

21. 《鳳陽府志》，《中國方志叢書》華中地區第 697 號，據清康熙 24 年刊本影印，臺北：成文出版社，1985 年。

22. 《徽州府志》，《中國方志叢書》華中地區第 235 號，據清道光 7 年刊本影印，臺北：成文出版社，1985 年。

23. 《揚州府志》，《中國方志叢書》華中地區第 145 號，據清嘉慶 15 年刊本影印，臺北：成文出版社，1985 年。

24. 《佛光大藏經》，高雄：佛光出版社，1994 年 12 月。

貳、一般專書

一、道教類

1. 中國道教協會研究室編：《道教史資料》，上海：上海古籍出版社，1991 年 5 月。

2. 王家祐：《道教論稿》，四川：巴蜀書社，1987 年 8 月。

3. 任繼愈：《中國道教史》，臺北：桂冠圖書公司，1991 年 10 月。

4. 任繼愈主編：《道藏提要》，北京：中國社會科學出版社，1995 年 8 月。

5. 李養正：《道教概說》，北京：中華書局，1990 年 12 月。

6. 金正耀：《中國的道教》，臺北：商務印書館，1993 年 11 月。

7. 施達郎：《道教內丹養生學概論》，香港：香港道教學院，1992 年 6 月。

8. 卿希泰、唐大潮主編：《中國道教簡史》，臺北：中華道統出版社，1996 年 9 月。

9. 卿希泰主編：《中國道教史》，臺北：中華道統出版社，1997 年 1 月。

10. 卿希泰主編：《道教與中國傳統文化》，福建：人民出版社，1990 年 9 月。

11. 孫克寬：《元代道教發展》，台中·東海大學，1968

12. 孫克寬：《宋元道教之發展》，台中：東海大學，1968

13. 馬濟人：《道教與煉丹》，臺北：文津出版社，1997 年 11 月。

14. 張志和：《道教文化辭典》，江蘇：江蘇古籍出版社，1994 年 6 月。

15. 張廣保：《金元全眞道內丹心性論研究》，臺北：文津出版社，1993 年 7

月。

16. 陳垣:《南宋初河北新道教考》,北京:中華書局,1989 年 5 月。

17. 陳垣:《道家金石略》,北京:文物出版社,1988 年。

18. 陳國符:《道藏源流考》,台北,祥生出版社,1975 年 3 月。

19. 陳鼓應:《老子註譯及評介》,北京:中華書局,1996 年 7 月。

20. 傅勤家:《中國道教史》,臺北:臺灣商務印書館,1966 年 3 月。

21. 劉鋒、臧知非:《中國道教發展史綱》,臺北:文津出版社,1997 年 1 月。

22. 蕭天石:《道教養生學概說》,臺北:自由出版社,1963 年 11 月。

23. 鄺國強:《全真北宗思想史》,廣州:廣州中山大學出版社,1993 年 6 月。

二、其 他

1. 丁福保註:《六組壇經箋註》,臺北:文津出版社,1996 年 12 月。

2. 印順:《中國禪宗史》,臺北:正聞出版社,1994 年 7 月。

3. 牟宗三:《中國哲學十九講》,臺北:學生書局,1995 年 3 月。

4. 牟宗三:《中國哲學的特質》,臺北:臺灣學生書局,1994 年 8 月。

5. 牟宗三:《心體與性體》,臺北:正中書局,1996 年 2 月。

6. 杜松柏:《知止齋禪學論文集》,臺北:文史哲出版社,1994 年 11 月。

7. 屈萬里:《尚書釋義》,臺北:中國文化大學出版部,1984 年 11 月。

8. 昌彼得、潘美月:《中國目錄學》,臺北:文史哲出版社,1994 年 11 月。

9. 南懷瑾:《禪宗與道家》,上海:復旦大學出版社,1993 年 11 月。

10. 唐君毅:《中國哲學原論・原性篇》,臺北:學生書局,1989 年 11 月。

11. 郭朋:《中國佛教史》,臺北:文津出版社,1993 年 7 月。

12. 勞思光:《新編中國哲學史》,臺北:三民書局,1993 年 8 月。

13. 黃懺華:《中國佛教史》,上海:文藝出版社,1990 年 11 月。

14. 蔡仁厚:《中國哲學史大綱》,臺北:臺灣學生書局,1995 年 9 月。

15. 蔡仁厚:《宋明理學》,臺北:臺灣學生書局,1995 年 9 月。

參、期刊論文

一、道教類

1. 王煜:〈不死的探求:道教的特質〉,《中國文化月刊》38～39 期,1982 年 12 月～1983 年 1 月。

2. 申喜萍:〈李道純的三教合一思想研究〉,《宗教學研究》41 期,頁 115～118,1998 年 12 月。

3. 李剛：〈論道教生命哲學〉，《道教學探索》9 期，頁 92～114，1995 年 12 月。

4. 李遠國：〈鍾離權丹法思想初探〉，《宗教哲學》3 卷 4 期，頁 104～118，1997 年 10 月。

5. 李豐楙：〈長生不死的夢（道教煉丹術）〉，《人與社會》1 卷 3 期，頁 24～28，1982 年 9 月。

6. 姜生：〈道教生命操作哲學 —— 信仰基礎〉，《宗教哲學》2 卷 1 期，頁 119～124，1996 年 1 月。

7. 張誠道：〈王重陽與全眞道形成及神仙思想〉，《宗教哲學》3 卷 2 期，頁 117～130，1997 年 4 月。

8. 張廣保：〈論中唐道教心性之學 —— 兼與儒、禪心性論會通〉，《宗教哲學》1 卷 2 期，頁 73～87，1995 年 4 月。

9. 張應超：〈丘處機與全眞道〉，《道教學探索》8 期，頁 336～352，1994 年 12 月。

10. 張應超：〈馬丹陽與全眞道〉，《道教文化》5 卷 9 期，頁 19～23，1994 年 9 月。

11. 張應超：〈道教與養生〉，《道教學探索》9 期，頁 136～138，1995 年 12 月。

12. 郭武：〈白玉蟾對金丹派南宗思想的總結與發展〉，《道教文化》5 卷 9 期，頁 24～37，1994 年 9 月。

13. 郭武：〈早期全眞道思想略論〉，《道教學探索》9 期，頁 186～198，1995 年 12 月。

14. 勞榦：〈道教中外丹與內丹的發展〉，《中央研究院歷史語言研究所集刊》59 卷 4 期，頁 977～993，1988 年 12 月。

15. 閔智亭：〈全眞派的時代背景和對道教的更新發展〉，《道教文化》5 卷 3 期，頁 23～31，1991 年 3 月。

16. 楊銘：〈時間、本體與歸根返元 —— 道教內丹哲學基礎之研究〉，《道教文化》5 卷 10 期，頁 31～45，1995 年 3 月。

17. 劉國樑：〈道教易學的宇宙模式及其影響〉，《道教學探索》8 期，頁 1～57，1994 年 12 月。

18. 劉廣定：〈中國金丹術的興起與沒落〉，《歷史月刊》87 期，頁 40～47，

19. 1995 年 4 月。

20. 鄧紅蕾：〈李道純金丹學教育理論探索〉，《中國文化月刊》202 期，頁 79～98，1997 年 1 月。

21. 蕭天石：〈道教旨要概述〉，《道教文化》1 卷 9 期，頁 8～9，1978 年 5 月。

月。

22. 鄺蘭夫：〈內丹學南宗張伯端之理論分析〉，《東海哲學研究集刊》4 期，頁 13～45，1997 年 7 月。

二、其 他

1. 方立天：〈中國佛教「心性論」研探二篇〉，《圓光佛學學報》創刊號，頁 183～198，1993 年 12 月。

2. 印順：〈中國禪宗史〉，《中國佛教》21 卷 7 期，頁 3～6，頁 21～24，1977 年 4 月。

3. 江淑君：〈論「六祖壇經」的「明心見性」與「解行雙修」〉，《中國文化月刊》203 期，頁 51～65，1997 年 2 月。

4. 李剛：〈道教哲學與中國哲學〉，《宗教哲學》1 卷 4 期，頁 12～38，1995 年 10 月。

5. 李養正：〈論道教與佛教的關係〉，《道教文化》5 卷 6 期，頁 17～34，1992 年 9 月。

6. 杜松柏：〈宋代理學與禪宗的關係〉，《孔孟學報》30 期，頁 111～136，1975 年 9 月。

7. 杜松柏：〈壇經「心」、「性」探義〉，中華文化復興月刊》22 卷 8 期，頁 20～23，1989 年 8 月。

8. 杜松柏：〈禪宗的體用研究〉，《中華佛學學報》1 期，頁 229～243，1987 年 3 月。

9. 辛旗：〈慧能與禪宗思想的奠基〉，《中國文化月刊》189 期，頁 35～45，1995 年 7 月。

10. 南懷謹：〈宋明理學與禪宗〉，《孔孟學報》23 期，頁 23～38，1972 年 4 月。

11. 南懷謹：〈禪宗與禪修〉，《慧炬》211 期，頁 40～48，1982 年 1 月。

12. 唐大潮：〈三教合一〉思想成因初探，《宗教哲學》3 卷 1 期，頁 52～63，1997 年 1 月。

13. 高柏園：〈萬古長空，一朝風月 —— 論禪宗對生命理想安頓之道〉，《中國佛教》34 卷 1 期～3 期，1990 年 1～3 月。

14. 高柏園：〈壇經心性論的哲學意義〉，《中國佛教》31 卷 5 期，頁 5～10，1987 年 5 月。

15. 張踐：〈新佛教、新道教和新儒學 —— 宋金「三教」匯通論〉，《宗教哲學》1 卷 2 期，頁 89～100，1995 年 4 月。

16. 陳明暉：〈禪宗與宋元道教〉，《內明》223 期，頁 24～24，1980 年 10 月。

17. 陳俊明：〈宋明「三教合一」思潮中的「心性」旨趣論稿〉，《鵝湖》15 卷 4 期，頁 2～10，1989 年 10 月。

18. 楊惠南：〈禪宗的思想與流派〉，《國文天地》7 卷 2 期，頁 15～20，1991 年 7 月。

19. 劉學智：〈「三教合一」意蘊辨微 —— 兼談心性論與當代倫理實踐〉，《宗教哲學》1 卷 4 期，頁 73～82，1995 年 10 月。

20. 蔡方鹿：〈宋代理學心性論之特徵及時代意義〉，《中國文化月刊》173 期，頁 21～49，1994 年 3 月。

21. 蔡惠明：〈禪宗對程朱理學的影響〉，《內明》261 期，頁 15～17，1993 年 12 月。

肆、會議論文

1. 鄺國強：〈李道純三教同玄論思想初探〉，廣東羅浮山 1998 年道教研討會宣讀論文。

陸西星的道教思想

郭啟傳　著

作者簡介

郭啟傳，1962 年生，台灣桃園人。台大中文系學士、碩士。清大中文系博士。現職醒吾技術學院通識中心助理教授，曾任職國家圖書館特藏組。專長先秦思想史、古書版本學。著有《陸西星的道教思想》、《太初之道：聖在世界秩序的展開》等書。編著《台灣歷史人物小傳：明清暨日據時期》、《國立中央圖書館善本序跋集錄》、《國家圖書館善本書志初稿》等書，以及論文多篇。《台灣歷史人物小傳：明清暨日據時期》曾獲得「優良政府出版品」等獎勵數種。

提　　要

　　本書討論之主題為明代道教東派創始者陸西星的道教思想。之所以限於道教思想是因為陸西星尚有《南華真經副墨》為莊子註解專書，《封神演義》為小說名著，並未包含在本書討論之中。近年來「身體」成為學界顯學，修練功夫是「身體」研究的一環，三教各有其關於身體之功夫，就道教而言，「內丹」是其身體功夫主要成分之一，唐五代以後，有所謂「南宗」，尊鍾、呂，而以張伯端為首，後又有王重陽為首之全真教，亦尊鍾呂，稱「北宗」。浸假而有陳致虛其人，欲合南北宗之長。陸西星為明代嘉隆間人，其學上承陳致虛。其學之內容為「陰陽雙修」，中國秦漢之際即有房中術，此術與道教關係向來密切，「陰陽雙修」亦其一環，特假《周易參同契》、《悟真篇》為說，隱語難曉，家各一說。本文之作乃以比較之方法，求其各派用語之分別，以明陸氏之說究處於光譜之何端。其結論曰：陸氏之法乃是追求最大程度清靜法之下的雙修法。

目

次

第一章 前　言

　　本文研究的對象是明代的陸西星。

　　陸西星何許人也？他是明末以佛理解釋莊子的思想家，受到大學問家焦竑的激賞而在《莊子翼》中大量引用其說，也受到佛教高僧憨山德清的抨擊，不論其書價值如何，其人的影響力殆可想見。

　　除了儒生的身份，他也是個文士，和嘉靖七子的宗臣齊名於家鄉，二人從小共學成長，一生莫逆。他的詩在《興化縣志》中保存著二十多首，佔縣志中詩選的很大部分。

　　他晚年入佛教，自稱居士，有《楞嚴經》和《楞伽經註》，前者收於《續藏經》中，他的佛學造詣也不低。他還寫過《封神演義》，其文才在此書中可得到充分的認識。

　　這些身份使陸西星在歷史上成為一個有意義、有份量的人，值得我們去了解。然而本文關切的是陸西星的另一個身份，道教東派的開宗祖師。從道教史的立場來看，他的道教思想，他的道教立場在道教中的定位等，都是可以探究的題目。本文寫作的目的即在了解上述問題。

　　明代是一個對道教寵信有加的朝代，王室和江西龍虎山的正一教交好，使他們主持國家的祭祠祈禱，這種關係維持了整個明朝一代。尤其是明世宗時，道士的地位達到最高點，夏言、嚴嵩、除階三位宰相間的權力的興衰交替，「只是一部青詞撰述人的爭寵史罷了」。〔註1〕陸西星就是這個時代的人，時代風氣也許和他作道士有些關係。但他並不是借此干世祿，他一生貧窮，

〔註 1〕 見柳存仁，〈明儒與道教〉，《新亞學報》第八卷第一期。

與之交替者雖有達官貴人，似止於以文會友，及幫他出版著作而已。明代得寵的道士並不是全真教等清修教派，而是正一教等能祈風禱雨者，及煉金丹，和房中術。明代君主多荒淫，房中術及閨丹常是討好皇帝的有效手段。此法不只來自道士，亦有來自喇嘛教者。喇嘛教隨元代入主中國而廣泛流傳，《元史》載有順帝時於宮中向喇嘛習運氣術，名「秘密大喜樂禪定」，性質和中國的房中術相近。明代雖禁止喇嘛教在民間傳佈，但王室仍常寵信胡僧，主要就是在習房中術。這是明代王室與道教關係的概觀。

　　陸西星在道教裡是主張性命雙修者，性命雙修本是全真教的教法，但隨其教勢大盛，此語幾為所有教派接受，至少沒有人敢公然反對。但是許多人說的性命雙修，並沒有嚴格煉養心性的律儀與哲理，有的只一筆帶過，有只是某種程度的定境作為性功。陸西星雖然主張性命雙修，但是他在命功上和北宗倡行的清淨法不同，他修習類似南宗的陰陽雙修法。不過他的陰陽雙修法比起其它道士的方法要簡易很多，且大幅度加重性功的份量。他的性功並不只是一般靜坐調息等入定工夫，而是配合一套有相當哲學意味的義理，雙管齊下。這個部份又有很濃的北宗色彩。

　　我們要問的是陸西星修法中，其陰陽雙修與清淨法的來源何在？明代雖然王室荒淫，社會上的色情風氣也很泛濫，但是據陸西星自己的記載，他之所以選擇陰陽雙修法是因為在一個偶然的機會裡，呂純陽降臨北海草堂傳授給他的（見《三藏真詮》），這個過程持續了二十幾年。也就是說在現實世界中他並沒有老師，雖然他讀了很多道書。這個因緣決定性的影響他的基本立場。也使他避開了社會上流傳的陰陽雙修法中一些淫猥的成份。當他初遇呂純陽時，他問房中術中的三峰術如何？呂回答說：「有為三峰術者，可令先除墓地。」〔註2〕態度相當堅決。

　　陸西星身為一派宗師，自然不會是因為他受學於呂純陽這個因素而已。事實上當時陸西星尚有兩個同學，他們在歷史上扮演的角色就遠不如陸西星。並不是呂純陽教給陸西星較多，而是陸氏是個博參主義者，他另外還吸收了很多學問，這個部份的重要性不下於師授。其中最重要的是改良了道士的精神修養法。他對「是非海闊，人我山高」的物我限隔耿耿於懷，倡言全體道德，以道物身，復其胸次之洒洒。如此旨趣，有得於其對老莊的了解，

〔註2〕見《三藏真詮》，頁5。台北：自由出版社、民國71年。

可能也受到王學的影響，泰州學派的韓貞是他的好朋友。〔註3〕他也可能受到北派全眞教的濡染，但不象早期全眞教強調積功累行以度世人，而是「神仙之道，以玩世爲適，度人爲功。」〔註4〕姿態上傾向飄逸寄世。

　　此外他也可能受到密宗雙修法的影響。此事雖無具體史料可資佐證，但從其早年寫的《封神演義》已可看出他很熟悉密宗。晚年註《楞嚴經》時自稱「蘊空居士」。〔註5〕較直接的證據是他在《南華眞經副墨》的序中說：

> 予嘗謂震旦之有南華，竺西之貝典也。貝典專譚實相，而此則兼之
> 命宗。蓋妙竅同玄實大乘之秘旨……藏神守氣則食母之學也……有
> 情有信則重玄之秘也……。〔註6〕

他以爲莊子是性命兼修的，這點受到近代學者的重視。但是陸西星所說的命宗，並不是一般所謂「氣功」意義下的煉氣法。他是指「妙竅重玄」，陸氏此語是指陰陽雙修式的性命雙修。那麼，陸西星心中莊子和大乘佛學都涉及了陰陽雙修，而大乘佛學和陰陽雙修有關的只有密宗。從這裡可以推想陸西星也許學過密宗的雙修法，至於是否受其影響，若有影響又是什麼性質的影響，我們並沒有證據可以回答。不過，從陸西星極力加強性功在性命雙修中的比重這個特徵來推測，他可能有受到密宗雙修法的啓發吧！

　　陸西星自己提出的影響來源是元末的陳致虛。陳號上陽子，是全眞教馬丹陽下的一個旁支。他本人的修法是融合南北宗而成，即清修與陰陽。這個結合不知是始於上陽子本人，或是其前輩已然如此，重要的是陸西星在文獻中是以上陽子的著作爲範本的。在《參同契測疏》一書中陸西星甚至說：「其宗旨則上陽也，其文則己也。」〔註7〕二人關係之深可以概見。

　　綜合以上資料，可知大傳統中儒釋道三教的義理都影響到他，小傳統中的呂洞賓、陳致虛也影響他。陸西星本人也是並存於大小傳統中。本文的範圍則限定在其道教方面的著作，尤其是這些著作中命功相關的部份。

　　由於道教修行法本來就有不以至要者著於紙上的傳統，加上唐宋以後更利用一套隱語寓言來表達，要理解其內容並不容易。在這種修件下我們只能

〔註3〕見附錄之八哀詩。
〔註4〕見〈三藏眞詮序〉。
〔註5〕見〈楞嚴經說約序〉，收於《日本續藏經》第一集第八十九冊。
〔註6〕引用者爲萬曆乙酉孫大綬刻本，收於《於中國子學名著》第五十八本，頁17
　　　～19。
〔註7〕見《方壺外史》，頁410。

用歸納比較的方法，逐步釐清一些名詞的含義，再結合成一個較全面的內容。但即使這樣，我們所能了解的也只是關鍵性的思路，細節或實際的做法如何，仍是不清楚。

實際處理時，我們先從陸西星自著的《玄膚論》著手，鉤勒其說法的大概輪廓。其次是分析其在《老子玄覽》一書中如何將陰陽雙修的觀點帶入老子的解釋中。其次拿他的〈悟眞篇小序〉和〈悟眞篇三註〉比較，以凸顯他和龍虎丹法的不同。其次拿他的《參同契測疏》和仇兆鰲的《參同契集註》比較，以凸顯陸西星丹法在彼家丹法中的特徵。再其次則介紹《玄微心印》和《三峰丹訣》二書，此二書不大談理論，談的是實際的做法。拿它們和前述正統丹經比較，可以幫助我們拓寬對陰陽雙修丹法的理論與實際的了解。

以上構成本文的主體。另外我們用一章的篇幅，介紹房中術在歷史上的大略面貌，因爲時間及學力所限，這個部份並不完整，我們的目的是以之爲了解陸西星丹法的背景。我們所謂的背景只是形式上各派思路上的對照，並沒有實際上的歷史聯繫。

本文的主題狹深而瑣碎，但我們的目的是爲了進一步探索房中術這個道教修法中重要成員之底蘊，從中發掘部份中國人對性之問題表現的特殊看法與作爲，增益我們對中國人精神結構的認識。在這樣的心態與視野下，本文之作有其思想史上的關懷。

第二章　陸西星生平

　　《四庫全書》子部道家類存目，《南華經副墨》下曰：

　　　　明陸西星撰，西星字長庚，號方壺外史。不知何許人……書首有其

　　　　從子律序，作於萬曆戊寅，則與（焦）竑相距亦不遠也。

　　《南華經副墨》為明末清初頗為風行的書，而其作者身世隱晦，於修《四庫
全書》者已不知其為何許人。近代學術界則唯有柳存仁先生因為研究《封神
演義》一書的作者問題，而對陸西星有較全面的研究。本文所述即承柳先生
的成果而來，柳文所用的材料以方志及陸氏摯友宗臣之文章為主，筆者則益
以《三藏真詮》及陸氏其它各書的序跋。

　　陸西星字長庚，其號不止一個。為道士時號「潛虛子」，為佛教居士時號
「蘊空居士」。以下是陸氏所著各書的署名：

　　淮海參學小臣陸西星 —— 方壺外史

　　淮海潛虛陸西星 —— 方壺外史

　　淮海參學子陸西星 —— 方壺外史

　　淮海潛虛陸西星長庚 —— 方壺外史

　　淮海參學弟子潛虛陸西星 —— 方壺外史

　　淮海潛虛子 —— 方壺外史

　　淮海參學弟子陸西星長庚 —— 方壺外史

　　淮海參學弟子潛虛陸西星長庚 —— 方壺外史

　　清虛洞天侍者潛虛子陸西星 —— 三藏真詮

　　方壺外史陸西星長庚 —— 南華經副墨

　　淮海參佛弟子蘊空居士陸西星長庚 —— 楞嚴說約、述旨

從以上的署名裡，大概可以顯示出陸西星思想變化的軌跡。

陸西星出生在揚州府興化縣，從〈楞嚴經述旨題辭〉〔註1〕可知道他出生在 1520 年。因爲此文寫於萬曆二十九年，時陸氏八十二歲。從《三藏眞詮》得知他生日在十二月十四日。〔註2〕父親以易學名於世，早逝；母姓張；其弟陸原博約之，「能詩能書能畫，又能精歧黃家言」。此外當尚有一弟〔註3〕其侄陸律也是名詩人。〔註4〕

西星與其摯友宗臣是當時興化縣裡兩個最有名氣的人，二人也惺惺相惜。長庚嘗對其母說：

> 兒讀天下之書，見天下之士者至眾矣，乃無逾斯人者，淵停岳峙矣，
> 非兒不能友之。〔註5〕

不過二人的際遇都有很大的差別。宗臣在萬曆二十八和二十九年接連通過省試與殿試，而陸氏省試九度失利。《興化縣志》說他

> 九試棘闈不第，遂棄儒服，冠黃冠，爲方外之遊。〔註6〕

但確切年代頗不易確定。〈三藏眞詮序〉」告訴我們

> 星剪劣，於道固聞，爰自丁未（1547）之秋，偶以因緣遭際，得與
> 四溟姚君，同被師眷。〔註7〕

則長庚爲道士之年代必是在丁未之後，同書戊申（1548）年下自記

> 春正月，授道始此

〔註1〕 收入《續藏經》第八十九冊，頁 177～178。台北：中國佛教會影印。
〔註2〕 見《三藏眞詮》，頁 155。台北：民國 71 年，自由出版社影印。此書是陸西星與各路仙佛接觸的傳道實錄，是陸氏在 1566 年將他自己所紀錄的，及趙栻、姚更生二人所紀錄者抄錄成帙。起自 1547 丁未，止於 1572 壬申。「析爲三卷，一曰法藏、二曰華藏、三曰論藏。法言道、華言詞、論言論也。」（自序）今天我們看到的只有法藏而已。而法藏是最緊要的，「法藏則師命其嚴，永不可示，有盟天。其盟曰：寧售已盜，無示法藏，天監在茲，永矢勿忘。」本書紀錄了各派的修法，間有一些關於陸氏生平的線索，而其實錄的形式也可以和陸氏自著的系統性理論作一對比，是研究陸西星的重要資料。
〔註3〕 見宗臣〈陸長庚母夫人敍〉，《宗子相集》卷十二。收入《四庫全書》子部別集類。台北：商務印書館影印。宗臣是陸西星的縣學同學，二人在興化縣齊名。宗臣又和李攀龍等人同爲嘉靖七子之一，陸氏可能透過宗臣而認識了七子中的其它人。
〔註4〕 見《興化縣志》，卷八人物。律著有《從吾集》。
〔註5〕 見宗臣前引文。
〔註6〕 見《興化縣志》。
〔註7〕 《三藏眞詮》，頁2。

夏，是日始告盟

則（1548）戊申有可能是長庚冠黃冠之年。同書又記

　　庚辛壬癸（1550～1553）四年，星衣食奔走，與師契闊，至甲寅
　　（1554）而星以內艱歸，乙卯（1555）復與師遇而傳地元。〔註8〕

據此則乙卯之後為另一可能。相較之下以乙卯之後可能性較強。再從宗臣之
文來看，

　　（長庚曰）「余豪士也，豈困一第哉，顧獨念母夫人教我者勤也。且
　　何以慰先君子地下。」蓋長庚尊君以易學名世，卒乃蘿荔其身以老，
　　以故長庚之念深焉。〔註9〕

可見長庚所以屢挫屢奮，告慰父母及減輕家庭負擔的成份要大於對名利的追
求。終其一生，長庚都不富裕，他的書除稿本外都是別人出錢刊印的。〔註10〕
最後長庚終於決定，

　　吾終不能以世俗事吾母。〔註11〕

此應是長庚最有可能冠黃冠的時機，可見在此之前是以世俗事（名利）事其母。
而據宗臣文今年興化「島寇急」，「（宗臣）以參藩過里」，「（長庚）太夫人以今
年六秩矣」。據《興化縣志》，興化在萬曆丁巳、己未二年有寇警，〔註12〕而《三
藏真詮》說：

　　戊午己未庚申，予皆客金臺。〔註13〕

可知二人能在興化見面又有寇警者，只有丁巳（1557）年。而宗臣的參藩，
是因為楊繼盛而得罪嚴嵩，被外轉為福建參議，其事在丁巳（1557）春。從
以上材料可歸納二點：

　　1. 長庚之母在1557年時六十歲，則其生年在1458，二十二歲時生長庚。

〔註8〕　前引書，頁11至12。

〔註9〕　宗臣前引文。

〔註10〕　為他刊印《方壺外史》叢編的是趙宋。趙宋官至上大夫，是陸氏的同學，也
　　　　是其道侶趙栻的伯弟。而《南華真經副墨》初版時不知誰刻，但萬曆乙酉孫
　　　　大綬重刻本序則說「雖已有善本行於世，顧若而人者，非思附往以博名，即
　　　　高直以規利，非欲公之人人也。」據此可能是書商所刻，而價錢不低。而《楞
　　　　嚴經述旨》《楞伽經句義通說》則是李戴請淮揚二守刻之郡齋。短篇的《楞嚴
　　　　經說約》則無刻者之紀錄。

〔註11〕　宗臣前引文。

〔註12〕　見《興化縣志》卷一。

〔註13〕　見《三藏真詮》，頁29。

2. 長庚從 1547 開始與呂純陽遭遇，這時他可能已放棄科舉之途，不過他在 1557 才眞正放棄「以世俗事母」的途徑。

1558 到 1560 陸氏皆客居金臺，他爲什麼而去，在那裡作了什麼，皆無資料可考。萬曆辛酉（1561），長庚回到興化，似乎經濟上較有起色，

> 予以是年得地於灌河之濱，其東闢爲大園，建宅於高樹之西。〔註14〕

建宅之前某一天，有仙降於其學侶趙邐陽之家，長庚卜居，該仙在說了地點之後，接著說：

> 子近見聞若何，可惜哉，本是清微骨，卻作黃金奴，世間第一流不會學，而往來冰雪間，何謬若如此。〔註15〕

若此說可信，則客居金臺之三年與 1550 到 1553 年，四年之爲衣食奔走，大概頗相類似，只是有了固定的工作地點而已。不過此時工作之目的，除了養家外，蓋房子可能是主要目的。此屋選擇較特別的地理環境，其用途可能在適合煉丹之用，因煉丹講求道侶財地四者缺一不可。

房子可能在 1564 甲子年才落成，因爲 1561 到 1563 年皆無傳道紀錄，1564 甲子年有三條。前二條卻在趙邐陽家。其中第二條說「五八又三三，陸生時進第」，我們推測這是指房子落成喬遷而言。由於有了適當地點，經濟經礎，道侶，那麼修道所必須的「道侶財地」四者，就只缺道了。甲子年第三條有如下紀錄：

> 法祖純陽老師降予宅，授予論人元。〔註16〕

道士煉丹分天地人三種，人元即陰陽雙修的法門。陸氏作爲東派開派祖師，即因其倡導雙修的修法。從 1547 到 1564 相隔十八年才將看家本領相授，可見房子落成是重要的因素。而檢視長庚刊印之作品，最早者即刊於 1564 年。他在序中說：

> 甲子嘉平，予乃遯於荒野，……復感恩師示夢，去彼掛此，遂大感悟，追憶曩所授語，十得八九，參以契論經歌……恍若有得，乃作是篇。〔註17〕

可知 1564 年年底是長庚全面投入修煉、著述的開始。對他來說正是兌現 1557 年所說「吾終不能以世俗事吾母」的豪語。這段著述期大概維持到 1573 年《周

〔註14〕前引書，頁 33。

〔註15〕同前。

〔註16〕前引書，頁 35。

〔註17〕〈金丹就正篇序〉，見《方壺外史》，頁 221。台北：民國 71 年，自由出版社影印。

易參同契口義》完成左右，因有部份著作沒有寫作年月紀錄。此時長庚的夫人重病將去世。《三藏真詮》也紀錄到 1572 年爲止。到 1576 年寫《南華經副墨》時，長庚已從性命雙修轉到偏向性宗之發揮，將 1573 到 1576 視爲過渡期是合理的，那麼將 1547～1573 視作道教前期應當可以成立。

1564～1573 長庚一直都住在灌河之濱的家裡，直到 1573 夏天，「內子抱癉，將還造化，予乃僦地北里，俟命晨夕。」〔註 18〕此後，我們就很難找到有關他的線索。似乎不久夫人過世，陸氏就開始了遊方的生活。從 1578 年爲《南華真經副墨》所寫的序中，知道他前此三年各處雲遊，在途中寫作《南華真經副墨》。〔註 19〕

再往後只知他 1596 年刻《楞嚴說約》，1601 冬天到京師，見到了曾爲興化知縣的好友李戴，由李戴出面請淮揚二守刻《楞嚴經述旨》和《楞伽句義通說》二書。我們關於他的最後消息是：1661 年五月，潞河（京都附近）舟中，時年八十一。〔註 20〕

在 1573 之前，陸西星有兩次長期離家，後一次在金臺三年，不知從事什麼工作。前一次則衣食奔走，似未有固定停留之地。據柳存仁先生言，長庚在三十出頭時作《封神演義》，〔註 21〕若此說屬實，則陸西星作該書之時間可能就在 1550 至 1553 這四年間，其離開家鄉可能是應書賈之聘。而且陸西星從 1547 年即已拜呂純陽爲師，雖不知他是否已爲黃冠，但是思想上傾向道教是不成問題的。這和《封神演義》將慈航、燃燈等佛教人物安排作元始天尊的徒弟，在思想傾向上是相應的。

以上就是我們能收集到的陸西星傳記資料，而根據柳存仁先生的說法，陸西星有妻且有二子，本人死時在平望舖火化。〔註 22〕由於柳先生未註明詳

〔註 18〕見周易參同契口義初稿引，《方壺外史》，頁 531。
〔註 19〕見《南華真經副墨》自序，頁 23，其言曰：「遊歷江湖，佩之奚囊，三易歲乃脫草。」我們看到的是明萬曆乙酉孫大綬刻本，但此本不是初刻，孫序曰：「雖已有善本行於世，顧若而人者，非思附往以博名，即高直以規利，非欲公之人人也。」陸氏之書竟能以之規利，則其流行普及程度當甚高。焦竑於萬曆戊子（1588）作《莊子翼》時即大量引用其說，憨山德清作《莊子內篇註》時也以陸氏以佛解莊，三教合一的說法爲批判對象。
〔註 20〕見〈楞嚴經述旨題辭〉。
〔註 21〕見柳存仁，Lu Hsi-Hsing: A Confucian Scholar, Taoist Prist and Buddist Devotee of The Sixteen Century.
〔註 22〕同前。

細資料來源，故我們無法覆查，只能附記於此。倒是《三藏眞詮》在隆慶元年有一條紀錄或可爲旁證：

> 陸生聽，子妻兒婦皆小疴也，汝欲如何？〔註23〕

雖不能確定有幾子，但至少說明他有兒子。

除了陸氏個人的記錄，我們也嘗試從他的交遊對象上側面描繪他的活動範圍，然因學力所限，及與陸氏交往的人亦少有留下紀錄者，故這方面效果甚微，只有前文引用的宗臣之文章眞正具有史料價值。但是我們仍想略考其交遊之範圍以便進一步尋找相關資料。

在文學方面，〈八哀詩〉所記除韓貞外，大概都是（見附錄）。其中之禹龍死於 1555 年。〔註24〕

從陸西生修道秘錄《三藏眞詮》，我們可以了解陸氏最親密的道友是姚更生和趙栻二人。他在該書序上說：

> 星剪劣，於道周聞，爰自丁未之秋，偶以因緣遭際，得與四溟姚君，
>
> 同被師眷……其後遵陽趙君又以姚君遭際，同侍師門。〔註25〕

姚趙二人和陸西星合作的時間不同，趙栻何時加入這個集團書中無明確記載。但檢視全書，其人在 1558～1560 陸西星客居金臺的三年間才有授道紀錄，可能是此時姚更生需要修道伙伴而引進的。陸西星《方壺外史》叢編中的很多文章都是由此二人校對，二人也在陸氏《老子玄覽》一書中作序。趙栻有個堂弟叫趙宋，號崑丘外史，官至上大夫，出錢刊印《方壺外史》叢編。〔註26〕另外有個寘懷逸王郜，亦在趙宋刊印的《玄膚論》上寫序。〔註27〕

此外，修道後期出現幾個身份不明之女子，有「明姬」、「四姬」、「客姬」等三人。〔註28〕不知是與陸氏等三人一起進行人元雙修的女冠，或是擔任乩童。

曾任興化知縣的李戴和陸西星的交情不惡，晚年幫他找人刻《楞嚴經述旨》、《說約》、和《楞伽句義通說》等書。〔註29〕李是隆慶二年進士，旋除興

〔註23〕見《三藏眞詮》，頁 77。
〔註24〕見宗臣，〈報陸長庚〉，《宗子相集》卷十四。台北：商務印書館影印《四庫全書》第 1287 冊。
〔註25〕見《三藏眞詮》，頁 2。
〔註26〕見《方壺外史》叢編，頁 3。
〔註27〕見《方壺外史》叢編，頁 185 至 186。
〔註28〕見《三藏眞詮》，頁 203、205。
〔註29〕見其爲《楞嚴經述旨》、《說約》二書寫的序。

化知縣，爲官相當寬厚。〔註30〕

大學士李春芳和陸西星亦有往來，時間當在李氏辭官返鄉的幾年。李氏早年即在朝廷寫青詞，陸氏說他「晚歲頗好道」，〔註31〕二人可能在道教知識方面互相切磋而結交。

泰州學派的陶匠韓貞和陸氏也很熟，二人在哲學上不知有無互相影響。

陸西星最重要的朋友可能是嘉靖七子之一的宗臣，二人從小同學兼密友，在文學才華上也堪匹敵。二人寫給對方的詩也各保存幾首下來，宗臣也給陸西星二封信，但這些都無法幫助我們進一步了解陸氏生平細節。值得注意的是宗臣中進士後，結識了嘉靖七子的另外六人，陸西星是否會透過宗臣與這些人認識呢？宗臣在 1554 年因病回鄉，1557 年被外放福建時也經過家鄉，這二年陸西星都在興化，二人一定都見了面，而據《揚州府志》，宗臣讀書的芙渠館中有一卷七子遺像，〔註32〕那麼七子確是曾在興化會合，以宗陸二人之交情，沒有理由不介紹他們認識。七子都是名人，也許從他們的集子中會找到一些陸西星的資料，遺憾未能如願檢得。

以上是我們所能找到的有關陸西星之人際網絡，大部是在興化縣內，1573年之前。此後他妻子已死，開始雲遊四海。他在那一年開始出遊不能確定，只知在 1576 年開始寫《南華經副墨》時已在途中。我們猜測是在其妻死後才進行人元雙修的修煉，因爲在《三藏眞詮》隆慶四年（1570）九月二十一日下有一條記載：

> 面眞姑於山子，三更候姑，感念而來，自稱媛也。謂予：始志何銳，
>
> 今復逗留，是先生能教人而反不能自成矣。〔註33〕

從語氣看來，此眞姑可能還是陸西星的後學晚輩，不然何以稱陸氏爲先生。而且此時陸西星仍是能教人而不能以自成」。我們想陸西星乃不爲也，非不能也。因妻仍在。同書在隆慶元年十一月二十四日下記載曰：

〔註30〕《明史》本傳說「張居正尚名法，四方大吏承風刻覈，戴獨行之以寬。」見《明史》卷 255。

〔註31〕《明史》本傳說他「嘉靖二十六年舉進士第一，除修撰，簡入西苑撰青詞，大被帝眷……不以勢凌人……春芳歸父母尚無恙，晨夕置酒食爲樂，鄉里豔之。父母歿數年乃卒，年七十五。」見《明史》卷一百九十三。他們二人之交往可能在李春芳返鄉的這段時間。

〔註32〕見《揚州府志》（1810 年編修）卷三十三，古蹟。

〔註33〕見《三藏眞詮》，頁 213。

陸生有不了者三：老鼎在堂、遺君未妥、法財未聚。〔註34〕

可見妻未死是修道的障礙之一。若如此，則陸西星應該是在 1573 年其妻死後才進行採藥。若算他從 1574 年開始，片餉得藥，十月溫養，三年抱元守一，那麼他要雲遊可能要在 1576 年左右。也就是說，陸西星開始雲遊的時間和開始寫《南華經副墨》的時間約略相等。

此後的陸西星過的是「玩世爲適，度人爲功」的生活，我們眞的不知道他是「何許人也」了。

〔註34〕見《三藏眞詮》，頁 102。

第三章　陸西星的道教修法（上）

第一節　陸西星自己著作中所見之修法

　　陸西星本人寫的專著在其全部作品中所佔的地位並不大，其作品大部份都是以註疏的形式出現。他自己創作的專著有《玄膚論》、《金丹就正篇》、《金丹大旨圖》、《七破論》等，其中以《玄膚論》最完整，這些都收在《方壺外史》叢編之中。

　　要了解陸氏丹法之內容可從他贊成或反對的對象入手。道教內丹通常都不反對成仙應當性命雙修，但性功很少成爲道教內部爭論的對象，只要有助於修養的他們都不排拒，有些人雖然也跟著說性命雙修，卻不把性功當一回事，因此這個部份我們就不在此討論。陸西星本人關於性功的發揮有很多，除了附屬於道教方面的作品之外，也有獨立的《南華副墨》、《楞嚴經述旨》等重量級作品，值得放在明代主流思想界的脈絡中觀察，但那需要專文處理，非此處所宜。

　　陸氏本人的立場在他對「三元」的看法中有所透露：

> 愚聞之師曰：丹有三元，皆可了命。三元者，天元地元人元之謂也。
> 天元者謂之神丹，上水下火煉於神室之中……其道則軒轅之龍虎，
> 旌陽之石涵言之備矣。地元謂之靈丹……點金化石，而成至寶……
> 但可濟世而不可以輕身。……人元者謂之大丹，大丹者挪鼎於外，
> 煉藥於內，取坎塡離盜機逆用，故了命之學，其切近而精實者，莫
> 要於人元。……宇宙在手，萬化生身，鬼神不能測其機，陰陽不能

逃其算者人元也。〔註1〕

可知陸西星在傳統道教修法中走的是人元的路線,這一點在王邰爲《玄膚論》寫的序中也有交代:

> 首三元統言三才丹法之全,次內藥外藥以下論,十九則專以人元言之。〔註2〕

專以人元言之並不表示只懂人元,事實上縱觀陸西星修道秘錄《三藏眞詮》一書所載,他不只三元皆通,他對堪輿醫術及一些較次要的子法也懂得不少。我們所討論的僅限於具有陸西星個人特色的部份,也就是使代成爲一派宗師的部份。

陸西星也沒有以爲人元是三元中最大最有效的,但人元卻是最「切近而精實者」,也就是修行者本人最易於把握者。然而這裡顯然遺漏了內丹中另一大派別,即清淨無爲法。另有一種三元的說法是以清淨法爲天元,而將此天地二元合併爲地元。陸西星不採用此說法是因爲:清淨法只有對未破體的少年人有效,但未破體而已知修行者是少之又少,故不將此法列入三元之中。但事實上他的人元修法大量吸收清淨法,從而與別家的人元修法有別。只是關鍵之處仍是人元的想法。所以他批評清淨派的俞琰:

> 星自早歲即雅志斯道……始爲註師俞琰指以清淨無爲之道,凡言身外之修,一切斥爲旁門……固守先入,堅不可破……予讀書至此不能無疑。〔註3〕

陸氏以爲俞琰的清淨修法是不充分的,並不是說此法一無是處,而是其適用範圍過於狹窄,他說:

> 吾之一身豈無精而顧取之彼乎?曰:誠有之,未竟其說。吾嘗沒溺於玉吾老叟(俞琰)之論,而今始悟。子請靜聽,吾試言之……斯時也(赤子)先天之體渾淪完固,何假於取,何事於塡,……及夫情竇一開,陰陽交感……〔註4〕

又說:

> 且夫上藥三品,神與炁精,凡吾所具於先天者,渾淪未鑿,何假修

〔註1〕見《方壺外史》,頁194。
〔註2〕見《方壺外史》,頁185。
〔註3〕見《方壺外史》,頁219。
〔註4〕見《方壺外史》,頁222。

煉，故童初之子皆聖胎也。〔註5〕

只有在情竇未開之前，先天的精氣神仍完固，可以用清淨法持續此一狀態，故不須取坎塡離。若是先天之精氣神因情竇已開而落於後天有形有質之中，就向外求先天眞乙之氣以補我離中一畫之缺。若於此時仍行清淨法，不免落入「鼎內若無眞種子，猶將水火煮空鐺」的窘境。人元丹法強調的就是此一眞種子，故人元丹又稱栽接法，喻如無根之枝仍可接枝於他株而續命。

　　比較二種三元說，陸西星採用的並不是較好的一種，因爲地元既無輕身之功又何能名爲丹？清淨法雖施用範圍有限卻有成仙的可能，在理上不得不給它丹的地位。但是此說在歷史上卻較爲流行，而在《三藏眞詮》中也是持此說，那就難怪陸西星會取此立場了。

　　煉人元丹法有縱橫二面。橫切面有鼎器、藥物、火候三個成份；縱切面有築基、採藥、溫養三個過程。爲了適應陸氏丹法的特色，我們採用縱的程序爲敍述架構。

一、煉己築基

　　在這個階段陸西星並未涉及鼎器問題，因爲他是以清淨無爲法來進行的。他稱這個階段爲「玉液煉己」：

> 何謂玉液？玉者溫潤貞純之喻……夫煉性者損之又損，克去己欲，務使溫潤貞純與比玉德，則己之內煉熟矣，內煉既熟然後可以臨爐採藥。〔註6〕

這是和第二階段的金液還丹相對而言的。此時是清淨無爲法，採藥則是有爲法。大部份人元丹法都是從頭到尾以有爲法行之。陸西星是很認眞的主張性命雙修的，他說：

> 或言釋氏了性，道家了命，非通論也。夫佛無我相，破貪著之見也。道言守母，貴無名之始也。不知性安知命耶？既知命矣，性可遺耶？故論性而不淪於空，命在其中矣；守母而復歸於朴，性在其中矣。是謂了命關於性地，是謂形神俱妙與道合眞矣。〔註7〕

不只是佛道教之間被視爲有此分別，道教自身的南北宗亦被如此分別，道家

〔註5〕見《方壺外史》，頁194。
〔註6〕見《方壺外史》，頁201。
〔註7〕見《方壺外史》，頁202。

與道教之間亦然，實非篤論。性命在各個領域內都是允許雙修的，只是大傳統的主流思想界往往以爲性功有獨立的價值，可以單修而成。而若要單修命功則只有淪入小傳統中的術數範疇了。

　　陸西星在這個階段並不只是講求精神性的煉己，也有屬於清淨法的命功，二者互相作用，而用「神」的觀念加以串連，建立了「神統論」。他說：

　　　　故神住則精凝，精凝則炁歸，炁歸則丹結。〔註8〕

此處所謂之「炁」乃是來自少女的先天之氣，炁歸即採藥歸於身中之意。也就是說採藥是以精凝爲前提的，而精如何凝呢？他說：

　　　　故修眞之士，莫要於養神，神即性也，性定則神自安，神安則精自
　　　　住，精住則氣自生。〔註9〕

此處所謂之氣生和前面的炁歸不同，此氣是後天之氣，由我之精轉化而成。不管是煉己時的後天氣或採藥時的先天氣都必須以神住神安爲條件，而陸西星又將神等同於性，於是他的養神就同時包含了精神與肉體二部份。我們以他的肉體方面爲重點。

　　上藥三品神與炁精，精屬男，炁屬女，神即性爲二者所共有，陸西星作此安排是爲了在煉己時方便以清淨法爲主，因爲並不是所有人都這麼做的。在首尾皆用雙修的派別而言，就不必強調神統精炁，只要著重炁的取得即可。陸西星特色表現在對「河車」的看法上，何謂河車：

　　　　要知河車之路乃吾身前後任督二脈也。〔註10〕

在採藥之前打通任督二脈是必要的步驟，如此才能神氣互融，使精能安住體內，使採得之外藥能進入氣海。這就是開關展竅。

　　要如何開關展竅呢？在介紹陸西星的說法之前先介紹他反對的說法。

　　　　夫百日而清修，片餉而得藥，十月而行火，脫胎神化，改形而仙。
　　　　〔註11〕

　　　　開關展竅，離形交炁之說，而今乃有之，……大道之厄，斯人爲之
　　　　也。〔註12〕

明言煉己是以清修爲主，亦可知離形交炁不是清修法。不過陸氏並未明言此

〔註8〕見《方壺外史》，頁199。
〔註9〕見《方壺外史》，頁200。
〔註10〕見《方壺外史》，頁206。
〔註11〕見《方壺外史》，頁229。
〔註12〕見《方壺外史》，頁230。

說是何人的主張。清代李涵虛在〈道竅談〉中說：

> 孫教鸞眞人云：修身之人必先用鼎以開關竅。又曰：鼎器者靈父靈
>
> 母也。……鼎器立則神氣交，神氣交則積累厚，積累厚則衝突健，
>
> 衝突健則關竅展，關竅展則逆運之途闢，而河車之路通矣。〔註13〕

此說是將陸氏指責者坐實爲孫教鸞眞人的修法，此說當是根據孫汝忠的「金
丹眞傳」而來。〔註14〕李涵虛以爲開關展竅爲逆運河車，此固不誤，但問題
的重點不在採藥前要不要先通河車，而是要以何方法通河車。孫教鸞用鼎器
（即女子）以開關竅被陸西星指爲大道之厄，但倒是陸氏的說法爲異類。陸
氏修法在採藥時亦要用到女子，卻反對在煉己時用女子，這透露了陸氏修法
中的緊張性。他既跨入了人元雙修的途徑，卻要在最大限度內用清淨法，也
可說是雙修法在理論上的說服力及實際的效果上都使他無法抗拒。但他的哲
學興趣及早年受俞琰的影響，卻使他無法忘記清修法和整體人格連接時所具
有的優越性。《三藏眞詮》載有一開關法可參考：

> 風道乃任督二脈，彼此吹之，引風入其道，即是開關展竅。其橐籥
>
> 以葱爲之。〔註15〕

陸氏在正式著作中並沒有採用此說法，他只相信積精累氣以開關竅是值得推
行的。

　　要順利開關竅，關鍵之處在於養神是否成功。養神又分凝神及澄神二部
份。先說澄神

> 藏神者凝神也。凝神之要莫先於澄神，澄神之要莫先於遣欲。〔註16〕

可見他的修定不只技術性的層面，也有精神面的排遣，如馬丹陽要求心源氣
海表裡清淨。引周敦頤無欲故靜的話說明無欲即遣欲之盡也。他在這個方面
的說明有很濃的佛教色彩，他說：

> 所謂心者有二焉，擾神之心乃妄心也，好靜之心乃眞心也，既有妄
>
> 心即驚其神，其神可得清乎？既驚其神即著萬物，既著萬物即生貪

〔註13〕見《道竅談》，頁5。台北：自由出版社。李氏以爲陸西星和孫教鸞並不衝突，
　　　　陸氏並不是反開關竅，而是惋惜人不能常保河車路通，而需要人爲的開關竅
　　　　以爲補救。李氏顯然誤解了陸西星的立場，陸氏的確不反對開關竅，他反對
　　　　的是以清修以外的方式開關竅。

〔註14〕此書成於萬曆四十三年，書中稱其父孫教鸞弘治十七年生，得道後壽至臺耄，
　　　　以此傳之弟子，故又稱其父爲父師。李涵虛提及的孫教鸞可能即出自此。

〔註15〕見《三藏眞詮》，頁54。

〔註16〕見《方壺外史》，頁206。

> 求，既生貪求即是煩惱。煩惱妄想，憂苦身心，心可得而清乎？故
> 澄神之要莫先於遣欲……惟見於空則人空矣。空無所空，六欲不生，
> 而心靜矣。心靜則神自清。〔註17〕

從文中不難看出他對如何靜心有一套層層深入的說法，雖是取自佛教思想，
但是以道教徒而言，能對佛教有這樣的了解與契入已是很不容易。更何況他
是一個人元雙修家，和色情有糾纏不清的關係。這些想法在他晚年註《楞嚴
經》時有進一步的發揮。陸西星自己對這套說法也頗自得，他說：

> 遣欲澄神之說，百世以俟聖人，不易吾言矣。〔註18〕

身為道教徒而想和聖人比肩，其人之雄心亦可由此略窺。

澄神之後有所謂養神，養神是韜神之光使勿露也。他說：

> 神之為物，愈澄則愈清，愈清則愈明。蓋定能生慧，故靈光煥發，旁
> 燭洞達，莫可蓋藏。……若用之不已，則太露而反傷於本性。〔註19〕

在道家而言，盡心竭力是大忌，而喜歡從容猶豫，大巧若拙，無非為了長保
清明恬淡之自我。陸西星此處正繼承了此一思路，故又引《莊子》知恬交相
養的話來形容其養神之說。

養神之後才是凝神，凝神即是藏神，欲藏神先須明神室何在。他說：

> 吾聞之紫清仙師曰：人有三谷，乃元神之室，靈性之所存也。……
> 人身之中，上曰天谷，泥丸是也；中曰應谷，絳宮是也；下曰靈谷，
> 關元是也，此三谷者神皆居之……靈谷者藏修之密室也……元神居
> 於靈谷則視者返，聽者收，神氣相守而營魄為之抱一矣。〔註20〕

他以為丹田氣海是藏神之所在，此和「凝神入氣穴」一語正相呼應，收視返
聽，歸根復命，致虛守靜等工夫都要在這裡做，故他說「凝神者入玄之要旨，
丹家之第一義也。」對道教修行而言，凝神比之澄神養神等要更為根本與實
際。然而要如何進行呢？他說：

> 所謂凝者非塊然不動之謂也，乃以神入於氣穴之中與之相守而不離
> 也。〔註21〕

他稱這種神氣相守於氣海的工夫叫「踵息」，相對於平常出入以喉的凡息，二

〔註17〕見《方壺外史》，頁207。
〔註18〕見《方壺外史》，頁207。
〔註19〕見《方壺外史》，頁208。
〔註20〕見《方壺外史》，頁205。
〔註21〕見《方壺外史》，頁209。

者的差別在於是否有自覺，他說：

> 眾人之息，非不以踵也，但神有不存，縱其出入焉而不自覺，若以
> 喉耳。眞人則神依於息而深入於本穴之中，綿綿若存，無少間斷。
> 〔註22〕

這種深入綿長的呼吸方式又稱胎息，因爲道教以爲人在母胎中時即是透過此
穴與母相通，踵息即重新恢復到受生之初的一體渾淪，神氣未分。神氣共存
於氣穴之中，久之靜極復動，神會隨氣機上升於泥丸，於是河車之路始通。
此時之氣是體內之精所化，並不是先前的外氣。到了眞氣與神會於泥丸這一
步，內煉的工夫已大致完成，只要進一步熟煉就可進行採藥了。

　　但是要如何才能使神氣相守呢？他以爲：

> 凝神之法自調息始，調息者，依息之謂也。〔註23〕

即要控制呼吸之頻率與速度，使其平均而緩慢。但是又不能過於著意，流於
以心逐氣之病，要勿助勿忘，順其自然。他說：

> 凡息既停則眞息自動。而凡息之所以停者，非有心以屏之也。虛極
> 靜篤，故心愈細而氣俞微。〔註24〕

他已經能掌握心念之細少和氣息之精微是成正比的關係，想以心控制氣正是
一種念，不僅無助於氣之自動，且會造成干擾，心煩意燥。所以他說：

> 今之論者，但知調息，而忽不知其落於以心逐氣之病。蓋以凡夫燥
> 競之心，未閑調習，一旦使之依息，心豈肯自依，未免著意，著意
> 則氣未平而心先動矣。豈非復以氣而役神乎？〔註25〕

以氣役神就顛倒了二者所應有的關係，也就無法進行採藥了。要使神能依於
息而上下，必須先在心上下工夫，把向外探索，奔逸不定的心能恢復其虛靜
之本性。如何調心呢？他說：

> 攝念歸靜，行住坐臥，常在腔子裡，久久純熟，積習生常，自然澡
> 雪柔埏，與息相和也。〔註26〕

只要煉心純熟，以下內煉的各項工夫就如水到渠成。由調息而凝神，由凝神
而通河車之路，如盈科後進，並無勉強滯澀之處，也不必強調防危慮險。

〔註22〕見《方壺外史》，頁208至210。
〔註23〕見《方壺外史》，頁210。
〔註24〕見《方壺外史》，頁210。
〔註25〕見《方壺外史》，頁210。
〔註26〕見《方壺外史》，頁211。

　　如果陸西星的丹法只到此為止，或沿此路直線前進，那陸西星充其量只是一個出色的全真派道士而已，在道教史上的意義也一定和現在大大不同。但是他並沒有這麼做，他在採藥這個階段持人元雙修的立場。

二、採　藥

　　在煉己純熟後，只要一時半刻即可完成採藥工作，但是它牽涉到的問題卻與它所需的時間不成比例。其中主要的是藥物問題，火候也很複雜，不過陸西星已將它簡化到最大限度，繁雜的細節規定被賦予很大的彈性。

　　首先談藥物問題。他認為只有人元之學才有內外藥的分別，他說：

　　　　夫人元之學，刱鼎於外，而煉藥於內，於是始有內外藥之分。〔註27〕

人元與天元外丹或清淨法都不同，它雖鼎在身外，煉藥卻在身內。而且它的藥不是世間後天地生有形有質之凡物，而是同類有情中採得的先天大藥。但為何此藥可從同類中取得呢？他以為男精女氣都來自同一太極之所分，我渾淪之體已破，故取未破體者之先天真乙之氣補我之缺。但是為何從同類中之異性採藥，而不是從同性處採得呢？為何取坎填離而不是取乾填離呢？這個可能性並未被人元雙修者討論過，他們視之為自明的前提。不過也可能有一個答案，即從《陰符經》而來的「盜機逆用」。因天地人物之化生是種胎於坎宮，此落入後天生死循環之中。若要逃脫五行限界就要逆種於離宮，這就是他們常說的「順則成人，逆則成丹」的道理。道士也常因為他們的做法是盜天地長生之機而逆用之，故傳授之際很慎重，怕傳非其人反遭天譴。在這裡，道士羽化登仙的飄逸背後，實埋有頗為深重的緊張性存在。

　　外藥所以有效的原因，除了是同一太極所分之外，也因為「陰陽之精，互藏其宅」，這句話出自邵康節的詩，陸西星解釋說：

　　　　少陰之數八，男子得之，故二八而精通；少陽之數七，女子得之，

　　　　故二七而天癸至。豈非陽得陰數而陰得陽數，而互藏之義所以見乎？

　　　　〔註28〕

因為陰陽互藏所以從陰中取得陽氣，此陽氣與我身中所有者是同類，故不會互相排斥。

　　對藥物這個部份陸西星談得很少，更別說如何去採藥的實際工夫了。他說：

〔註27〕見《方壺外史》，頁194。

〔註28〕見《方壺外史》，頁196。

> 或問玄膚所著，多言外藥，至於採取交媾，略而而言，學人何述焉？
> 曰採取交媾，乃太上闖密之玄機，千聖傳心之要旨，吾非不欲指而
> 言之，但師命甚嚴，是以臨書而惴惴其慄也。〔註29〕

他不只在此處如此，在所有公開刊行的著作中都不願討論實際的做法，也就是他只談其理，不談其事。但是這不包括煉己階段的清修法，那一部份他倒是交代的很清楚。這種作風使得讀其書者甚眾，但傳其法者無法追溯。他這麼做一方面固然因爲此法學來不易，乃呂祖親傳。另一方面恐怕也和他的保守性格及早年受俞琰影響有關。所以他雖然在採藥階段接受雙修法，但之前之後都充塞了純粹的清淨法。

三、溫　養

溫養階段最重要的是火與候二事。先談火。何謂火？他以爲火與藥是可分可合的東西。當藥還在坎中時，

> 藥者先天之炁也；火者先天之神也。〔註30〕

這時二者可分，火是用以致藥。但在溫養之日

> 藥在外歸於內，得藥而行火，故藥火可合。要之，火其主也。〔註31〕

這時二者雖不再區分，但是這時重點已從上一階段的藥移到此時的火之上。因此溫養時火候變得很重要。他以爲溫養的過程實際上就是以神馭炁而成道。他說：

> 凡言火而不言藥者，十月之事也；言藥而不言火者，一時半刻之功
> 也。至於紫清仙師之言曰：以火煉藥而成丹，即以神馭炁而成道也。
> 更明切矣。〔註32〕

他強調以神馭炁，並不是無所謂而言，有些人主張溫養仍要用女鼎，其所謂火就是來自這些女鼎。強調神正是凸顯陸西星清淨法的色彩。

這個以神馭炁另有一個名稱——抽鉛添汞。他以爲外來之鉛投入己汞之中，如水投於米

> 水漸乾則抽鉛之謂也，米漸長是添汞之謂也。抽非內減也，神入氣

〔註29〕見《方壺外史》，頁215。
〔註30〕見《方壺外史》，頁213。
〔註31〕見《方壺外史》，頁213。
〔註32〕見《方壺外史》，頁213。

中如天之氣行於地而潛機不露也。添非外益也，氣包神外，如地之
氣承乎天而漸以滋長也。〔註33〕

他屢次介紹這個說法，此說法也不是陸西星自己發明的，而是來自一個叫周
立陽的仙人箕降所言，見所錄《三藏眞詮》中。〔註34〕在這個抽鉛添汞，水
米成飯的過程中，元神扮演了火的角色，要如何控制此火之熱度呢？陸西星
以爲需要一個橐籥，所謂橐籥是指深入氣穴的眞息而言。他以爲一般的呼吸
如浩蕩之風，往來不常，不能維持火勢的穩定和興旺。而橐籥之風綿綿不絕，
效用宏大。關於這個問題在其秘錄的《三藏眞詮》中有稍微不同的說法：

> 予問人元沐浴之訣，吾師以惺惺爲沐浴，得無似於加火乎？曰惺惺者
> 振刷精神之意，乃以神用而不以息用也。夫人身中唯橐籥之火最爲利
> 害，橐籥者乃眞息也。吾以神用而不以息用，何謂加火乎？〔註35〕

呂純陽以神和橐籥爲陽火和陰火，俱是火。陸西星則不以後者爲火。二者從
平行關係轉爲相輔相成的一整體，有助於維持神統精炁的說法。

因爲抱持神統論的立場，陸西星對道教內丹派談論的最多，又最密秘的
火候問題持開放性態度。他說：

> 眞火無候，大藥无斤，誠哉是言，不我欺也。〔註36〕

也就是說不必根據卦爻硬性規定一套每月要如何行火的週期表。常看到有朝
屯暮蒙，終既濟未濟等六十卦週期表，及以六十卦之三百六十爻代表一年火
候週期的說法，這些繁瑣的說法被陸西星一掃而空，他以爲只有煉外丹時才
要考慮這細節。他說：

> 夫煉藥有內外，故火候有繁簡。所謂內煉一言以蔽之，曰綿綿若存
> 而已矣。……得其意忘象可也。〔註37〕

這也是陸氏丹法崇尙簡易的一個表現。但是陸西星也不是一開始就持此立場。

> 予昔未得師旨，竊以火候難明，亦嘗按之週天，准之卦氣，分更分
> 漏，徒費講求，而後乃今，豁然大悟，乃知丹經萬卷，火記六百，
> 皆可言下而廢。〔註38〕

〔註33〕見《方壺外史》，頁214。
〔註34〕見《三藏眞詮》，頁。
〔註35〕見《三藏眞詮》，頁103。
〔註36〕見《方壺外史》，頁212。
〔註37〕見《方壺外史》，頁212。
〔註38〕見《方壺外史》，頁212。

知他早年自修亦隨流行，亦可知火候說在道教主流中是很講究的。

　　陸西星自著文字中表現的雙修法即如上文所歸納者，是以煉神爲主導的雙修法，神和息又密切相關，而調息又自調心始，煉丹全程貫徹了濃厚的清淨法色彩，一切以簡易爲重。我們可以將它概括如下：它是具有百分之九十五清淨法內容的雙修法。

　　在這裡也有一些雙修法要件未談到，如應當用首經之少女，應在月經快結束時採藥等。這些內容在下文中會出現。最後我們看看陸西星在雙修中排斥那些作法：

> 今之論同類者其說不一，予皆舉之。九一之術，邪勿論矣。其有先天梅子之說，影響形似，或有可聽，然皆有形查質之物，實與世之紅鉛異名而同事，以之爲道，恐或未然。至於離形交炁之說；顛倒兩竅之說；開關鑄劍之說；上進下進之說。或反經爲蟠桃；或含棗而飲甘露；或碎磁釀鐵而爲酒漿；或取男女淫液而和麯蘗，或配秋石而稱人元。如是之爲種種不一，類皆邪師曲學，以盲引盲。〔註39〕

這裡面提到的我們不盡然了解其內容，但總體不脫三峰術的泥水丹法及閨丹二部份，閨丹即補腎藥或春藥，只是其作法較爲邪僻，和人的各種分泌物有關。明代是個色情泛濫的時代，這些可以取悅豪富甚至王室的邪術在社會上流傳的範圍驚人，將陸西星的雙修法放在這個脈絡裡來觀察，其清純簡易及矜愼的特徵可說相當明顯。

第二節　《老子玄覽》中所見的陸西星思想

　　基本上《老子玄覽》並不能代表陸西星對老子的全部看法，因爲他未把他對老子的理解完全放在這部書中。〔註40〕這是一部詳人之所略的作品，試圖對老子的註解傳統作一結構性的論辯，他提出的解釋架構是「妙徼重玄」，

〔註39〕見《方壺外史》，頁248至249。

〔註40〕他在〈老子道德經玄覽序〉中說：「是疏也，雖未能盡發老子之蘊，然於性命之微，思過半矣。」所謂性命之微就是道教長生久視的修煉法門。爲了凸顯這個方面，而未能充分發揮老子哲學中的精微之處。陸氏被時人認爲頗具哲學才華，陸氏本身也對這個方面頗爲矜重。他的遺憾在《南華副墨》中已經得到補償。所以我們必須以策略性的角度看這本書，眞正有關道家哲學的看法須合觀老莊二註才能得其全貌。

〔註41〕翻譯成道教語彙就是「陰陽雙修式的雙修」。我們不打算全面介紹陸西星在此書中對老子的看法，而選擇一些關鍵性字眼，看他的創見。

何謂「妙徼重玄」，此語出自《老子》第一章之「常無欲以觀其妙，常有欲以觀其徼，此兩者同出而異名，同謂之玄，玄之又玄」。陸西星的闡釋是這樣的：

> 無欲則靜也，以觀其妙則無極也；欲則感而動也，以觀其徼，則陰陽也。是故從無入有則造化生焉，推情合性則聖功出焉。斯之謂性，斯之謂命，斯之謂一，斯之謂道德也……言言一旨，皆作是觀，是謂妙徼重玄，聖修之極耳。〔註42〕

在道教雙修法的用法裡，「情、性」分別代表女、男，和陰陽是同義語，推情合性即取坎塡離。他進一步說明此架構：

> 徼之言求也，或曰竅也，有相通之義焉。……蓋當無欲之時，至靜無感，以觀其妙，則見清淨之中，一物無有……及乎時至機動，天人合發，元始眞一之炁，自虛無中來者，吾得其機而用之，則見陰陽相求，冠婚相紐。所以爲萬物之母者在是，所以爲立命之基者在是……所謂性命雙修……〔註43〕

這段話從陰陽雙修的立場來了解，就是以無欲時代表築基煉己的階段，有欲時代表採藥階段。也有這種提法：

> 離宮修定，觀妙之宗也；水府求玄，觀徼之學也。〔註44〕

若知離坎代表男女，則其內容可思過半矣。關於修定之學本就是老學傳統中的特長，因此我們將注意力放在求玄之事上，這方面有其特殊面貌。不過，我們要記住，陸氏對修定學的發揮在主流思想界雖不是很特別，但在道教脈絡中，卻構成陸西星獨特的宗風。

在陸西星重新取向的過程中，最主要的一個原則就是認爲書中「所言治國用兵與取天下，皆屬寓言。」他將這部份文字都解釋爲「採藥」的原則。

在道教說法中乾坤是先天，坎離是後天，取坎塡離則成先天。在《老子》

〔註41〕陸氏說老子之旨「蓋自河上之說已屬可疑，其善焉者則狃於儒說之支離，而於所謂妙徼重玄之秘，則概乎其未有得也。」可知他視此說爲獨特的創獲。見《老子玄覽》，頁268。

〔註42〕同上，頁260。

〔註43〕同上，頁271。

〔註44〕這是陸西星道侶趙栻在序中自言聞自長庚者，見頁263。

註中，這個淪降過程用道德表示：

> 何謂道德，道者虛而無有，德則一而不分。《莊子》之性脩返德，德
> 至同於初，初即無名之始，道之謂也。〔註45〕

老子道而德，德而仁，仁而義，義而禮的逐層降落正可以替代由《參同契》開始的，取自《易經》無極太極乾坤陰陽的說法。在這個架構下，道代表渾沌未鑿，德代表體化純陽，而眞正能落實這個替代的關鍵在於將體化純陽所必備的「元始祖氣」、「眞乙之氣」代入《老子》的解釋中。這些被代換的字是「一」、「母」、「樸」。

我們以下的討論就圍繞著「藥物爲何」，及「採藥的必要性」這二問題解剝陸西星的《老子》註。

在「昔之得一者」一章以下註曰：

> 此言得一之妙也。一即眞乙，眞乙之炁爲生天生地生人生物之根。
> 〔註46〕

在「反者道之動」一章下曰：

> 言先天眞乙之炁，根於虛靜之中，及其動也，神明出焉，聖功出焉。
> 故夫地勢重陰之下，而一陽來復乃造化之根柢，品彙之樞紐也。……
> 則夫靜極而動之端，其道之出機乎？故曰反者道之動。聖人用其道
> 以善其身，故於陰陽互藏之宅，而竊其微動之機，逆而修之，以立
> 性命之根宗。其未得之也，守之以濡弱，尚之以不爭。及其得之，
> 則專氣致柔，抱一無離，始終以弱爲用者，體道之事也，故曰弱者
> 道之用。〔註47〕

將雙修去中的三個階段成功的用《老》子的辭彙描述出來，所從外加的觀念只有「先天眞乙之炁」而已。

在「道生一，一生二……」一章下曰：

> 道者無名無相，根於太極之先。始生一炁，爲生天生地生人生物之
> 根，是謂元始祖。〔註48〕

在「載營魄抱一」一章下註曰：

〔註45〕同上，頁267。
〔註46〕同上，頁339。
〔註47〕同上，頁342。
〔註48〕同上，頁345。

> 人之生也，精氣爲物……精魄屬陰，氣魂屬陽，以其寓於後天形質
> 之中則皆陰也，而不能久。聖人知其如此，故迎先天眞乙之炁者，
> 以爲一身之主，而眞乙之炁，即所謂一也、道也、無名天地之始。
> 〔註49〕

在「絕學無憂」一章下曰：

> 我之所以異於人者何哉，亦爲食母之爲貴焉耳。蓋無名天地之始，有
> 名萬物之母，萬物之母炁，即先天之始炁，一而二，二而一者也。……
> 聖人知母炁之在人，乃吾生身立命之根，而不可以須臾失也。於是觀
> 徼觀妙於同類有情之中，而竊其互藏之精，以爲性命之主。

又說：

> 食母二字，老聖平生學術，盡歸於此。篇中食母、守母、有國之母
> 皆是此意。〔註50〕

何謂守母

> 塞其兌、閉其門是守母也。見子守柔，是守母也。用其光復歸於明，
> 是守母也。……人有七竅，皆爲母炁出入之門……誠能塞而閉之，
> 則內焉關鍵三寶，外焉遠絕四衍……守母之學，復命之道也。〔註51〕

母字乃是「母炁」之省，母炁者元始祖炁也。以上所摘引的段落都很明顯的
涉及到內丹雙修派所謂的「藥物」，也就難怪陸西星說《老子》平生學術盡在
「食母」二字了。「食母」就是採藥之意，就是取坎填離。

以下我們要看陸西星如何把雙修中採藥的必要性代入《老子》的脈絡中。

> 夫道本虛無靜一，靜極而動，遊氣紛擾，生人物之萬殊，而道始落
> 於後天名相之中。故體道者原本返始，以致虛守靜爲本焉……體道
> 君子，時時打疊此心，內者不出，外者不入，使其胸次洒洒，一塵
> 不掛，有以復其天空湛淵之本體，是則可謂致虛之極矣。〔註52〕

這一段話是在純道家哲學的立場上發揮，重點在煉心修定，是無爲法，因此
他說「此言聖人觀妙之學也。」這種體道工夫構成煉己工夫中的精神面，（煉
己亦有其技術面，二者相加約略等於北宗之清淨法）這比用南宗經典要易於

〔註49〕同上，頁286。
〔註50〕同上，頁305。
〔註51〕同上，頁362。
〔註52〕同上，頁296。

發揮陸氏觀點，畢道道教經典本身的技術性層次太廣，不適於發揮其高妙的
觀想，無從自大傳統中汲取思想的養料。

　　除此之外，陸西星以爲在《老子》中尚有「下德」的一面，這也是體道
者該奉行的道理。

> 上德無爲，不以察求，是悶悶之政也。今天下之稱上德者幾何人哉！
> 道德既失，不免以時而行歸復之法，於是乎察察之政有所不能已者。
> 何謂察察？辨水源，知藥材之老嫩；執天行，知火候之消息。……
> 是察察之政也。〔註53〕

若人有幸存活於溟涬無爲之大道內，根本不必講求補吾身之缺的手段。但不
幸的，樸散爲器，是不得不爾的命運，致使察察之政成爲必要。《老子》本身
並沒有這種思路，即使就表面上而言亦然。樸散爲器只能鎮以無名之樸。陸
西星卻說「察察之政有所不能已者」，其意無非是想告訴我們，己破體之離，
若想回復到純陽之乾的話，必須講求一些修行的方法。這方法對陸西星而言
不外是，知藥材之老嫩，火候之消息，而這正是陰陽雙修法中採藥的範圍。
在「以正治國」一章也表達了同樣的意思：

> 猶之治身者焉，積精累炁，築固基址，非以正治國之謂乎？天人合
> 發，盜機逆用，非以奇用兵之謂乎？及其功成事遂，則惟抱元守一，
> 以顯無爲之道，如是則性命兼修而成聖矣。〔註54〕

翻譯成道教雙修用語就是：煉己築基的階段是以正治國煉精成氣，採藥是以
奇用兵，即煉氣成神。二者皆是有爲之道，前者是煉己時的技術面。及至煉
氣還虛的階段才是無爲之道。上德者則只修無爲之道。

　　這種二分法也用《老子》的上下德來表示：

> 上德，上乘之德也。上乘之德無成心，去執著，全體大道，心若太
> 虛，不自知其德也。故曰上德不德是以有德。下乘之德，返還歸復，
> 求以不失其德而已矣。不知心染法塵，終爲法縛。若非抱元守一，
> 以空其心，幾何而不蔽於釋家之理障哉。故曰不失德，是以無德。
>
> 〔註55〕

指出雙修法本身的有限性，若不輔以爲無爲法以空其心，易下流於術的層次，

〔註53〕同上，頁372。
〔註54〕同上，頁370。
〔註55〕同上，頁325。

若我們知道所謂「返還歸復」指的是陰陽雙修，那麼法塵理障等說法只能看作是借用佛家的說法來描述一個由氣入定的過程，初無深刻的思想意義。但若從密宗「秘密大喜樂禪定」的立場來看，這也不必一定看作高攀文飾。因為密宗的雙修法本來就浸潤在佛教哲學的空氣裡，不只是純技術而已。（當然墮落後的密宗雙修法也和道教房中術相去不遠，流為縱欲的工具。）不像道教雙修法和道家哲學有較大的間隔。陸西星出現的意義就在於彌補這個鴻溝，學者以為陸氏受到密宗的影響，應該就是指此而言。

以上我們摘出了陸西星將《老子》雙修化的關鍵之處，它可能對雙修法說得很含糊，並未能使我們對雙修法的內容有更深入的了解，但是放在陸西星著作的脈絡來觀察，我們不得不承認它是採取了雙修法來解釋老子。那陸西星何必為了籠統地再說明一次他雙修法而拖老》下水呢？為什麼不像他的《莊子》註一樣和道教保持距離呢？我們以為原因之一是，老子在道教傳統中向來有遠高於莊子的重要性，也有其自成一格的註解傳統，陸氏欲開宗立戶，註老子雖非必要，卻是很有效的一件事。原因之二是陸西星的雙修法有很強的清淨法色彩，但是他在註道教丹經時，因為要表明其立場，不得不大量著墨於有關雙修的理論建構上。而且丹經本身之格局亦不易發揮精微的心性修養論（因其為二套不相涉的思考範疇）。職是之故，陸西星為平衡在註解丹經時無遑顧及的性功層面，自宜找一本適合發揮這個方面的書來表現。於是註解了《老子》，並特別告訴我們這個註偏重在「性命之微」上，並未能盡發《老子》之蘊。這是他後來寫《南華副墨》的伏筆。因此將《老子玄覽》看作為平衡《悟真》《參同》等註，及發揮其提倡的清淨式雙修法而作，才能公允的評斷它的價值。

因為我們的重點是陸西星的道教思想，限於篇幅，並未介紹其《老子玄覽》的純哲學性部份，事實上這個部份也有很精彩的說法，文章上也很漂亮。值得與《南華副墨》合併起來觀察陸西星對道家哲學的看法。

第四章　陸西星的道教修法（下）

第一節　陸西星《參同契測疏》和《口義》二書中所見與其它道派不同之處

　　《參同契》向來和《悟眞篇》合稱萬古丹經之祖。陸西星的《參同契》註二種在他的《方壺外史》叢編中佔有三分之一以上的篇幅，可謂龐然鉅製。除了篇幅巨大外，它的內容在陸西星的道教思想中也有決定性的影響，他說「名之測疏，相與陰符道德共成一家之書。」〔註1〕顯見他對此註的重視尤有甚於對《悟眞篇》。而且由於《參同契》產於漢末，彭曉之註釋在五代即已完成，可以說內丹思想的完成與繁衍是在《參同契》的籠罩下進行的。它比《悟眞篇》優越之處在於他不會涉入宋以後內丹南北分宗的糾葛中，可以爲外丹、內丹、陰陽雙修等共用。也難怪陸西星將此註和《陰符經》、《道德經》二註構成他一家之言。事實上，《參同契》註和《老子》註就有很多雷同的段落。

　　在凸顯陸西星的立場時，我們採用清代仇兆鰲所作的《古本參同契集註》作爲對照。〔註2〕這本書搜羅了彭曉以下十七家註，其中在陸西星時代前後的就有八家。集注者仇兆鰲本身的立場也不脫陰陽雙修之彼家丹法，但在細節

〔註1〕見《方壺外史》，頁410。
〔註2〕這本書搜羅了彭曉、朱熹、陳顯微、俞琰、陳致虛、杜一誠、徐渭、陸西星、李文燭、王九靈、蔣一彪、彭好古、甄叔、陶素耜、姜中眞、尹太鉉及仇氏本人的註解。包含了內丹各派，如清淨、龍虎、彼家丹等。由於仇氏本人採彼家丹之立場，故引用陸西星的說法佔大部份，陳致虛及仇氏道友陶素耜也不少。其它人則只有在合於其立場時才引。

上和陸西星有很多不同，兩相對照有助吾人釐清陸西星的丹法。仇氏曾表示
他的態度如下：

> 諸家採錄註解行世者，如真一、抱一互有發明，但多所脫略耳。全
> 陽子解作清淨，偏於專內。惟上陽子證明丹法，獨露真詮，但徵引
> 氾濫，未見剪裁。陸潛虛發揮丹訣，疏暢條理，得之呂祖親傳。今
> 引用各註，惟陸氏最多。彭一鏊間雜以外丹。李晦卿言兩副乾坤，
> 皆未純一。〔註3〕

其中李晦卿之丹法和《悟真篇》三註中的薛道光相近，都是龍虎丹法。詳下
文。彭好古是外丹，俞琰則是清淨無為的內丹。可知仇氏以為陸西星和陳上
陽之間有密切的關係。可說各派丹法在本書中都可找到痕跡。仇兆鰲既和陸
氏同主彼家丹法，也難怪引用最多。不過批評之處也不在少，扣緊二者齟齬
之處，就不難凸顯陸西星在彼家丹法中的定位。

陸西星在〈參同契測疏序〉中說：

> 間嘗參讀諸家，真一、抱一、玉吾之書，分註錯經互有掛漏，而求
> 其心領神會，以得夫立言之旨者，則惟上陽近之……故某所述作，
> 會文釋義，以義從文，剪去枝蔓，直見本根，詳略相因，義由一貫，
> 其宗旨則上陽也，其文則己也。〔註4〕

不僅表示他欣賞陳致虛的立場，而且在宗旨上也和上陽子沒什麼不同，只是
在行文上將上陽子蕪雜繁富的風格加以剪裁而已。這話當然有謙虛的成分，
如對《參同契》中《老子》思想的發揮，即很少人能出其右，但是在修行上
實務上二者確實很接近。

陸西星在《參同契》註中所表現的修行思想和《方壺外史》叢編中的各
書並無不同。《悟真篇》所確立下來的「白虎首經」之說，仍被繼承下來。在
「三日出為爽」一章下曰：

> 此章仙翁指示藥生之候，而以月夕徵之……夫人身中先天真乙之炁
> 是為大藥之宗，還丹之本，見為陽火，亦曰真鉛。寄於西南之位，
> 產於偃月之爐。……然亦不過白虎初弦之炁而已。〔註5〕

所謂「初弦」和「首經」的意義相當，皆是指未破體之少女而言。陸西星只

〔註3〕 見仇氏《集註》例言，頁189。
〔註4〕 見《方壺外史》，頁410。
〔註5〕 前引書，頁425。

相信此時所產之炁是來自先天虛無之中，有能力點化我身中的陰汞，以成純陽之體。而且在煉己純熟時只要採一次藥即可。極力避免雙修法可能染上的淫猥色彩。然而陸西星的做法顯然沒有得到普遍的支持，清代繼承陸西星爲東派領袖的傅金銓，在其所輯的《證道秘書十七種》中，《三峰丹訣》和《玄微心印》二書都主張要用很多鼎（女子）。〔註6〕從陸氏所手錄的《《三藏眞詮》》一書中亦透露其師呂純陽所授丹去中亦說「非一鼎可成」。〔註7〕我們現在取爲對照的仇兆鰲也表示了同樣的意見。

> 爻動之時，即爲火候。……五千四十八日有此一時，逐月輻輳輪轉，
>
> 亦有此一時。一是先天中之先天，一是後天中之先天。〔註8〕

其意是說，首經之少女有氣生之時，此是先天大藥。此後每月仍有氣生之時，此氣只是後天中之先天，得丹前之築基，之後的溫養要用到這些東西。

> 契中言金水，有先天後天之辨，經云：白者金精，黑者水基，此指
>
> 先天大藥。傳云：金計十五，水數如此，此指後天爐藥。〔註9〕

就是這些後天爐藥建立了仇兆鰲丹法的特色，這點也決定了他和陸西星的結構性差異。陸西星把清淨法植入雙修法的努力也被架空了。這些後天之鼎也有年紀上的限制。

> 鼎用二七三五二八者，方爲聖靈，一過四七則鼎舊而藥虧矣。〔註10〕

也就是說，後天之藥仍以產在十四、十五、十六歲左右少女身上者爲佳，太老的就不太好，二十八歲算是底線了。而要採這些後天之藥也有很大學問，仇氏將二次月經之間分爲二部分，前半個月屬金，後半月屬水。又將《易經》六十四卦扣去乾坤坎離四卦，平均分配在每月三十日中，首屯蒙，終既濟未濟。他說：

〔註6〕一般要用九個少女，甚至有至四十幾個的，故雙修法力言修行不可在山林，要在大都市依有力之家。此二書之工法本文有專節介紹。

〔註7〕見《三藏眞詮》，頁65。其文曰：「蓋天機妙合，必非一鼎可成，須以八鼎取之，不然徒糜費歲月，而志氣日就隳墮矣。」而天機妙合即可不假積累而生藥物。不過陸西星是否接受此說頗堪疑問。他問呂純陽：「如此做去，懼有天譴。」呂答說：「何譴，道高德薄，譴斯至矣。」見同書，頁69。而且在陸氏自著文字中亦倡言以清修法積精累氣，並反對用離形交炁法開關展竅，更別說以交媾作爲開關的手段了。在此點上他幾和各派都不同。

〔註8〕見仇氏《集註》，頁397。

〔註9〕見前引書，頁447。

〔註10〕見前引書，頁222。

> 每鼎月凡六候，欲行火六十卦，恐軒轅九鼎猶未爲數，況有潮汐同期
> 者，朝暮兩度，未必金水適均，則藏器非大有力者，不能也。〔註11〕

又說：

> 起火煉藥要順陰陽節度，如前半月爲陽金，後半月爲陰水是也。而
> 金水氣動各有其時，故必蓄藏鼎器，待其交動而取之，以爲築基溫
> 養。〔註12〕

此說是將原先用以指修行者身內火候的卦爻移指修行伴侶。因爲每天早晚要
找二個金水相當的少女供我採藥，故整個修行計劃所需的少女就要十人左
右。這是雙修法爲何往往要依附豪門，倡言道侶財地缺一不可的原因。陸西
星常以有爲法和無爲法代表一時半刻的採藥，及採藥前後的煉己溫養，並且
反對用「離形交炁」的方式來開關展竅，而仇兆鰲似乎全程都是用有爲法，
並且不僅於用「離形交炁」法，而是每日早晚採二次藥，二人的差距非常大。

　　二人的差距也表現在「綿綿若存」一語的解釋上，仇氏說：

> 十月火候，陸氏專主呼吸出入，綿綿若存。按章內言出入無疾，而
> 繼以臨爐施條……則知火符皆用鼎爐，所云呼吸綿綿者正在此時
> 也。〔註13〕

陸西星所說的綿綿若存是指深呼吸時神氣相依，凝神入氣穴而言，仇氏則解
爲臨爐採藥時當綿綿呼吸。仇氏又將此語分指內外二事：

> 又言綿綿若存，用之不勤。此言橐籥之功兼乎內外也。內則調息歸
> 根，外則輕運默舉。凡平時養氣，按候求鉛，皆用綿綿不勤。〔註14〕

仇氏並不否認陸氏功法，不過在他看來那並不夠。

> 須用九鼎者，虛無大藥，必求先天之鼎。而築基溫養，皆資後天之
> 鼎，故以九爲率耳。〔註15〕

所謂先天後天之分，仇氏又用「金水」加以表達。

> 丹家言金水者約有兩種。先天金水，五千四十八日，金氣足而水潮
> 生，所謂天應潮是也。後天之金水，一月六候，前三候爲金，後三
> 候爲水。從日光之明晦分出陰陽是也。先天之金水，取爲丹母，……

〔註11〕見前引書，頁230。
〔註12〕見前引書，頁230。
〔註13〕見前引書，頁282。
〔註14〕見前引書，頁198。
〔註15〕見前引書，頁196。

後天之金水，資爲爐藥，……晦朔合符，專論六候之象也。〔註16〕

我們可以很清楚看到「金水」二字在仇兆鰲的系統中有很明確的指謂，前半月是陽金，後半月是陰水。早上採陽金，下午採陰水，每月每日行之。但是在陸西星的系統中，金水只是指水中之金，也就是眞鉛，大藥。以上是二人對藥物在看法上的歧異。陸氏說：

金中有水，用火迎入，相含相受於戊己之宮，則三物會合。〔註17〕

仇氏則說：

金水火三者以見還丹之妙。〔註18〕

又說：

此章三物指金水火，前章以水火土爲三性。要知金火相交處，仍不能離土也。〔註19〕

陸西星說金中有水，仇兆鰲則改成金水分立，這是二人對「三性」一詞的解釋不同。

陸仇二人對「二八」一詞亦有異解，陸氏說：

既知藥物，當識觔兩。丹家溫養有取於二八兩弦者，用藥貴乎勻平也。〔註20〕

他以爲在上下二弦時都是金水各半，故可以溫養合丹，得陰陽之正。文中明言這是指得藥之後的溫養，而我們已知陸西星是用清淨法溫養的。仇兆鰲則說：

從來談丹法者，皆以二八兩弦爲龍虎弦氣，因以艮兌二象當少男少女。竊意初八之兌，廿三之艮，契中明作一月之火符。陽金陰水，兩者均調。而朝屯用金，暮蒙用水，一日之間兼用二八。夏不寒而冬不暑。此中實有作法，不必陰陽兩家，力量相當，爲二八一觔也。〔註21〕

仇氏批評的直接對象是龍虎丹法，不過也可看出他和陸西星的不同。陸氏以爲每月有二天可以合丹，仇氏則說是每日都用二八，即都找出金水相當之二

〔註16〕見前引書，頁 190 至 191。
〔註17〕見前引書，頁 451。
〔註18〕見前引書，頁 451。
〔註19〕見前引書，頁 452。
〔註20〕見前引書，頁 437。
〔註21〕見前引書，頁 437 至 438。

人以供我採藥，如初一配十六，初二配十七等等。仇氏又用「文武火」的說
法來表達。他說：

> 炎火下張，離宮之汞火；始文終武，坎宮之符火。兩火交媾須晝夜
> 勤行。而坎中又分一文一武者，蓋朝屯用金，是發生之氣，故屬諸
> 文；暮蒙用水，是收斂之氣，故屬諸武。〔註22〕

而事實上，內丹一般所說的火是在男性體內，因男是離，離代表火。女性是
以水代表的，而仇氏亦承認水火土為三性，只是他把水又分金水二部份。仇
氏又進一步批評陳上陽和陸西星有關金水說的不當：

> 經文晦朔合符章，詳言六候之金水，是乃朝暮火符所用之藥材。此
> 處金水之數各計十五，正與經文互相發明，諸家皆未見及。陸氏謂
> 二七之期，金精壯盛，必有此十五分之金，方能生十五分之水，此
> 猶踵上陽之說，誤涉先天金水矣。〔註23〕

陸氏並沒有「誤涉」，他以為只有金水足和藥材嫩二者俱備才可產生真正的
藥，而只有十四歲的首經少女才有足夠的金水，此後則落於後天不堪用。而
藥入體內後，藥與火不可分，故並不需要「朝暮火符之藥材」。

因以上的歧異，使仇兆鰲在「卯酉沐浴」的問題上有特殊的說法。他說：

> 子午抽添，卯酉沐浴，此丹家之成法。……傳文言內體外用，併舉
> 十二時辰，誠恐藥候不齊，須參求二六時中，覓得金水兩度，以當
> 屯蒙二卦，不必剖析十二爻，分值十二時也。〔註24〕

他認為行功一日只要二時辰，不必十二時辰皆行功，這當然是因應仇氏採後
天金水的工法所設的規矩，若是行清淨法者就不會說一天只二時行功。因此，
沐浴停火的時間就有不同，他說：

> 蓋謂卯月木氣太旺，故卯時暫宜停火。酉月金氣太盛，故酉時亦宜
> 罷功。若非兔雞之月，則十二時中，一遇爻動，便可抽添，何必拘
> 於沐浴乎？〔註25〕

他的意思是，只有在卯酉月的卯酉時才須停火，並不是凡卯酉二月都要停火。
陸氏的說法正是仇氏所反對：

〔註22〕見前引書，頁454。
〔註23〕見前引書，頁448。
〔註24〕見前引書，頁196。
〔註25〕見前引書，頁268。

> 二月……於時陰陽氣平，故刑德之氣互相勝負。晝夜始分者，陰陽
> 氣平之驗也。氣平加火則有偏重之虞，故作丹者立爲卯酉沐浴之法。
> 〔註26〕

陸氏顯然以爲整個月都是沐浴之期，酉月亦然。他們的不同在評論陳上揚的
註時更加清楚。陸氏說：

> 榆筴角落，還歸本根，上陽以爲丹落黃庭之象，良是。〔註27〕

仇氏則說：

> 陳註以榆筴墮落爲丹落黃庭之象，尚非本文正旨。〔註28〕

陸仇二氏與陳致虛是一脈相承，二人之註中亦屢有評上陽註之處，率皆如此
處之大相逕庭。陸氏與陳氏之接近，表示他和全眞教的接近，二人皆致力於
將南北派的修法融合爲一。

　　二人相近之處當然也不在少數，如二人都反對龍虎丹，陸氏對龍虎丹的
態度在他的〈悟眞篇小序〉中已表現的很清楚，他親陳上陽，批評薛道光的
說法過於分晰，俱見前文，此不贅。仇兆鰲的態度則在評論李文燭的說法時
透露出來。李氏說：

> 世間方士只知用乾……殊不知坤乃空器，實無鉛汞。〔註29〕

仇氏則說：

> 李氏每言丹室須用乾，不知煉己築基，劍鋒英利，是即乾剛坤柔，
> 靈父聖母兩相配合。若云丹房中，別用嬰兒姹女，兩相交接，然後
> 乾家乘機而取之，以此爲三家相見，實仙眞所不言者。〔註30〕

事實上主張這種丹法的並非絕無僅有，據我們了解，龍虎丹法是張伯端的南
宗系統所倡行，《悟眞》三註中代表南宗的薛道光註就是龍虎丹法。此法特點
在乾家採取前，先用嬰兒姹女兩相交接，這一點爲陸仇二氏所排斥。但若就
築基或溫養時之工法而言，他們可採陸氏法，也可採仇氏法，並不必然相斥。

　　在這一節裡我們透過陸西星和仇兆鰲的對照，顯示同在彼家丹法中，可
能產生的差別。他們的共同點在於都以首經少女爲採藥之對象。歧異之處則
在於築基溫養時要用什麼方法，對火候的規定是否堅持。

〔註26〕見《方壺外史》，頁598。
〔註27〕見《方壺外史》，頁598。
〔註28〕見仇氏《集註》，頁269。
〔註29〕見仇氏《集註》，頁467。
〔註30〕見仇氏《集註》，頁467。

第二節　陸西星〈悟眞篇小序〉和《悟眞篇三家註》的比較

《悟眞篇》被內丹派視爲與《參同契》同爲萬古丹經之王，後代修行者有很多即透過註解此二書來發表自己的主張，另一方面也可因此在道教主流思想領域內爭取一席之地。陸西星也有〈悟身篇小序〉一書，在寫作形式上並不是採取全面性的詳註，而是從前人基礎上鉤玄撮要，以見自己立場。他說：

> 《悟眞篇》者紫陽眞人所作也，三賢之註詳矣，但篇章浩瀚，讀者病焉。予會其意作爲小序，冠諸首，比之毛公詩云。〔註31〕

三賢是指薛道光、陸子野、陳致虛。三人之註被合併爲《悟眞三註》一書，據柳存仁的說法，三註中的薛道光應是翁葆光之誤。〔註32〕這三家註的立場都不脫陰陽雙修的範圍，不過其中有龍虎丹法，有彼家丹法之別而已。陸西星的立場和陳致虛最接近，這點不僅在此，《參同契》之註中也說：「其意則上陽（陳之號），其文則己也。」陸氏是全面性的繼承陳致虛的說法的。而陳氏基本上是南北合修，即清淨法和雙修法並用的。〔註33〕

我們分析三家註之不同，加上陸氏對三註的抑揚，就可以看出陸氏本人的一些看法，以此和陸氏其它文字印證，可幫助我們更完全的了解陸氏的道法。

根據我們的了解，三註中，薛道光應是主張龍虎丹法，陸墅和陳致虛是彼家丹法，但細節仍有不同。我們所作的對照主要是針對薛道光與陳上陽。因陸墅之註多簡短且和陳註相近。

基本上判別作者之立場究竟是雙修法中的龍虎丹法或彼家丹法，可以有以下指標：

1. 看他如何談內外藥。若外藥是龍（男）虎（女）初弦之氣交媾而成，則此法是龍虎丹。若外藥只是白虎初弦之氣，則此是用處女之彼家丹。

〔註31〕見《方壺外史》，頁115。

〔註32〕見柳存仁，〈道藏本悟眞篇三註辨誤〉，刊於《東西文化》，第十五期。薛道光本身亦有註，但今只散見各註中，且翁葆光亦是南宗嫡傳。他是張伯端親傳的廣益子之徒。

〔註33〕陳致虛自言其譜系是馬丹陽傳宋有道，宋傳李鈺，李傳張模，張傳趙友欽，趙傳陳本人。見《上陽子金丹大要列仙誌》，《道藏》太玄部夫字號。陳致虛南北雙修的立場可以從他寫的〈鍾呂二仙慶誕儀〉中看出，他在拜請鍾呂劉王四祖之後，接著請全眞教之七眞，再接著請南宗五祖，再接著才是宋有道諸人，這個安排很明顯的表示其修法來自南北二宗。

若是雙修雙成之修法則不會強調初弦之氣，只說弦氣。

2. 言二套龍虎者是龍虎丹；一套者是彼家丹。前者由體外之真龍真虎交媾而成真鉛，此是外藥。外藥之真鉛被收到男性體內時又稱白虎（非真虎），此時之青龍（非真龍）則代表修行者體內之真氣。即龍虎丹法之外藥，其龍虎會加上初弦之氣的說法，內藥則不會。因採藥者是已破體之人，無初弦之氣可言，只有透過煉精而化成的真氣。若彼家丹法之外藥則是白虎初弦之氣，內藥則是己之真氣。也就是說關鍵之處在龍是否有初弦之氣。

3. 龍虎丹會把外藥稱作陽丹，因為那是經真龍真虎交媾而成，已是全體純陽之物，只要餌歸身中，則己之陰汞立刻被點化，亦化為純陽之身。這就是取坎填離以成乾，也只有童男女具有原始祖氣者才能合丹。在此意義下龍虎丹法和外丹頗類似，丹本身的效果都很大。彼家丹法則不然，其外藥並非全體皆陽的乾體，而是坎中一畫先天陽金，採入身中如米入水中，欲成飯尚有一段抽鉛添汞的過程。

以下就拿實際文字來印證這些指標。

在解釋「白虎首經至寶」這首西江月詞時，陸西星只以「三註明切」一語帶過，未加任何註解。其實這個問題在雙修法中很重要，且看三註如何說。
薛道光曰：

首者初也，首經即白虎初弦之氣，卻非採戰閨丹之術。

陸子野曰：

男子二八而真精通，女子二七而天癸降，當其初降之時是首經耶？
不是首經耶？

陳上陽曰：

只此白虎首經，是先天一炁，仙師太恐漏盡，薛陸註之太詳。世之
愚人若指為採戰之說，或謂閨丹之術者，則禍及於身。〔註34〕

從這些文字可以看出三者對此問題並無異議，它的意思是修陰陽雙修法要以初次月經少女為對象，因為只有這種少女才會產生先天真乙之炁，可取之以填離。這只是個原則而已，還有很多細節問題要講究，例如如何挑選適當的女子，如何計算產藥之時間等，在此就不去細究。

〔註34〕《悟真篇三註》（以下簡稱《三註》）下，頁5至6。我們用的本子是《道藏輯要》本，分上中下三部份，所註頁碼依此本。台北：新文豐。

　　附帶在這個項目之下值得追究的是：是在女子天癸降之前或之後採藥？在採藥前的築基煉己要不要和女子一起煉？對後一個問題我們已經知道陸西星是以清淨法築基和溫養，但一般的雙修法卻不是這樣，他們都是從始至終都以雙修法進行。這點下文在討論《參同契》時會有較詳細的比較。至於前一問題在各家之間就有一些出入。陳上陽說：

　　　　鉛生於癸後。〔註35〕

這是說月經過後才是產藥時，相似的說法是「經罷符至」。陸子野則說：

　　　　朔後望前，採取天地盈時之氣。〔註36〕

他以為前半月是盈，後半月是虧，故採藥當在前半月。雙修法基本上都將女子月經週期和月亮之盈虧比附。陸西星則說：

　　　　金能生水，水一動則金氣將泄，故當乘癸生之候而急採此金為大藥。

　　　　〔註37〕

三人的採藥時間都不同。陳上陽是剛過了月經，陸子野則是已過月經的半個月內。陸西星則是月經剛開始時。可謂眾說紛紜。在這件事上陸西星和其師呂純陽似有不同。呂氏說：

　　　　所以仙翁往往只言晦朔之間，晦去朔來謂之間者，間不容髮。不見

　　　　不是月，見月不是月。〔註38〕

反而和陳上陽的說法較接近。呂陳二氏雖是陸氏思想的源頭，但陸氏仍是有自己的判斷的。以上說法雖不同，但都以為一月只能採一次，但也有像清代仇兆鰲則主張凡不是在月經期間，每日都可供我採藥。詳見下文比較《參同契》時。

　　此外，「二八相當」一詞亦被賦予多種意義。道光曰：

　　　　烏肝八兩，兔髓半斤，兩個八兩合成一斤，故曰藥重一斤。〔註39〕

烏代表日、兔代表月。二八是說二者各重八兩合成一斤之數。就龍虎丹來說此又分指內外藥。薛道光說：

　　　　聖人以此二物，於一時辰中，造化成陽丹一粒……即時吞入腹中，

　　　　點我陰汞，則一身陰邪之氣悉皆消滅……此寓意內外二藥之象也。

〔註35〕《三註》上，頁18。
〔註36〕《三註》中，頁31。
〔註37〕見《方壺外史》，頁121。
〔註38〕見《三藏真詮》，頁64。
〔註39〕《三註》上，頁17。

夫外之眞鉛眞汞即龍虎初弦之氣，內之眞鉛眞汞，即金丹也。〔註40〕

所謂此二物是龍虎初弦之氣，即童男女，故稱其所結之丹爲陽丹。這是識別龍虎丹最重要的指標。陳上陽則說：

二八爲一斤之數……皆直指同類之數相當者，不先不後不多不少不

大不小不爭不怒不隱不瞞不驚不疑，皆要相當……不可交合。〔註41〕

著重在二者（煉丹的二者，若龍虎丹則有三者）相當，範圍很廣，並不是斤斤於藥物之多寡。陸西星說：

「須二八」三字最宜深味，蓋不均則不合。〔註42〕

世人但知二物有相合之情，不知藥物不均不敢會也。〔註43〕

強調要彼我均才可會，但破體之離如何能和首經之坎均呢？陸西星此處實已排斥了在採藥前藉女鼎煉己的做法。他的方法是藉積精累氣，煉精化氣，使己之眞氣與彼均，才進行採藥。因此他對「眞汞」一辭乃有如下之看法：

或問：如詩所論皆指眞鉛，何爲眞汞？曰：「仙翁直爲眞鉛難識，故

反覆歌詠，以明產藥之川源……蓋雖在外，而實與金石草木有形有

質者迥不相同。若眞汞則凡四大一身，陽裡陰精，皆是也。〔註44〕

此說有意爲彌補理論之漏洞而設，因爲眞鉛既已確定，則眞汞必須與之相當才可互相配合。在龍虎丹法童男與童女配而合外丹，在性質上可以配得過。在彼家丹法則直接從童女身上採藥，眞汞就著落在修行者身上，但修行者既已破體如何可名爲「眞」呢？爲了彌補這個漏洞，陸西星用煉精化氣法，煉凡汞爲眞汞。也有人先採後天之藥以築基，爲採先天藥作預備，這也算眞汞。不過他們並沒有明白認眞的去檢討這個問題，男性在這裡佔有不容質疑的特權。能對自己進行反省、要求的修行者，較有可能修行雙修雙成的丹法。不能自我要求的修行者，即使他們文字上譴責採戰房中，但二者的界限是模糊不清的。

二派的不同也反映在「坎離交而後黃芽生」的問題上，薛道光曰：

天地之氣氤氳，甘露自降；坎離之氣交會，則黃芽自生；龍虎二弦

之炁交媾，金丹自結。〔註45〕

〔註40〕《三註》中，頁19。

〔註41〕《三註》上，頁20。

〔註42〕見《方壺外史》，頁121。

〔註43〕見《方壺外史》，頁118。

〔註44〕見《方壺外史》，頁123。

〔註45〕《三註》上，頁15。

將三者視作類比，即都指外藥時童男女的交媾而言，二者交才會產生藥。陸西星則說：

> 言黃芽生處便當交媾，非謂必待坎離交媾而後黃芽生也。〔註46〕

同樣視黃芽爲藥之異名，但因從彼家丹法的立場，離指修行者自身，故言黃芽生便當交媾，在次序上和薛道光相反。

在「陽裡陰精質不剛」一首之下，陸西星註曰：

> 紫賢所言，龍虎鉛汞過於分晰，反覺有可商議。……今以眞龍眞虎爲二八，以眞鉛眞汞爲二弦之炁，不知二八弦炁四字本不可分。蓋上下二弦各去朔八日，以取相當之義，所以相當者炁也。二八弦炁果可分乎？此非晰理之精者，不足以語此。〔註47〕

陸氏指責薛氏的說法太過分晰，此評語不只一次出現。陸氏以爲眞龍虎與眞鉛汞指的是同一件事，皆指修行之彼我二者。但薛氏則以爲眞龍虎只限於外丹，二八亦指外藥之龍虎。他說：

> 眞龍眞虎二八是也；眞鉛眞汞二弦之炁是也。〔註48〕

並未作進一步發揮，倒是下一首「好把眞鉛著意尋」下薛氏說：

> 眞鉛即金丹也。地魄在外藥則白虎是也，在內藥即金丹是也。天魂在外藥則青龍是也，在內則己之眞氣是也。水金在外藥則虎之弦氣，在內則金丹是也。……但將白虎擒龍，自有青龍制虎，二氣相吞而產金丹，後將此丹擒自己之眞氣，眞氣以戀金丹而結聖胎也。〔註49〕

他們的關係如下圖：

	內	外
眞　鉛		虎初弦之氣
眞　汞	己之眞氣	龍初弦之氣
天　魂	己之眞氣	青　龍
地　魄		白　虎
水　金		虎之弦氣

〔註46〕見《方壺外史》，頁120。
〔註47〕見《方壺外史》，頁123。
〔註48〕見《三註》，上頁22。
〔註49〕見《三註》，上頁23。

陸氏則又不以爲然

> 此篇紫賢註過於分晰，且有語病，曾爲更改。眞鉛者，先天眞乙之炁，水中之金也。……眞鉛在外則爲眞乙之炁，以其可聚可散而藏於至陰之中，故名之曰地魄。歸於鼎內，結而成丹，則曰水金。眞汞在內則爲神火，……故曰天魂……名朱汞。地魄擒朱汞者，……而汞爲鉛伏也。天魂制水金者，養以神火而抽鉛添汞也。〔註50〕

其意如圖所示：

	內	外
眞　鉛	水　金	眞乙之炁、地魄
眞　汞	神火、天魂、朱汞	

二圖相較之下，可明白看出，陸氏在外根本無朱汞青龍，及其初弦之氣這些東西。而多出了「眞乙之炁」的說法，這是陸氏雙修法中最核心的觀念，如果不是爲了得到這個東西，陸氏根本不會走上雙修這條路。在《老子玄覽》一書中他就是靠這個觀念將老子解釋成雙修法，他以爲只有此眞乙之炁才是自虛無中來的元始祖炁，可助修行人體化純陽。

薛道光對內外藥法象有進一步的說明：

> 修丹之法，先取上弦西畔半輪月得陽金八兩，次取下弦東畔半輪月得陰水半斤。◐◑兩個半輪月，合氣而生丹，故得金丹一粒，似月圓也。此外藥法象也。及得此丹吞入己腹中，謂牽此白虎歸己腹中，配以我汞，然後運陰符陽火，鍛煉而成金液還丹一粒，亦重一斤，此內藥法象也。〔註51〕

說的比前面要清晰，而陸西星卻如此評論：

> 紫賢內外法象取喻月圓之義，一言弦炁二八，二言卦火爻銖，合應一斤，反覺支紐。〔註52〕

他以爲弦氣之二八和卦火之一斤，不應分開來談。斤兩如何並不是主要的問題，而且外藥本身也不能重一斤。外藥半斤加上內藥半斤才合爲一斤。

薛道光尙有另一種表達方式：

〔註50〕見《方壺外史》，頁124。
〔註51〕見註上29。
〔註52〕見《方壺外史》，頁127。

> 聖人知己之眞精乃後天地生而屬陰，難擒易失，是以採先天之炁，
> 以眞陰眞陽二八同類之物，擒在一時，煉成一粒，名曰至陽之丹，
> 號曰眞鉛，此造化卻在外，故曰外藥。

> 卻以此陽丹擒自己陰汞，猶貓捕鼠耳。陽丹是天地之母炁，己汞乃
> 天地之子氣，以母炁伏子氣，子母相戀，豈非同類乎？其造化在內
> 故曰內藥。〔註53〕

逕以陽丹稱呼外藥，並說明那是眞陰眞陽二物合成的。對修行者身中之物則
稱爲「眞精屬陰」、「陰汞」，而避免稱爲「眞陽」，因爲那是外藥之青龍的專
稱。但是又稱己汞爲天地之子氣，而己汞是後天地生屬陰的渣滓之物，如何
能稱爲天地之氣呢？陸西星在此處就主張用清淨法將凡汞煉成眞汞，即使凡
息經由神氣相依而成眞息，然後採藥入內與之相合，這樣採藥的立場也顯得
合理一點。當然，就龍虎丹之構想來說，其外藥之陽丹已具有如外丹之效用，
煉己工夫並不是那麼迫需要，只是它不宜將己汞稱爲天地之子氣。

　　眞陰眞陽是同類，陽丹陰汞仍是同類，凡持陰陽雙修法者都同意同類才
能互補，所以外丹不行，因其爲凡鉛凡汞所煉，非我同類，清淨內丹亦不行，
因其獨修一物，孤陰無陽，終究無法提昇到體化純陽的境界。所成就者只是
清明的識神而已，無法體化純陽，身外有身，這種竹破須竹補，牝雞難自卵
的想法早在《參同契》時就有了。但是陸氏所個別強調的觀念是：「陰陽之精，
互藏其宅」，此語出自邵康節之詩。它的意思是離與坎即男與女，可互相交換
卦中一畫以補全自身。基本上是雙修雙成的思路，但是陸氏或其他彼家丹法
在使用此語時通常都只是片面而已，即是強調取坎塡離，而未主張取離亦可
塡坎。個中原因除了男性中心思想作祟外，道教思想亦自有內在之矛盾。因
爲坎補全之後爲坤、坤代表陰。但內丹派又說凡後天生有滓質之物皆是陰，
所以離是陰，乾是陽。照此思路，坎是陰不會出問題，但坤究是陰還是陽呢？
如果女性亦可成仙，仙必是純陽，那坤就該是陽了。但這個理論上的疑點從
未被內丹的著作表白或解決過。

　　但是，薛道光對此取坎塡離的說法並不同意：

> 以金丹爲坎中一畫，此後天地生滓穢之物，何敢比先天之道也。
> 〔註54〕

〔註53〕見《三註》下，頁3。
〔註54〕見《三註》中，頁11。

因為他以為只有瀕臨破體的童男女才夠資格被稱為煉藥之坎離，他們此時身上都有一種自虛無中來，有氣無質，先天地生的元始祖氣，是純陰無陰的。若是已破體之男女所生者已是有滓質的後天之物，不堪用為藥物。雙修法就是以此觀念反對已破體之人用清淨法，認為那無助於體化純陽的神仙事業，龍虎丹法亦是用此來反對彼家丹法，因二者無法配合。因為只有坎中一畫的白虎初弦之氣是不夠的，那也是滓質之物，須龍虎初弦之氣交媾而成者方是陽丹，才是先天之道。這個說法幾乎把彼家丹法的基礎給否定掉。若要薛道光接受陸西星「陰陽之精互藏其宅」的說法，只有將這句話限制在指外藥之真龍真虎。有些人覺得陸西星的丹法直截簡易，但不知其簡易有個人改革處，也有理論上的必然處，如和薛道光的龍虎丹法比較，陸氏的簡易和薛氏的分晰支紐都是有道理的。

　　另外可以談的問題是：雙修法會否會損傷到對方。薛道光在這點上未表示意見，陸子野和陳上陽都表示無損於對方。子野曰：

　　　　求丹伏汞之法要在調和，無使太過不及之患。太過則恐傷於彼，不及則恐不結丹。

上陽曰：

　　　　彼既無虧，我亦濟事。〔註55〕

這是正統雙修法以為他們和房中術及三峰術不同的一個原因，此外他們也要求自己不可有房中術的淫邪之念。

　　陳上陽則明白提出性命雙修之說：

　　　　內藥只了性，外藥兼了命。內藥是精，外藥是氣，精氣不離故云真種，性命雙修，方證天仙也。〔註56〕

　　　　學者下功之初，先去三尸六賊，煉得心如太虛，六根淨盡，方可入室而煉大丹。〔註57〕

性命雙修原是北宗清淨法較常用，陳氏出身北宗馬丹陽支裔，即使要吸收陰陽雙修法，也不致叛離本宗。後來陸氏強調雙修法中性功的重要，並大舉擴充其內容，和陳氏應有相當直接的關係。

　　關於「玄牝」一辭各方也有異見。清淨派以口鼻為玄牝，以心腎為坎離，

〔註55〕見《三註》中，頁4。
〔註56〕見《三註》下，頁4。
〔註57〕見《三註》中，頁32。

固不待言。即在雙修法中亦有玄牝在何處？及玄牝是一是二的爭論。薛道光曰：

> 或者以兩腎中間混元一穴爲玄牝，非也。蓋玄牝乃二物，豈可通作一穴言之。

上陽子曰：

> 蓋玄牝乃人身出入之門戶，金丹由此而修合，大修行人先要洞明玄牝之旨是陰陽媾精之處。〔註58〕

陸西星則說：

> 蓋玄牝者乃人身中體具未分之太極也，中有陰陽故曰玄牝。神氣於此而歸根，日月於此而合璧，人能憑此以立根基，然後谷神可以不死。然是玄牝也，分而言之則有門戶，故曰玄牝之門，其在造化是爲生人生物之根。〔註59〕

他支持薛氏反對的意見，玄牝指氣穴而言。這和他凝神入氣穴的煉己工夫有關。他也反對陳上陽玄牝爲出入門戶的說法，他稱那是玄牝之門而不是玄牝，二者是體用的關係。

第三節　《玄微心印》和《三峰丹訣》所透露的雙修法內容

這二本書都收在清代東派宗師，濟一子傅金銓所編的《證道秘書十七種》中。根據我們的了解，此二書所言之內容和陸西星的說法有限大不同，但它仍被東派後學選爲證道之書，而且明白托出修煉過程中之細節，對我們了解陰陽雙修法有很大幫助。

《玄微心印》

此書爲四人合寫。〔註 60〕在《玄微心印論》中說「余感太上宏慈，續正陽嫡派，爲上陽之嗣孫」，可知他是屬於陳致虛這個系統，即所謂南北合修的路數，所以他說「清淨乃首尾之功」就不足爲奇了。

〔註58〕見《三註》中，頁33。

〔註59〕見《方壺外史》，頁146。

〔註60〕據原書記載，此四人爲天都紫陽道人趙兩弼，豫章兩顧道人胡愷，蜀東東峰子丁守明、南昌四一學人喻太眞。我們所見者爲自由出版社的影印本，民國73年，台北。

此書主張「聚氣開關」，原則上和陸西星相同。他說：

> 凡要開關，先將神守黃庭土釜，即金胎神室也。于此踵十二息下穀
> 道。長抽一吸，緊攝穀道，運動下關，接腎關至夾脊，又十二息上
> 玉枕……又從泥丸宮……下明堂……降下金橋，過銀河華池，降重
> 樓，下降宮神室爲一轉。〔註61〕

基本上仍是逆上督脈，下任脈的小周天巡環。其特色在存守之處有多種，功
效不同，他說：

> 守任督者不若守氣機，守氣機不若守泥丸，守泥丸不若守心，守心
> 不若死心之爲妙也，欲死其心，必須煉性。〔註62〕

他以爲心下一管正對脊之處最宜存守，和陸西星凝神入氣穴似乎不同，陸氏
相當於此書之守氣機。但是他又說守心不如煉性，而陸氏之凝神是將澄神遣
欲收攝於其中，而澄神遣欲不相當於煉性嗎？是故二者並沒有實質上的不
同。

　　書中談及擇鼎時有先後天之分，近於仇兆鰲而遠陸西星。他說：

> 須用神州縣美鼎。先天者必按藏經之數，後天如鑄劍築基煉己，或
> 二七二八二九皆可用，過此以往，藥味淡薄，不堪取用。〔註63〕

後天鼎限制在十四至十八歲之間。先天鼎的藏經之處乃五千零四十八日的代
號，亦差不多在十四歲左右，裡面有一套複雜的計算方式。此待下文再論。
選擇時有四美五病的標準。四美是：言語響亮，臍腹深厚，目睛黑白分明，
齒牙瑩潔。五病是：陰旋，爐道堅，花頭尖，腋有狐氣，經期先後。

　　本書所言之丹法在大小周天之後接著是「鑄劍」。其法是：

> 丹士須擇無破無損美鼎三具，或重二七二八二九者。安於靜室，調
> 養數月，待其前弦之候，月桂將開之際，即施行地天泰卦，用體隔
> 神交之法，以劍穿過琴床眼內，入太陰爐。〔註64〕

這個階段要用三個童女。地天泰卦是指女在男下的體位。體隔神交是指男女
之間隔著一張琴床，琴床樣式如圖。

〔註61〕見頁 25。
〔註62〕見頁 28。
〔註63〕見頁 32。
〔註64〕見頁 57。

琴床式

一名撥火筏于

二名上天梯子

用柏木為之依法作

玄武尺量二九一尺

式寸首廣尾挾高

寸覓窄量入身大小

這是雙修法中的正式儀式。不過：

> 倘不使用琴床，不行泰卦，只要鼎佳，即依世法，亦可延年。〔註65〕

本書顯然未嚴格遵守規矩，而東派是以嚴秘著名的。陸西星從清修開關直接過渡到入室採藥，並沒有這個階段。

本書第三個階段是「築基」。他以為男子到十六歲純陽未破，此後不論汞走與否，卦象一翻，乾體即破。在這種情況下，不求後天之鉛無以制汞而固形，但若遽求後天之鉛又難當真火之焚熾，所以求鉛之前要先築基。其法是：

> 用美鼎三副，重十四十五十六者，每副從前月後弦癸盡陽生之時算

〔註65〕見頁 62。

起，五日一候，算至前月二十八日午時看經。俟三十日亥末子初，
正當三十時辰之際即彼家前弦生藥之活子時也……其下手之坎上離
下，體隔神交，進火退符，寅申內外，卯酉沐浴，俱與鑄劍同法。
至玉漏寒聲，鉛鼎溫溫，此降藥活子時也。于內腎就近處，運一點
真汞，迎藥過橋。〔註66〕

此法前半段和鑄劍時相同，只是在彼家降藥要運汞迎鉛，重點在運與迎二字，
不像鑄劍只是納天根於月窟中不動。但所謂運迎並不是如凡媾般之運動。因
為：

若動而戰則彼之氣變成質矣。戰而採吸此渣滓之物，豈能與我先天
虛無之神氣配合而成丹哉？〔註67〕

這點倒是和陸西星對雙修法與御女採戰法的分別相應，陸氏說前者是有戰之
理而無戰之事，後者則有理有事。這個階段也要三個童女。陸西星的系統仍
然跳過此階段。

　　本書下一步驟是「玉液還丹」。介紹此法之前須先說明前後弦的意思。前
弦是：

三十日亥末是今年初盡處，子初是明日未來時也，此時當採其後天
之先。

此處後天之先相當於仇兆鰲所說的「金」。後弦是：

癸盡陽生是初三日巳未午初，弦前屬陰，弦後屬陽，陽中陰半，得
金中之水八兩，於此時採其後天之後。〔註68〕

此後天之後相當於仇氏的「水」。道教雙修法常爭論採藥應在月經之前或之
後，贊成在前的人說「鉛遇癸生須急採」，贊成在後的人則說「癸盡鉛生」，「經
罷符至」。此處顯有調和二派的意思。本書之玉液還丹法是：

如此每月月桂花開，兩弦奪金氣一銖，十二月奪十二銖。好鼎十副，
一年得一百二十銖，三年共得三百六十銖。連所稟父母二十四銖之
祖炁，共得三百八十四銖，合卦三百八十四爻。如法財多，廣制鼎
器，則三年之功一年可畢。〔註69〕

〔註66〕見頁64。
〔註67〕見頁67。
〔註68〕見頁69。
〔註69〕見頁71。

此階段的做法和前二階段相同。只是此階段要十個少女，最好是錢多，三十個亦不嫌多。雙修法每每強調修法當選在通衢要道，找有權勢者護法，其目的就是為了張羅這些少女，及彈壓可能引起的非議。「有勢無力則浩大之費無從取給；有力無勢則外患多端，無由彈壓。」〔註70〕

接下來的步驟就是最具關鍵性的「金液還丹」。金液就是採取先天以結金丹。而「欲識先天，須問老陰年甲，次算少陰生庚。」〔註71〕即須精密計算童女及其母之年紀及生辰。其餘功法與前幾個階段沒有太大不同，只是在採藥後尚要飲蟠桃酒。所謂蟠桃酒即是少女的乳汁，其法是令十四歲的少女服某種藥，方便乳房脹大，將其取出以供服用。他們稱為「返經作乳」即是將原先將表現在白虎首經中的先天祖炁，用藥物將它逼回乳房。這似乎受到三峰術的影響。這個部份也要用九個少女。

> 服至九鼎，己汞自乾，血變為純陽，面如童顏，髮白轉黑，齒落更
>
> 生。〔註72〕

似乎蟠桃酒可單獨使用，也可配合採藥時服用。

再下一階段是溫養。此雖已結成丹，但未堅實，全仗火候，進火退符之功，溫養澆培。但其法與

> 鑄劍築基採藥不同，用鼎三具，朝一暮一，餘一鼎以防月桂花開，
>
> 開則不可用。〔註73〕

到這個階段複雜的工法就告一段落了。所用之童女簡單估計要二十七個，也可多到四十七個，數量不可謂不多，浩費之資不可謂不大，難怪彼恆言道侶財地缺一不可。柳存仁先生曾說宋以後凡言道侶財地者都有雙修的嫌疑，亦可從此得到印證。本書倒是有個特殊的說法：

> 自此丹房器皿委棄不用。凡得藥之鼎善為撫之，俟另煉服食點化，
>
> 以酬伊功。〔註74〕

似乎有點雙修成的意味，不過是借外丹助道侶，和純粹由雙修以雙成的丹法尚有距離。

再下一階段就是到名山勝水，修三年九載的抱一面壁工夫。這個階段則

〔註70〕見頁132。

〔註71〕見頁36。

〔註72〕見頁46。

〔註73〕見頁76。

〔註74〕見頁77。

無異說。

《三峰丹訣》

本文只介紹其與前書不同之處。這本書基本上採龍虎丹之立場，其特殊的說詞來自這個立場。

此書前三個階段分別是：踵息鍊氣、積氣開關，玉液鍊己。做法和前書並無多少不同。真正的不同要到「金液還丹」時才出現。

在選擇鼎器時，作者說：「鼎者真龍真虎也」，一語道破丹法玄機。鼎有三等：

一、下等者五五、三八、三七之數，雖屬後天，可習鍊火工，滋培弱龍，添油潑燈，富國安民。

二、中等者，五四、二九、二八也。陰陽未合，首經已過，未經產育，河車未破，可為接命留形，長生住世，以成人仙。

三、上等者，七七藥材，鴻蒙未判，合天上庚月而開七日，謂之真白虎。〔註75〕

對鼎器的選擇標準要比前書寬泛的多，與房中術的界限也因之模糊。此書除需白虎外亦要青龍：

> 二八乾龍，真精未漏，此真青龍。〔註76〕

青龍只在鍊金液還丹時用，對他的要求也不若白虎般瑣碎。

此書記載金液還丹的做法，可以拿來和上乘丹書中所隱寓言之者相對照。其法是：

> 於經罷符至，三日庚方。乾坤二鼎，兩手勾肩，乾上坤下，男不寬衣，女不解帶……坤鼎以火棗常探乾金火候。舌如水，藥將至；棗如火，藥將通，即行採法。〔註77〕

這是龍虎丹法採藥的第一階段，用天在地上的否卦，白虎採青龍。第二階段則修真主人親自上場：

> 觀其珠結，光透簾帷，壬水魚鱗，禎祥片片。去虎下衣，修真主人亦去下衣，彼坐三足月牙椅上，地天泰卦，用彙籥謹閉三寶……待其真水到二分，我即以內腎近便處，運一點真汞迎鉛……卻分使一

〔註75〕見頁134至135。

〔註76〕見頁135。

〔註77〕見頁143至144。

　　意神從太玄關發起火符，從尾閭上泥丸，度過金橋，入黃庭，一心
　　內照，如雞抱卵，如龍養珠，不可須臾離也。〔註78〕

此時要顛倒位置，地在上天在下，行否卦。這是否泰二字在陰陽雙修法中的
特殊用法。《悟眞篇》說「饒他爲主我爲賓」，就是這個意思。在這個部份龍
虎丹法和彼家丹法並沒有基本上的不同，都是採藥上督脈，下任脈，入氣海。
然後溫養，以至出陽神。身外有身後再求粉碎虛空，即達煉神還虛，與道合
眞的最高境界。

〔註78〕見頁 144 至 145。

第五章　房中術的源流

　　房中術之所以以「術」名者，表明了它和醫卜星相等方術是處在相似的地位上，只是在我國泛道德主義的傳統中，不免因其事涉敏感的性生活之理論與實際，而為正派人士所不欲談。但雖不欲談，房中術仍側居邊際文化之中而流傳或流行。

　　基本上房中術有二個不完全能夠分離的側面。一是它和早期之方士或後期的道士所持的養生法有關；一是它在我國醫學典籍中居一席之地，雖然通常是末席。而醫術與方術在起源上並不是麼截然分明，或許巫就是它們的共祖吧。這是它們不能完全分開的原因。

　　欲論房中術不妨從其相關的早期方術著手。在戰國初期的「行氣玉佩銘」有如下文字：

　　　　行氣，罙則蓄、蓄則神、神則下，下則定、定則固、固則明、明則
　　　　長、長則天。天六春才上、墬六春才下。巡則生、逆則死。〔註1〕

全文是在描述行氣過程中的現象。楚辭中之〈遠遊〉則對行氣一事如此描述：

　　　　餐六氣而飲沆瀣兮，漱正陽而含朝霞；保神明之清澄兮，精氣入而
　　　　穢氣出。

後二句尤其將行氣的過程及效果清楚交代出來。而《莊子・刻意》篇則有如下記載：

　　　　吹呴呼吸，吐故納新，熊經鳥申，爲壽而已矣。此道引之士，養形

〔註1〕見羅振玉〈三代吉金文存〉卷二十第四十九葉。另郭沫若、陳夢家二氏也有
　　　釋文，雖在個別文字上有不同，但就內容爲描述行氣過程而言，則三氏並無
　　　異辭。

之人，彭祖壽考者之所好也。

在這裡吐故納新的行氣，與按摩道引已並列為養形之人的功課。《淮南子‧精神》篇：

> 若吹呴呼，吐故內新，熊經鳥伸，鳧浴蝯躩，鴟視虎顧，是養形之人也。

已經比〈刻意〉篇多出好幾個動作。而近年出土的馬王堆帛書中有一幅彩繪導引圖，可辨認者有二十八種形，尚有十多形漫漶不清，在數目上比前二者要多出不少，而且除了與前二者相同的模仿動物的體操外，尚有部份是針對特殊病況而發展出來的療法。由此可知帛書導引圖是比前二者完整或進步的東西。這種導引多半與行氣合用，導引是引體令柔，行氣是導氣令和，故可推論帛書時行氣的技巧也應該有相應的進步。

在同一地所出土的帛書中就有一篇名〈卻穀食氣方〉〔註2〕的文字，與前述〈行氣玉佩銘〉或〈遠遊〉的文字比較起來，此文並未談到理論性、原則性的問題，而是談如何斷穀而食氣等技術性細節。似乎導引行氣與卻穀食氣二者中的「行氣」與「食氣」並不是一回事。導引之行氣較接近後代氣功觀念，是促使氣血能貫流全身不使阻滯。而辟穀食氣的構想卻與近代借斷食物以治療慢性病的作法接近。前者注重體內氣的流動不滯，後者則吸收天地精氣以改善或增強體內之氣。不過在辟穀之後的食氣過程中也可允許運用導引中的行氣法，二者並不是互相排斥的觀念。〈行氣玉佩銘〉似乎指的是行氣，而〈遠遊〉則或如我們所指陳的食氣中兼有行氣。《史記‧留侯世家》曾說張良「性多疾，即導引不食穀」，又說「乃學辟穀導引輕身」，可知這些方法通常是混合著用。

以上這些方術都有先秦古籍與出土文物相印證，而本文所要討論的房中術卻寂寞的很，《漢書‧藝文志》雖著錄了房中家八家一百三十六卷，而西漢之前未有今存之古籍提過它，此現象或許是因為它較晚出現，或不流行，更有可能的是正經的作者在提及方術時，多用「舉偏蓋全」的手法將其帶過，以免尷尬。因為《漢志》所著錄的導引方面的書籍並不比房中家多。

所幸，在馬王堆漢墓中也出土了一批竹簡（少許木簡）約二百枚左右，

〔註2〕馬王堆第三號前漢墓出土。我們看到的是日本學者坂出祥伸等的釋文。見《新發現中國科學史資料之研究、譯注篇》，頁291至296。日本、京都大學人文科學研究所。

談論的主題即環繞著房中養生，研究者就把它名為「養生方」，並說是與《漢志》房中家所著錄者為同類書籍。〔註3〕

觀察這一批文字，可以看出幾點特色：

一、可以證明《漢書‧藝文志》上所著錄的書確曾存在。養生方中之文字多屬問答式，其中出現的人物有「黃帝－天師」、「黃帝－大成」、「黃帝－曹熬」、「黃帝－容成」、「堯－舜」、「王子巧（喬）－彭祖」、「磐庚－耆老」、「禹－師癸」、「文執－齊威王」、「秦昭王－王期」。而《漢志》錄有：

1. 容成陰道二十六卷。
2. 務成子陰道三十六卷。
3. 堯舜　陰道二十三卷。
4. 湯盤庚陰道二十卷。
5. 天老雜子陰道二十五卷。
6. 天一陰道二十四卷。
7. 黃帝三王養陽方二十卷。
8. 三家內房有子方十七卷。

除6～8二者未出現外，其餘都確實有書以他們為名。而養生方有的，《漢志》也未全著錄。

二、與後世房中術關係甚大的彭祖在此時也已經被著錄。

三、房中術似開始有援引今《老子》之文句以立論。如「凡將合陰陽之方……上常山、入玄門、御交筋。上欲精神乃能久視，而與天地乎存。交筋者玄門中交脈也。」其中之「玄門」即後世房中書之「玉門」，指女性性器官。此詞疑出自老子首章「玄之又玄、眾妙之門」。若確是如此，則本文實開東漢道教派老學如《想爾注》、《河上公注》的先河。又「王子巧問於彭祖曰：人氣何是為精虖？彭祖曰：人氣莫如竣精……」此「竣」疑同於「朘」，《老子》五十五章「未知牝牡之合而朘作，精之至也。」這種對赤子的偏愛為《老子》及房中家共享。當然我們也可以說《老子》哲學之起源本就是汲取了許多養生家的精華，而不是養生家援引老子。

〔註3〕馬王堆三號墓第五七號方盒所出共二卷，第一卷共一百三十簡，包含〈十問〉和〈合陰陽方〉。第二卷共六十七簡包含〈雜禁方〉和〈天下至道談〉。這一部分和其它醫書比較起來，因對照資料缺乏，故解釋上較困難。我們看到的是麥谷邦夫根據周世榮的釋文整理而成的釋文和注釋。見前引書，頁297至362。

四、房中家與其它養生方術最主要的不同在於，他們肯定生命是最可貴的東西之後，接著問：

> 人有九竅十二節、皆設而居。何故而陰與人俱生而先身去？

其下手切入的問題意識即有不同於其它養生家所在，而其提出的對治之方也是由此著手，其中大致可分為二系統：

1. 容成之說。他說：

> 君若欲壽，則順察天地之道。天氣月盡月盈，故能長生；地氣歲有寒暑，險易相取，故地久而不腐。君必察天之情、而行之以身。

根據此天人相應的模式而主張：

> a. 新氣易守，宿氣為老，新氣為壽。善治氣者使宿氣夜散，新氣朝聚。

> b. 食氣有四季之禁，朝暮亦有不同的方式。

> c. 治氣之精，出死入生……此謂搏精。治氣有經，務在積精，精盈必瀉，精出必補……。

這是根據反者道之動的循環不息模式而定出的養生法，也只有這樣才能調和「治氣」與「積精」二者的互斥性。〔註4〕

此說已引入天人相應的觀念，但未羼入陰陽五行的說法。後來董仲舒在《春秋繁露·循天之道》第七十七中補入了這個成份。他說：

> 天地之氣，不至盛滿，不交陰陽。是故君子甚愛氣而遊於房，以體
> 天也。氣不傷於以盛通，而傷於不時天并。不與陰陽俱往來，謂之
> 不時；恣其欲而不顧天數，謂之天并。君子治身，不敢違天。

此說之特色在主張精滿而後交，而排斥交而不施。不施乃是逆天而為。這種說法並不是房中術的主流，東漢末的五斗道也與此相似，不過其根據乃在守誡寡欲，而不是天人相應。

2. 主張閉精。

> 彭祖答曰……彼生有殃，必其陰精漏洩……死生安在？……實下閉
> 精氣，不漏洩。

〔註4〕此處「積精」的精字可有二義。一是指氣之精，如此則與本文討論的房中思想無關。二是指男性之精液，如此則治氣和精液已經產生關連。文中明言「治氣之精」，似乎精只是氣的純化狀態，則積精與積氣無別。但文中又說「精盈必瀉」，若治氣之目的在「精氣入而穢氣出」則斷無「精盈必瀉」之理。所以我們傾向於接受第二個意義，積精指累積精液而言。但此處之積精是盈虧反復的型式，而不是無限制的積累。這樣才不會和治氣產生矛盾。

> 長生之務，慎用玉閉，玉閉時辟，神明來積，積必見章。玉閉堅精，
> 必使玉泉毋傾，則百疾弗嬰，故能長生。

上引資料在面對欲望會對身體造成傷損此一事實時，採取了「閉精」的策略以爲因應，力求將生化不息的天地賦形於身中的精華予以封固在身中，以求能如天地之長久。到目前爲止，這樣的主張和禁欲的煉氣者並無不同。也同樣無以面對天地所以不朽者在於其日夜相交，往來不已的詰問。爲了回應這樣的論難，他們提出了其所以爲房中家的主張。也就是葛洪說的「其要則在還精補腦一事耳」，當然此時尚未發展到如此複雜的概念，他們只知道交媾而不射精對健康是有幫助的，特別是對那些擁有大量嬪妃的帝王，這或許就是這些文章都是採取帝王與修行者對話的方式寫作的緣故。他們這麼做有逆天也有順天，陰陽相交即順天而行，縱女而不施卻是盜機逆用，他們相信這樣可以同時回應禁欲者與寡欲者二方面的挑戰。後代修行者說「順則成人，逆則成丹」，成仙本就是要逃脫五行生剋之規律，逆向而行自是在所難免。爲達到縱女不施的能力，他們發展出一套方法：

> 接陰之道，以靜爲強，平心如水……水無怵惕……

這種方法幾乎已可將道家哲學中的煉心功大吸收到房中家來。以後很長一段時期，房中術都捨棄了這個方向，只用技術性的肌肉控制達到閉精的目的，終至於日趨下流。一直到宋以後陰陽雙修法興起，才深化了此法的哲學性基礎。

此外他們也提到如何使精氣充滿的方法，包括了藥物及身體上類似導引的練習。不過此派並未提及後世房中術的另一要素：時辰天氣上的禁忌。這點或許是緯書因素加入後的產物。也沒有採陰補陽的想法，其強調者只是不洩而已。他們所吸收的是天地之精氣，透過治氣的方式。

綜觀上述各點，除陰陽禁忌思想和採陰補陽外，後代房中術的諸構成要素已出現。其中雖未出現成仙的字樣，卻也有「壽參日月，爲天地英」的說法，因此將它們視爲神仙方士的產物，大概不會有問題。

東漢之後，除了上述神仙方士等注重個人修練之傳統持續流行外，另外道教的興起亦爲房中術引入新的內容，而二派也都和《老子》建立了關係。首先登場的是《太平清領書》，亦即今之《太平經》。《後漢書・襄楷傳》說此書「其言以陰陽五行爲家，而多巫覡雜語」，又說「專以奉天地順五行爲本，亦有興國廣嗣之術」，其中「興國廣嗣」之術和本文的主題有關。它反對「貞男貞女」，它說：

> 夫貞男乃不施，貞女乃不化。陰陽不交，乃出絕滅無世類也。二人
> 共斷天地之統，貪小虛僞之名，反無後世，失其實核，此天下之大
> 害也。〔註5〕

又說：

> 飲食陰陽不可絕，絕之天下無人。〔註6〕

從上述資料可以看出他的立場是陰陽生化的法天思想，落實到庶民道德就主
張男女須合理婚配，不可「貪小虛僞之名」，這應該可包含已婚而失偶者在內。
這是它合理的一面，但是它也有下述主張：

> 然天法，陽數一，陰數二……陽者尊，陰者卑，故二陰當共事一陽。

這套思想基本可操控由心，人文色彩不高。基於陰陽和順之最高原則，他們
不會主張「閉精長壽」這種神仙觀是很自然的事。

《太平經》基於國之富強而支持廣嗣之術，其對性生活之節度，理論上
應不出前引《春秋繁露》之方向，但今之《太平經》亦有以下含義不明確之
文字。

> 天符還精以丹書，書以入腹……五官五王爲道初，爲神祖，審能閉
> 之閉門戶……守之既久，天醫自下百病悉除，因得老壽。愚者捐去，
> 賢者以爲至寶。此可謂長存之道。〔註7〕

文中不只提及「還精」這個比「閉精」進步的概念，而且此一至寶是隨人意
志而可捐可寶，且和人之健康老壽有關。綜合這些因素很難說文中之「還精」
不是房中術脈絡裡的意義。但是「還精」和其「陰陽不可絕」的主張是矛盾
的。而且從《後漢書・襄楷傳》及李賢注引的《太平經》內容來看，他認爲
要克服皇室無子或短命之問題，宣從修德省刑，省欲去奢方向著手。《太平經》
由他二度推薦給朝廷，應當不致逾越他自己的原則。那麼我們能解釋上述矛
盾的答案就是：《太平經》不成於一人一地，今本已非原本。

接著我們要討論五斗米道。《魏書・釋老志》記載寇謙之：

> 清整道教，除去三張僞法：租米錢稅男女合氣之術。大道清虛，豈
> 有斯事。

可知後代道教改革者將「男女合氣」之術視爲主要對象之一。而後代道佛辯

〔註5〕《太平經合校》卷三十五，頁37。王明校，台北鼎文書局影印。
〔註6〕前引書，頁44。
〔註7〕前引書，頁330。

論時，佛教徒也從此點給予道教猛烈的批判。〔註8〕迫使道教徒辭窮之餘，不得不加以改革，但實情如何呢？

近代出土的敦煌寫本中，有一卷名爲《老子想爾注》的殘卷。〔註9〕學者間對它的年代有很大爭論，〔註10〕不論如何，將它視爲了解三張教理的直接文獻仍是可行的。

《想爾注》中對性生活的規範花了很多篇幅去解釋。在「綿綿若存」之下注曰：

> 陰陽之道，以若結精爲生。年以知命，當名自止。年少之時，雖有，當閑省之。綿綿者微也，從其微少，若少年則長存矣。今此乃爲大害，道造之何？道重繼祠，種類不絕，欲令合精產生，故教之。年少，微省，不絕，不教之勤力也。……上德之人，志操堅彊，能不戀結產生，少時便絕。又善神早成，言此者道精也；故令天地无祠，龍无子，仙人妻，玉女无夫，其大信也。

「仙人妻」似當作「仙人无妻」，方才一貫。其立場顯示，就一般人而言，並不採禁欲態度，而是既「不絕」又「微省」。但是對特出之人，則鼓勵他們早斷絕，因爲精乃「道精」。成仙成神，端賴於此。故「其中有信」下曰：

> 古仙士實精以生，今人失精以死。

在「知其白守其黑，爲天下式」下曰：

> 精白與元炁同，同色，黑，太陰中也，於人在賢（腎），精藏之。

據此以觀，其立場與方士之房中寶精並無不同。其實不然，他嚴勵批評房中術，在「揣而悅之，不可長寶」下曰：

> 道教人結精成神，今世間僞技詐稱道，託黃帝、玄女、龔子、容成之文相教，從女不施，思還精補腦，心神不一，失其所守，爲揣悅不可長寶。

既要「結精成神」，又反對心神不一的還精法，捨禁欲無他法。但我們知道其

〔註8〕如《廣弘明集》卷九，甄鸞〈笑道論〉，道士合氣條。卷十三，法琳〈辨正論〉等。

〔註9〕存倫敦大英博物院，東方圖書部，編號6825。經文注語相連，不獨無分章隔句，且經注行位，字體大小，亦毫無示別。饒宗頤《老子想爾注校箋》中有釋文。香港東南出版社，1956。

〔註10〕李豐楙，《魏晉南北朝文士與道教之關係》，頁70。台北，政大中文所，民國67年。

教理並不主張禁欲,他反對房中術的重點,除了可能造成縱欲外,當包括「心神不一」這種態度,因為它會侵蝕教徒對宗教的虔誠度。在「復歸於无極」下曰:

> 知守黑者,道德常在。不從人貸,必當償之,不如自有也。行玄女經、龔子容成之法,悉欲貸;何人主當貸若者乎?故令不得也。唯有自守,絕心閉念,大无極也。

文中指責房中術採陰補陽的不應該與不可能,而主張絕心閉念的清淨修法。在「富貴而驕,自遺咎」下曰:

> 精結成神,陽炁有餘,務當自愛,不可驕欺陰也。驕欺,咎即成。

雖未明文主張男女平等,然已對房中術隱含的男性沙文主義有所責難,在當時是很難得的。但《想爾注》也不只破不立,在「谷神不死,是謂玄牝」下曰:

> 谷者,欲也。精結為神,欲令神不死,當結精自守……男欲結精,心當象地似女,勿為事先。

在「其中有信」下有進一步發揮:

> 古仙士實精以生,今人失精以死,大信也,今但結精便可得可得(此二字疑衍)生乎?不(否)也。要諸行當備。所以精者,道之別氣也,入人身中為根本,持其半,乃先言之。夫欲寶精,百行當脩,萬善當著,調和五行,喜怒悉去,天曹左契,筭有餘數,精乃守之。惡人寶精,唐(空也)自苦終不居,必自泄漏也。心應規,制萬事,故號明堂三道,布陽邪陰害,以中正度道氣。精並喻象池水,身為池堤封,善行為水源,若斯三備,池乃全堅。心不專善,無堤封,水必去。行善不積,源不通,水必燋干……

《想爾注》把寶精不漏提昇到宗教行善的層次來討論,可謂相當高明。此文已成功消化神仙方術於教義中,值得我們注意。《想爾》不相信結精便可得生,意謂他不相信房中術那一套。因為人身中之精並不完整,只如符券之半,另外一半操在上天手中,要長生須將此二半拼合起來。但天是有意志的,時時注視人們的行為,只有「調和五行,喜怒悉去」的情況下,才守得住自己擁有的一半精,此即前文所說的「絕心閉念」。但是,只有累積善行,才能得到握在老天手中之精。而且如果不積極爭取新精,舊精亦將乾枯。在此情形下,不為善是不行的。在此,我們實在佩服宗教家的洞見,竟可將被視為淫猥的

房中術導入勸人爲善的脈絡中。

但是，如果三張在漢中所行教法即如我們從《想爾注》了解到的這樣，那要如何解釋後代道佛二教人士對它的批評呢？是《想爾注》並不足以代表三張教法之精神？或其教法到後代變質，或是批評者言過其實？

來自佛教的批評或有曲解失實的可能，但道教鉅子如寇謙之的改革又將作何觀呢？李豐楙先生說：

> 想爾注似於房中術採折衷之態度……頗疑三張本意，但行諸夷民，
>
> 乃因時因地教化之法；其入華夏，乃覺荒誕耳？〔註11〕

但是從《後漢書》卷七五〈劉焉傳〉的記載來看，傳文說「民夷信向」，注引《典略》亦說「流移寄在其方者，不敢不奉也」。不管是否出於自願，反正漢人信道者不少便是。傳文又說「韓遂、馬超之亂，關西民奔魯者數萬家」。而漢末天下大亂不只這一次，奔魯者當更爲可觀。而如果《想爾注》是係師張魯所定，那麼其中透露的訊息就不能解釋爲順應少數民族而設。其既爲宣教聖典，就必須對每個教徒有效，而該地是一政教不分的宗教王國。而且注中批評禱祠，如「故有道不處」下曰：

> 有道者不處祭餟禱祠之間也。

「日餘食餟行，物又惡之」下曰：

> 天之正法，不在祭餟禱祠也……禱祠與邪通同，故有餘食器物，道
>
> 人終不欲食用之也。

《晉書·李特傳》說：

> 漢末張魯居漢中，以鬼道教百姓，巴人信巫覡，多信奉之。

信巫覡和頻繁的祭祠是常一併發生的，如欲因地立教則保留祭祠信仰的重要性不會低於容許他們過性生活。

而且注中批評守一法，「是旡狀之狀，旡物之像」下曰：

> 道至尊，微而隱，旡形貌形像也；但可從其誡，不可見知也。今世
>
> 間僞技指形名道，令有服食名字，狀貌長短，非也，悉邪僞耳。

在「載營魄抱一」下曰：

> 今布道誡，教人不違，即爲守一。

可知《想爾注》反對東漢末流行的思神歷藏式的守一，照《想爾》這麼做，守一即不成其爲守一了。

〔註11〕前引書，頁74至75。

《想爾注》肯定的方術是食氣。「而貴食母」下：

> 俗人食穀，穀絕便死；仙士有穀食之，無則食氣。

在「深不可識」下曰：

> 人行道奉誡，微氣歸之，為氣淵淵深也……。

又將食氣與奉誡牽合為一。寶精、守一、食氣都是以守誡為其基本內容。表現了較高度的宗教精神。

從以上討論可知，《想爾注》對中原流行的方術幾乎都有討論到，如果說在宣教聖書極力批評或澄清的是一些和教徒無干的「殊方異俗」似乎令人難以相信。不過，我們也知道只由五斗米道殘存的聖書所透露的消息並不足以作為對其實際可能出現的行為判斷的依據，畢竟理論與實際之間是有縫隙的。檢視當時人對其宗教活動的記錄絕對是必要的，只是今天我們已很難找到張魯在漢中時活動的史料，有的只是晉以後人的理解，斯時政教合一的時代已一去不返，即使是直承五斗米道的說法也無法保證沒有時代的新因素介入，這是我們要注意的。楊聯陞先生在討論南北朝道教清整運動時為我們找出了很多相關資料，據他的觀察，在北方由寇謙之推動的清整運動雖以「男女合氣」為批判的二大對象之一，但是：

> 清整以後的道教，並不要而且也沒有把男女合氣之術完全除去。《老君音誦誡經》也說：「然房中求生之本，經契故有百餘法，不在斷禁之列。若夫妻樂法，但勤進問清正之師，按而行之，任意所好，傳一法亦可足矣。」所反對者，只是「婬風大行，損辱道教」而已。
> 〔註12〕

這裡所說的房中有百又餘法，和葛洪說的房中之法百又餘事之間的關係不知如何？二者的合流互動在當時五斗米道徒流移各地的情形下是很有可能的，但是就漢中五斗米道的原初精神而言，其與屬於方術系統的葛洪所指稱的房中術有根本上的不同，前者是節制但不禁斷之順行法，後者則是不節制但不射精的逆行法。前者為了節制而構設了種種禁忌規範，其架構主要來自日月運行的天文規律，即所謂「黃赤之法」。西元九四三年，孫夷中集的《三洞修真義》（正乙部橿字下、九八九冊）中「初入道儀」云：

> ……如已成夫婦者，男稱清真弟子，女稱清信弟子，常依科齋戒，兼行黃赤交接之道。能便斷得即為佳也。

〔註12〕見〈老君音誦誡經校釋〉，《史語所集刊》第二十八本，民國45年。

可知黃赤之道在教門中是只行於已成夫婦者，且鼓勵他們斷絕，這和《想爾注》的精神是一致的。而關於童男女即入道的教徒，則「性情稍淳，與授三誡五誡，漸止葷血，自此得不更婚嫁。」也和《想爾注》稱美「年少便絕」的態度不違。此亦可見《想爾注》和《太平經》批評「貞男貞女」為貪小虛偽之名者不同。至於「黃赤之道」前文之下有注云：

> 此中言黃赤者，即陽道之法，順行也……其有夫婦者，令選時日，順陰陽，行交接……所謂赤天三五者，大凡日月運行皆依黃赤二道，號曰二景。凡眞人掌黃赤道事，以正陰陽，用日月星宮爲治所也。
> 〔註13〕

在這裡我們並看不到猥雜的成分，反有其尊重人性並兼顧宗教生活與社會倫理的正面意義。墮落之後的情形是不能輕易加在三張頭上，畢竟其社會政治基礎已不再是政教合一的王國。

而在南朝方面，楊文說：

> 後來南朝陸修靜等，雖也有一種道教清整運動，對房中術則未懸禁令。

即便陶宏景也未全然抹煞它，《眞誥》卷二〈運象〉篇：

> 清虛眞人授書曰：黃赤之道，混氣之法，是張陵受教施化，爲種子之一術耳，非眞之事也。

> 微夫人授書曰：夫黃書赤界，雖長生之祕要，實得生之下術也。

卷五〈甄命授〉：

> 君曰：此皆道之經地。黃書世多有者，然亦是祕道之事矣。天師取其名而布其化，事旨大略猶同。但每增廣其法耳。此所云黃書赤界，三一經涓子所說黃赤內眞者，非今世中天師所講者。〔註14〕

後一條可看出黃赤之道是有所增廣與別說的，這應是其遭致批評的背景。我們亦可了解道教宗師並未將教義推展到禁欲的程度，這要等崛起於金的全眞教才正式成立。〔註15〕

結束了對五斗米道關於房中術的討論，下文要將注意力移回到房中術的主流──方士派的發展上。《想爾注》中提到了「黃帝、玄女、容成、龔子」

〔註13〕轉引自前引文。
〔註14〕亦轉引自前引文。
〔註15〕李豐楙，《探求不死》，頁158。台北，久大，民國76年。

四家房中寶精法，和《漢書‧藝文志》的記錄比較下多出了「玄女、龔子」二者，《想爾注》所列舉的是較爲流行的，實際存在的想必更多。其中的容成法在東漢末似甚流行，《後漢書‧方術傳》記載：

> 冷壽光……行容成公御婦人法，常屈頸鷗息，須髮盡白，而色理如三四十時。

> 甘始、封君達、東郭延年三人者，皆方士也，率能行容成御婦人術，或飲小便，或自倒懸，愛嗇精氣，不亟視大言。

而左慈據注引魏文帝《典論》也說他「善補導之術」，可知房中術在當時方士間頗流行，而此時這些人尚未被含括到道教之中。這些方術到了集方術大成的葛洪身上有較詳細的描述。《抱朴子‧釋滯》篇曰：

> 欲求神仙，唯當得其至要，至要者在於寶精行炁服一大藥便足，亦不用多也。

可知在葛洪時代對房中術是其爲重視的，至於該術的實情則曰：

> 房中之法十餘家，或以補救傷損，或以攻治眾病，或以採陰益陽，或以增年延壽，其大要在於還精補腦之一事耳。

可知房中術在「還精補腦」的共同原則下，已因不同的目的而有所分化。值得注意的是，在馬王堆竹簡《養生方》中強調的「神明來積」、「通於神明」等最高境界則不復爲人提及，而突出了「採、補、腦、髓」等因素，及各種與生理相關的效果。可以說房中術的發展已縮小了它的適用範圍，捨棄了性命雙修並進的姿態。也莫怪乎葛洪說：

> 一塗之道士，或欲專守交接之術以規神仙，而不作金丹之大藥，此愚之甚矣。（〈釋滯〉篇）

在〈微旨〉篇中葛洪似乎涉及另一類型的房中術：

> 或曰聞房中之事能盡其道者，可單行致神仙，并可移災解罪、轉禍爲福、居官高遷、商賈倍利，信乎？

在這裡除了成神仙之關懷，亦涉及罪福等宗教上的範疇，我們懷疑這裡指的是五斗米道的黃赤之道，因爲只有此法才有宗教上的牽連。撲諸葛洪的答案亦透露了這個消息。

> 此皆巫書妖妄過差之言，由於好事增加潤色，至令失實，或亦奸僞造作虛妄以欺誑世人，藏隱端緒以求奉事，招集弟子以規世利耳。

> （〈微旨〉）

明指此乃「巫書」之說，目的在求奉事、規世利。對志切成仙不死的葛洪而言，並不欣賞宗教世俗化的社會倫理價值，反怪他們賦予實用技術太多的迷信色彩。然而在此我們亦可看出五斗米道的教法因張魯宗教王國的潰散，恐怕已和方士的房中術有某程度的混淆。從問者以「房中」一辭概括其指陳之特徵，亦可略窺此傾向。

至於葛洪個人對房中術的定位如下：

> 夫陰陽之術高可以治小疾，次可以免虛耗而已，其理自有極，安能
> 致神仙及卻禍福乎？人不可以陰陽不交，坐致疾患，若乃縱情恣欲，
> 不能節宣，則伐年命。善其術者則能卻走馬以補腦，還陰丹以朱腸，
> 采玉液於金池，引三五於華梁，令人老有美色，終其所稟之天年。

到此時為止，道教在教義上仍找不到足以說服教徒過禁欲生活的足夠理由，故房中術的主要訴求：「陰陽不交，則坐致雍閼之病，故幽閉怨曠，多病而不壽也」（〈釋滯〉）。仍對道教徒有很大說服力。心理防線如不能建立，勉強為之，其禍不下於縱欲。五斗米道因其宗教的保護幾乎建立了一個可能的模式，但其流亞所受到的批評卻也不下於方士的房中術，實在值得惋惜。而房中寶精術如撤除其欲身心兩寧這一防線，被用為縱欲的工具亦只在一念之間。這或許是後世正統道教雖不廢此術，但傳授極慎重，說明極隱晦的原因。

在這裡我們要附帶檢討「還精補腦」此一作為後代房中術之中心題旨的概念，它的發展。上文已注意到在馬王堆《養心方》中只有「閉精」的說法，而《老子想爾注》中已提及「還精補腦」一詞，這是目前已知此詞最早出現之處，而時代可能在《想爾注》之前的《河上公注》有下列說法：

> 愛精重施，髓滿骨堅（二章）
>
> 治身者卻陽精，以糞其身。（四六章）
>
> 固守其精，使無漏泄。（五九章）

在這裡除了重提「固精」之外，也引進了「卻陽精」一詞，此詞在字面上與「還精」無異，但是從這三條注文中看不出他是接陰而不洩，或是採寡欲甚至禁欲的態度。但從其它條文看，河上公注基本立場是「捐情去欲」，如：

> 能除情欲、節滋味、清五臟，則神明居之也。（五章）
>
> 不淫邪也，淨能無疵病乎？（十章）
>
> 當除情去欲，使五藏空虛，神乃歸之也。（十一章）

得道之人，捐情去欲，五內清淨，至於虛極。（十六章）

從引文可以看出河上公注是取與道合德，徹內外皆清靜虛極的態度，其反對房中寶精法是很明確的。他的態度大概受二因素決定：一是他以為治國治身的道理是一致的，這使他在社會秩序的考慮下無法容納「從女不施」那種「心神不一」的思路。二是他採取存思身神的修法，此亦不能給他搖蕩精氣的空間。事實上他是將固精與養氣合言，

人能以氣為根，以精為蒂，如樹根不深則拔，蒂不堅則落。言當深藏其氣，固守其精，使無漏泄。（五十九章）

固精是從屬於養氣的。此亦可知其愛嗇精氣和左慈等習補導之術者是不同的。而且他也沒有「補腦」的說法，這可能是左慈一型的還精法所特有的。因為沒有逆精補腦的想法，所以其行氣是「深藏」，而不是如後代內丹大小周天打通任督二脈，使氣全身循環不已。李豐楙先生曾說，北宋南宗的張紫陽所著的《悟真篇》一書，為大小周天奠基，而南宗一般以為是取陰陽雙修法——即房中術與內丹的結合，那麼是否此一逆上泥丸，再降黃庭的通路，其發現與還精法有其概念上的相似性，甚至實際上的連續性呢！此仍有待進一步研究。

今天我們心中的醫學觀念，因受強勢的西方科學文明的洗禮，已大致接受其基於解剖學而來的符號系統及思維方式的客觀效力。而傳統醫學的思維方式及其象徵符號也被譏為迷信荒謬而遭唾棄，只有留下其經驗上有效性負隅頑抗。雖亦有部份人士接受如針灸氣功等療法，但在解釋上已被納入西方的符號系統之內了。

但傳統醫學之起源及發展絕不只是由其經驗效應而存在，當其思考方式被拒絕時，不管其具體實踐方式被接受多少，其生命可說已然停止。由於巫醫在起源及功能上有重疊之處，致後代二者發展時出現互相受容助動的情形，本文所討論的房中術就是其中之一例。

從某些醫書的內容安排就可看出二者的關係。如孫思邈《備急千金要方》，其第八十一卷名「養性」，中又分八小節：

養性序第一

道林養性第二

居處法第三

按摩法第四

調氣法第五

服食法第六

黃帝雜忌法第七

房中補益第八

這些內容與現代以治病為目的的醫學了不相干，但都被安排在醫書的結尾處，顯見孫氏的醫學思想不僅止於治療而已，亦包括了平日的預防，身體之外亦包括了心理的調適。孫氏的想法並不是特例，日人丹波康賴根據我國醫典撰集的《醫心方》其第二十七卷為養生，二十八卷為房內。養生包括：大體、谷神、養形、用氣、導引、行炁、臥起、言語、服用、居處、雜忌。房內包括：至理、養陽、養陰、和志、臨御、五常、五徵、五欲、十動、四至、九氣、九法、卅法、九狀、六勢、八益、七損、還精、施瀉、治陽、求子、好女、惡好、禁忌、斷鬼交、用藥石、玉莖小、玉門大、少女痛、長婦傷。所涉及的領域與孫氏相當，而內容則遠為繁雜。其中保存了《玉房秘訣》、《洞玄子》、《玄女經》、《素女經》、張湛的《養生要集》等已佚之古籍。〔註16〕

其實早在《黃帝內經素問》中就有一些醫家對房中術的意見，如卷二〈陰陽應象大論〉提及的「七損八益」和馬王堆《養生方》所言者辭句幾乎相同，〔註17〕比起《醫心方》引自《素女經》者似乎更早。而且說陰陽之事：

> 知之則強，不知則老，故同出而名異耳。

已經有與《老子》思想結合的跡象。卷一〈生氣通天論〉曰：

> 凡陰陽之要，陽密乃固，二者不和，若春無秋，若冬無夏，因而和
> 之，是謂聖度。故陽強不能密，陰氣乃絕；陰平陽秘，精神乃治，
> 陰陽離決，精氣乃絕。

〔註16〕　近人葉德輝將散見在醫心方中的這些古籍輯成《雙梅景闇叢書》，從中可略窺傳統房中養生思想的大概，有些內容和馬王堆竹簡養生方比較，有相同也有發展，可見其來源甚古。

〔註17〕　《內經素問》卷二，〈陰陽應象大論〉：「歧伯曰：能知七損八益則二者可調，不知用此則早衰之節。年四十而陰氣自半也，起居衰矣。年五十體重耳目不聰明矣。年六十陰痿氣大衰，九竅不利，下虛上實，涕泣俱出矣。」《養生方》：「氣有八益、有七孫（損）。不能用八益七孫（損）則行年四十而陰氣自半也。五十而起居衰，六十耳目不葱（聰）明。七十下沽上涚，陰氣不用，澡泣留（流）出。」二者間對應的關係明顯可見，而養生方所談的七損八益是房內之事，可知素問吸收了房中思想，王冰不知底細，故注文不契。養生方的八益和導引行氣有關，《醫心方》引自《玉房秘訣》的說法卻單純限於以不同交媾方法治療房事引起的毛病，顯示房中術日益窄化為純技術性的方技。

此所謂陰陽，據王冰注乃指「入房」之事。主張陽密也是《養生方》就已開始的事，只是此處配合了陰陽的色彩。

在《道藏》洞神部臨字收有陶宏景集的《養性延命錄》，規模上和孫思邈的養性篇相當，所以也有人懷疑此篇是孫氏所集。本篇因為是雜集各家之說，故無一定之立場，有方士的還精補腦說，也有各種交合禁忌說，後者分量尤其重。我們頗疑這一部份和佛教徒攻擊的男女合氣有關。

方士派的說法多了二項特色。一是真正不思陰陽者是最好的，但萬無一焉。常人若強抑制，則「難持易失，使人漏精尿濁以致鬼交之病」。而鬼交之病比瀉精更有損於身體。值得注意的是，這種已不再主張陰陽交合是天人皆須遵的法則，而純從經驗上的難易程度立論，這或許和佛教逐漸發達有關。二是主張交合的對象應常更換，因為：

> 易人可長生，若御一女，陰氣既微，為益亦少。

這一點或許在御婦人法中本就是其隱密口傳的部份，但它形之於文且找理由加以解說，自有它歷史上的重要性。另外在解釋姦淫使人不壽的原因時說：

> 非是鬼神所為也。直由用意猥俗，精動欲泄，欲副彼心。

或許曾有人以為是鬼神使姦淫者不壽。奇怪的是所姦淫者只不過是「精動欲泄，欲副彼心」而已。試比較《想爾注》批評房中術時說的「從女不施，心神不一」，二者適成針對。

在陰陽禁忌方面也有幾點值得注意。

1. 認為人有尊卑貴賤者皆由

> 父母合八星陰陽，陰陽不後其時中也。

注曰：「八星者：室參景鬼柳張心斗，月宿在此星，可以合陰陽求子。」此外王相日亦是吉日，所謂王相日乃「月二日、三日、五日、九日、二十日，或「春甲乙、夏丙丁、秋庚辛、冬壬癸。」如果能配上精確的時辰就更好了，所謂吉辰是「春甲寅乙卯、夏丙午丁未、秋庚申辛酉、冬壬子癸亥。」另外一段補充說「四季之月，戊己皆王相之日也。」又有一段說：「本命行年月日，忌禁之尤重。」

據馬伯樂的估計，常態的禁忌日就有二百天左右，加上日月蝕、風雨地動等偶發情況，實際上的吉日並不是很多。〔註 18〕因為這些禁忌和所生子之

〔註18〕根據馬伯樂的估算，一年中例行的禁忌日即達二百天以上，加上不時的風雨晦冥地動山崩等氣象因素，吉日很有限。*Taoism and Chinese Religion* P.533,

命運有關，故可能和葛洪所批評的巫書過當之言有關。

　　2. 提出男女俱仙之道。其法：

　　　　深內勿動，精思臍中，赤色大如雞子。乃徐徐出入，精動便退……

　　　　男女各息意共存之，唯須猛念。

將交媾與存思結合，為房中術的新發展。而提出男女俱仙的修法，亦一反以前男性中心的采陰補陽。這種修法究竟是房中術自身的演化，或是與男女合氣陰陽並進的系統有淵源，就不易論斷了。倒是上文所討論的陰陽雙修在精神上有一脈相承之處。

　　在孫思邈《備急千金要方》中提出一個較具有醫家特色的主張。他說：「人年四十已下即服房中之藥者，皆所以速禍。」又說：「年未滿四十未足與論房中之事，慾心未止，兼餌補藥，倍力耗喪，不過半年，精髓枯竭惟向死。」顯然其對象是一般人民，與方士或道教修行者想透過特別訓練以克服房事之害者，因對象不同而有不同主張。但是道士們的說法常易流傳於民間，一旦這些方術失去了其它宗教因素的包裹約束，即易流為淫猥敗德的邪術。是故習房中術者往往不以至要者言於紙上，而後代習雙修者更是無一語及於具體的實踐，以致很難解讀其確切指義。

Henri Maspero, Trs. By Frank A. Kierman, Jr. The University of Massachusetts Amherst, 1981。

第六章　結　論

　　本文分從正面與側面探求陸西星的道教修行法。陸西星的修法爲一般所言之房中術，但房中術在五代以後和內丹清淨法結合，蛻變成陰陽雙修法，陸氏丹法精確地說是屬於陰陽雙修法，而雙修法是在內丹之下，內丹和外丹及符籙等是平行的分類範疇。

　　宋以後道教在修行上有南北宗之分，南宗修陰陽法，北宗修清淨法，北宗指全眞教，南宗則無一定的教派歸屬。元本出身全眞教馬丹陽支裔的陳致虛，吸收南宗修法，形成南北雙修的法門。陳致虛的南北雙修不同於一般者在於其雙修中的北宗成分含蓋神與氣二面，一般則只是取其煉氣法而已。這種南北結合的態度到明代爲陸西星繼承。陸氏將它修飾的更謹嚴精微，更具哲學深度。但是陸西星修法的直接來源並不是陳致虛，很可能是他思想成熟後才接觸到陳致虛並引之爲前行者。陸氏在陰陽法上的知識來自箕降，世俗上可說是無師自通，道教內部則視爲呂洞賓親傳。在清淨法上可能受到俞琰不少的影響，他二度提及早年沒溺於俞氏之說。俞琰是宋元間人物，不是全眞教，但馬丹陽的書曾找他作序，可見雙方亦甚親近。在這三個可能的影響外，他自己也是個博學多聞的人，很多思想是從閱讀中得來的，所以他一直鼓勵別人多讀丹書，不要迷信什麼秘訣，所有修行法門在《參同契》和《悟眞篇》二書中多已具備，任何秘訣也要准則此二書，這表現了濃厚的尊知識傾向。是否有那些當代人曾教過他什麼？因傳記資料闕如故不能肯定，可能並沒有師承。但呂純陽爲何會收他爲徒？應是在之前陸氏已有很多道教知識且已進行某些修行了。我們知道他早年也修過煉金術，也許就因爲沒有師門派系的包袱才使他活潑的吸收各家說法加以融鑄，並跨入佛家，實踐三教合一的態度。

　　陸西星早年就對玄言有興趣，此興趣是如何啓發的已不可知。

　　他煉成之後，如何吸收門徒，如何擴展教門，有那些人接觸，到目前爲止都無資料可以說明。東派在後代的流行範圍，發展蔓延的程度等都無法澄清。這使我們的研究局限於陸西星作爲道教修行者的一個案，而不能將他放在該派的發展脈胳中對其道教史上的地位更進一步估量。另一方面，因爲不曉得陸氏和當代道教直接的關係如何，故淵源上亦無從追究。我們只有 1547～1572 年間的部份資料（《三藏眞詮》中的法藏），他個人的文集詩集又已佚失，致使傳記上顯得很不完整。

　　他在文學上來往的對象在他離鄉之前大致限於地方上的文士，如〈八哀詩〉提及的宗臣、禹龍、潘應召、李春芳、陸律等。而在他四處雲遊時就不知他和那些人過從較密了。

　　因此本文處理的重點就不在陸西星其人如何，其歷史地位如何，而在於其思想本身，此思想是指他對道教修行之思想而不是一般泛指的思想。

　　因爲陸西星修行法中加入大量煉心的成份，希望沖淡其技術層面，且表達該修行法之原理時語多隱晦，故從字面上實難以看穿其底蘊。爲了突破這個困境，我們用比較對照的方法來剝除其外殼。因爲這一套道教修行用語在五代以後即開始流行衍生，各家各派都使用它。每一家都用這一套辭彙組織其本身體系，體系中的每個辭彙所代表的現實意義，隨個別立場之不同而不同，而該辭彙在體系中的相對位置也隨之不同。我們的比較法就是從各家安排處理這些修行用語間的關係，及這些用語與實際修行的關係二方面著手界定各系統的差異。

　　透過這樣的分析後，我們大抵可以歸納出雙修法中龍虎丹與彼家丹的不同，彼家丹中全程用雙修法與只有在採藥時用雙修法的不同。陸西星就是只在採藥時用雙修法，前後的築基溫養都用純正的清淨法。其清淨法包含修心源與氣海二部份，一般則只有重視氣海修法。

　　本文的結果只能做到幫助學者研判宋以後道教南宗丹經所用修行用語可能的含義，及由南宗北宗衍生的東派祖師的道教修行思想及其表現此思想的方法。事實上本文寫作時尚潛有一個更大的企圖，即看歷史上如何從性行爲中找尋正面意義。儒家從生生之德，敦人倫的立場給男女關係找到一個合法的位置。孟子且以爲食色等小體之養只要不凌駕仁義大體，那麼它的存在是可以被認可的，也是需要的。也就是儒家大致上是採節欲的立場。道家呢？

　　一般來說道著重破解人的社會性欲望，因為那會使人陷入俗世的糾纏中，這方面他們是主張損之又損，以至不見可欲。但道家對自然欲望的態度如何呢？為了維持虛極靜篤的如鏡之心，食的方面仍不得不保持基本需要。至於較不迫切的性生活，在「有人之形，無人之情」的原則下，理論上雖只要不執著起念即可，然實際上仍會盡可能避免。

　　道家的態度對一般人是不切實際的，儒家的想法則能配合世俗道德以安頓人心。二者雖然不同，但都不會認為性生活對人的修養有積極功能。但對歷史上一批養形之人而言，卻認為透過某種技巧可以使性生活成為正面因素。小則卻病強身，大則延年益壽，其收效可謂宏大，這就是習稱的房中術。

　　房中思想不知起源於何時，但從馬王堆帛書來看，戰國末期已很成熟，可能是巫醫或養形之人發展出來的保養法。這套思想被醫家和方士分頭發展，前者被視為預防醫學的重要成份，後者則融入道教中，為成仙的方術之一。後來房中術大致形成二線發展，一是實用技術，一是成仙秘法。當然後者也不斷世俗化而加入前者的行列。

　　大約在五代以後，和修山有關的房中術採取外丹的思考範疇，透過《參同契》將龍虎鉛汞火符變化飛昇等煉丹原理拿來解釋人身之變化。這個說明方式的改變導致整個認識論上的斷裂，使房中術和此後的發展無法溝通，他們稱此為陰陽雙修。因為修行方法不用明白的文字說明，而代之以借自外丹的術語，故不得師傳口訣，光看他們的著作並不能知其底蘊。

　　陰陽雙修除了在思考說明上和房中術不同外，亦和煉氣法結合。平時打通任督二脈，採藥時循此路將藥運入丹田溫養，這也是房中術所沒有的。在此值得探究的是：到底是煉氣法還是房中術先援引《參同契》的？個人以為，若援引《參同契》乃是為了使外行人更不易了解，那麼房中術較可能。也可能是道士認為外丹的說法較具優越性而採用，或是為了和佛家的坐禪工夫區別而引用，在此情況下則煉氣法較可能。若是後者，則其歷史意義甚大，它代表道教擺脫佛教的雄心。以上雖只是臆測，但在歷史脈絡中也都各有其可能性。

　　不管是房中術或陰陽雙修法，都認為性生活不僅無損健康，且可有功。當這種想法停留在養生或縱欲之需要時，其出現不會讓我們訝異。但當它昇華為莊嚴隆重的儀式，又自有一套解釋系統時，其存在就值得虛心探究了。它在成仙的功效上如何，我們不得而知，但從北宋的張伯端算起，到清為止，

也綿延了七八百年。若從馬王堆帛書的時代算起，更接近二千年了。在這段時間內，沾染到這類修法的道教教派並不是寥寥的少數，即使不視為主要方法，也不致全然否定其價值，這麼做的反而是少數。究竟它是經驗累積而成的知識，或是文化中有某些因子誘導他們走上這條路？如表現在醫學與哲學上的氣之觀念。為什麼他們和主流思想格格不入，而竟又能綿延不絕？相信探索這些問題可以增益我們對中國人的心理投射及精神面貌的認識。

我們沒有能力解決這些大問題，但大問題的解決來自對細節的了解，希望本文之作對了解這些細節有幫助。

附　錄

附錄一　陸西星詩作輯佚

哀詩八首

東海處士韓貞

東海有畸士　　卓然欲希聖
妙悟惟一心　　聞見無自性
從師走東海　　往復多印證
聞風一時興　　門第亦何盛
千年振遺響　　木鐸聲甫靜
偉哉陶穴人　　崛起遠相應
瞻依陶宮牆　　摳趨入門徑
造詣雖未深　　矩步先已正
一體解同觀　　三昧得無諍
化俗有恆言　　固窮見危行
宰官式門閭　　兒童識名姓
以彼弘濟心　　天下可平定
秖懷孔孟憂　　遑恤堯舜病
斯心忽已逝　　頹風日無兢
后學失歸依　　大事誰究竟
傷哉棄我去　　何以慰不佞

馬湖府太守進階中議大夫理庵宗公周

宗公璠璵姿	秩林重聲價
蚤年作文訓	傾國競傳寫
一朝應駿圖	大宛出名馬
腹此雙龍駒	江海可橫跨
神采空人群	聲名動朝野
公才乃梁棟	可以支大廈
其如賤場師	養棘舍梧檟
官以二千石	擲之若飄瓦
浩然賦歸來	山林恣瀟灑
六經闡微言	訓詁盡土苴
開此來學人	精義無苟且
公賦有私貸	豪髮不肯假
聖宮樹短褐	以愧貪墨者
高山何巖巖	培塿盡其下
如公文與行	今人或應寡
公年已耄期	享福盡純嘏
談笑騎箕歸	示民有終也
藉以百身贖	其生亦可捨
傷哉如之何	吾淚欲盈把

中極殿大學士少師贈太師石鹿李公春芳

今代李相國	綽有大臣度
溫其若良玉	間有七寶聚
三年奉居諸	曾不見喜怒
狀元作宰相	素履若韋布
門館無私恩	邊境絕公賂
久矣清且忠	所學信無負
辭受乃一節	可以見衰素
當其柄國時	北虜正驕固
甘泉達烽火	天子多內顧
一朝求市馬	爭者滿言路

惟公主斯議　節省費無數
頻年虜塵靖　中外咸豫附
韜裘亦尊榮　國家日安富
偉哉誰之功　豈不以公故
晚歲頗好道　至人詫難遇
大藥如龜毛　希年易朝露
虎豹守九關　鬼神失呵護
台斗闇光芒　黎庶驚且仆
公歸定天上　閻閻苦誰訴
蚤生際昌期　明堂急梁柱

福建提學副使前吏部員外郎方城宗君臣

中原有五子　吾友處其一
光燄不自韜　均爲時宰黜
閩中有三策　時務見經術
官人與校士　持衡兩無失
君才可大用　君年恨蚤卒
事業不可量　棺蓋乃稱畢
憶初英少時　穎脫故無匹
文章相頡頏　飛動固可必
驥足日千里　駑馬遭其棰
青天浮雲多　白屋駒影疾
人命在呼吸　豈不惜來日
坐我七尺蒲　載君五花筆
宇宙爲之空　阿堵復何物
居諸每相憶　神采見髣髴
落月在屋梁　蘭芳滿幽室
脩文復何處　泉路杳如漆
安得招君來　促膝談閟密

文學鳳河禹君龍

禹生搦長管　奴隸馬與班
如彼騎氣者　倒景空人寰

生平膽氣猛　　能奪千夫關
不勝視猶勝　　養之自安閒
興生渡江流　　逆浪高於山
舟人驚拜呼　　願言乞生還
生焉但危坐　　朗吟無駭顏
生口有微詞　　矢詩遂成篇
曾以宿構語　　運之托箕仙
人士競傳誦　　歎服儼且駢
英雄每欺人　　惟我諒不然
素無鯨吸能　　持杯強擎拳
有時貰酒來　　願（顧？）我坐西禪
入門發高興　　而腹何便便
韻險語益峻　　疇能或之先
一受墨吏迒　　五火相交煎
發憤乃杜門　　願學公子虔
竟以憂恚死　　門戶絕可憐
爲生歛手足　　殷勤掇遺編
過眼一再讀　　淚落如迸泉
安能請巫咸　　招生當我前
精研復深計　　可以窮歲年
鍾期不可作　　抱琴歸斷絃

贛卅府推官六冶潘君應詔

潘郎富才華　　袖有金光草
一莖化丈六　　百化百自好
一時步趨人　　瞠視驚絕倒
后生畏前修　　人工奪天巧
圖書見測言　　律呂有新考
理微心轉細　　窮年恣尋討
取友得三益　　補助良不少
君才日千里　　康莊騁驛裡
一泛虞中駕　　皂櫪難自保

歸開蔣詡徑　　著書以娛老
仙遊未半百　　修文胡太早
死爲人所惜　　傷哉勿復道

益府教授從吾姪律

吾宗老兄子　　律也空人群
文采擅五色　　筆陣驅千軍
爲人強誦覽　　輕風送流雲
一朝校文秌　　十郡皆聲聞
玄才負所舉　　百戰無奇勳
乃知造物者　　語命不論文
幽蘭萎空階　　落葉醉斜曛
生無食肉相　　居官何足云

秋陰四首

鬱儀結精光　　照耀司下土
不知何因緣　　淪寂莫可睹
赤鳥浴咸池　　湯湯沒其羽
控地力已微　　天爲助風雨
六合煙霧生　　混沌旬有五
朝暮爲行雲　　神女亦良苦
我有石五色　　炎炎燭千古
生逢女媧世　　天漏或可補

翳翳乘麻田　　滄水貯爲櫃
豈無沃焦石　　精衛啣不至
洲如北俱盧　　見日豈容易
常恐太陽沒　　白晝走魑魅
垂天生白雲　　墨雲染其腹
化爲惡風潮　　三更捲茆屋
白波高於山　　魚鱉潛且伏
攬衣起驚視　　倚戶仗修竹
破雲見黭目　　深夜聞野哭

老夫爲掩袂　　哀哉此煢獨
水火交劫運　　生民會無祿
天意不可知　　握粟當出卜

毒龍戰寥天　　其血爲福水
水注之七澤　　波及幾千里
大地無乾土　　十室九傾圮
儵忽何太愚　　謀報心未已
青天鑿七竅　　七日混沌死
失此雙精明　　雨泣何時止
百川走蛟龍　　深谷號兕虎
鬼車東南來　　啁人恣舌噬
陽烏安在哉　　閽黮殊可恥

大風歌

大塊游氣噫爲風　　周旋六合無終窮
相吹以息三籟同　　怒者其誰曰天公
天公高高不憫下　　忍使風姨禍相嫁
十年三度二中元　　慣向人家飄屋瓦
蓬蓬東海轉崑崙　　缺陷世界將平吞
玄黃混雜野龍戰　　猛氣噴薄天地渾
飛鳥走兔深沒影　　安用照耀稱儀璘
熟聞經天有五星　　制水攝風鈴萬靈
無乃誃離失嘗度　　不爾妖孽胡縱橫
九關森嚴鬼神惡　　幾欲上訴且復卻
藏書歸來四壁土　　上雨旁風畏沾濕
短茆幸不上青霄　　腸斷黎烝百憂集
嗚呼
我無廣廈千萬間　　不庇寒士空長嘆
朝避長蛇夕猛虎　　愁心使我凋朱顏

以上各詩新舊《興化縣志》皆有收。以下所錄之詩則僅見於陸西星參與編修，
由歐陽東鳳掛名，於萬曆十九年修成的《興化縣志》。

歸南郊遇子相芙蕖館

近汝青蓮塢　　平天一水分
若為頻悵望　　無那久離群
倚馬聯朝省　　歌魚自夕曛
論文今夜榻　　回首又汪雲

岸柳柔初碧　　渠荷莽未抽
花期愁爛熳　　池館足清幽
緣進柸中酒　　紅芙水面舟
他時共心賞　　應任此淹留

主人開別墅　　倚舍足芙蕖
一水天風亂　　孤城露柳疏
呼童矜舞鶴　　狎客同烹魚
多少豪吟地　　清尊興不虛

玄亭村郭半　　幽事山花餘
百雉平懸斗　　三車滿載書
賦成齊把玩　　酒散每躊躇
歸路前川暮　　低雲失故居

水大至

河水瀰瀰大隄平　　旬日不得一時晴
艸堂積雨煙火斷　　楚天尤雲朝暮行
村中童子擊震皷　　水上人家知夜更
風波之民慎相保　　四野盜賊何縱橫

過南舍

南下滄洲望遠天　　客心何事轉淒然
瀰漫秋水如春水　　寥落今年似去年
遠道空歸桑梓里　　無家休問稻梁田
江湖滿眼蒼生淚　　霑洒西風夕照邊

食菰米

　　沉雲菰米渚蓮香　　山水亭亭紫袍黃
　　采及漏天常冒雨　　炙乾新米半含漿
　　桑田是處成滄海　　鴻雁何時足稻粱
　　莫謂野人偏味好　　一杯合遣使君嘗

雨血

　　紅雨絲絲碧落飛　　書從前史見應希
　　不知卻是青天泣　　洒向人家盡赭衣

文昌閣新成志□　亦就登眺有□

　　□城高閣俯儒林　　望入微垣象緯森
　　東壁圖書天府近　　清秋藜火夜光臨
　　依依艸樹□棠蔭　　聖聖弦歌白雲長
　　不有文翁能下士　　百年誰識懷玄心

以下兩首則見於陸西星修道秘錄《三藏眞詮》

　　晦朔之間自合符　　無中含有有還無
　　直看月盡俄成朔　　便是三庚月出初（頁 62）

　　師門久憶三吳客　　別後遙懸數載情
　　菱鏡慚看兩鬢短　　花名今付一毛輕
　　山中喜識園中意　　塵夢那如鶴夢清
　　早晚藥爐酬夙願　　相期長日話無生（頁 221）

附錄二　陸西星著作目錄

（一）方壺外史叢編

1. 無上玉皇心印妙經測疏
2. 黃帝陰符經測疏
3. 崔公入藥鏡測疏
4. 純陽呂公百字碑測疏
5. 邱眞人青天歌測疏
6. 悟眞篇註

　　　7. 紫陽眞人金丹四百字測疏

　　　8. 龍眉子金丹印證詩測疏

　　　9. 老子道德經玄覽

　　10. 周易參同契測疏

　　11. 周易參同契口義

以上爲陸氏所作的註疏文字

　　12. 玄膚論

　　13. 金丹就正篇

　　14. 金丹大旨圖

　　15. 七破論

以上爲陸氏專著文字。二者合編爲方壺外史叢編，公開印行。陸氏有關道教文字大致都收在此處。

（二）南華眞經副墨（1578 年完成）

（三）楞嚴經述旨（1601）

　　　楞嚴經說約（1596）

　　　楞伽句義通說（1601）

以上是可以確定爲陸氏自作，及公開印行的著作。另外尚有不能確定是否爲陸氏所作，如：

　　　封神演義〔註1〕

亦陸氏所作但未印行，如：

　　　楚陽詩逸〔註2〕

　　　三藏眞詮〔註3〕

〔註1〕柳存仁先生從 1935 到 1956 年一直在研究封神演義的作者問題，有很多篇專文發展、如〈毘沙門天王父子與中國小説之關係〉、〈元至正本全相武王伐紂平話明刊本列國志傳卷一與封神演義之關係〉、〈封神傳作者考〉（五條利子譯，刊東洋文學研究、三與四號），最後的成果則集中在 The Authorship of the Feng-shen Yen-i Otto Harrassowitz （Wiesbaden, 1962）。柳先生指出這是陸西星三十出頭時的作品。

〔註2〕引自柳存仁 Lu his-hsing : A Confucian Schoiar, Taoist Prist and Buddist Devotee of the Sixten Century. 但柳文未説明出處。柳文説陸氏之詩僅餘方志中八哀詩裡的七首。但我們翻檢新舊《興化縣志》，發現另有十四首陸西星的作品。從《三藏眞詮》中也找到二首共二十三首，可據以略窺陸西星在詩作上的才華與風格。

〔註3〕此書詳細紀錄陸西星從 1547 到 1572 年間，修道的進程及某些個人行跡。三

道緣匯錄

終南山人集二卷

賓翁草堂自記〔註4〕

此外陸氏亦參與《興化縣志》的編修。〔註5〕

藏本分爲法、論、華，今所見只有法藏，爲淮海陸氏家藏本。本書紀錄了與
　　　陸氏等對話之仙眞的姓名，授法之內容、時間、地點，堪稱古今奇書。將其
　　　與陸西星後來公開刊行的著作比較，可以看出陸氏取捨的標準。
〔註4〕以上三書都融入清代李涵虛重編的呂祖全書中，李氏爲道教西派開祖，從小
　　　以陸西星爲學習之榜樣。三書都是呂純陽降臨北海草堂所說，終南山人集是
　　　其歷代之詩文集，道緣匯錄是其歷代顯化事跡，草堂自記則說明某些詩文因
　　　何而作。這些並無刊行或流傳，其中有陸西星所作之序，也有他對詩文的評
　　　語。這本書對陸西星的修行思想應當有影響。今有台北自由出版社之影印本。
〔註5〕此爲萬曆十九年所修，時陸氏已七十一歲。陸西星的詩收入志中者達二十一
　　　首，遠較他人爲多。其餘的詩文也都出自陸氏文友之手，從整體觀察，對當
　　　時興化縣文人的詩文風格水準也可有一些認識。

參考書目

一、中文古籍（以下按時代排列）

1. 《莊子》，莊子集釋本，河洛出版社。
2. 《楚辭》，三民書局。
3. 《淮南子》，劉文典集解，明倫出版社。
4. 《黃帝內經素問》，中華書局。
5. 《春秋繁露》，董仲舒，中華書局。
6. 《後漢書》，范曄，鼎文書局。
7. 《三國志》，陳壽，鼎文書局。
8. 《太平經合校》，王明，鼎文書局。
9. 《老子河上公註》，廣文書局。
10. 《老子想爾註》，東南書局。
11. 《抱朴子》，葛洪，正統道藏。
12. 《養性延命》，陶宏景，正統道藏。
13. 《廣弘明集》，道宣，商務四部叢刊正編。
14. 《周易參同契真義》，彭曉，中國子學名著集成。
15. 《悟真篇三註》，陳致虛等，道藏輯要。
16. 《還源篇》，石泰，自由出版社。
17. 《復命篇》，薛道光，自由出版社。
18. 《翠虛篇》，陳楠，自由出版社。
19. 《白真人集》，白玉蟾，道藏輯要。
20. 《悟真篇直指詳說》，翁葆光，道藏輯要。

21. 《重陽全眞集》，王重陽，道藏輯要。

22. 《重陽教化集》，王重陽，道藏輯要。

23. 《重陽眞人金關玉鎖訣》，王重陽，正統道藏。

24. 《重陽立教十五論》，王重陽，道藏輯要。

25. 《磻溪集》，丘處機，道藏輯要。

26. 《水雲集》，譚處端，道藏輯要。

27. 《洞玄金玉集》，馬丹陽，道藏輯要。

28. 《漸悟集》，馬丹陽，道藏輯要。

29. 《丹陽語錄》，馬丹陽，道藏輯要。

30. 《上陽子金丹大要》，陳致虛，正統道藏。

31. 《莊子翼》，焦竑，廣文書局。

32. 《莊子內篇註》，憨山德清，琉璃經房。

33. 《宗子相集》，宗臣，《四庫全書》。

34. 《與化縣志》。

35. 《揚州府志》。

36. 《性命圭旨》，尹眞人高弟，自由出版社。

37. 《金丹眞傳》，孫汝忠，自由出版社。

38. 《玄微心印》，喻太眞等，自由出版社。

39. 《三峰丹訣》，自由出版社。

40. 《修眞演義》，鄧希賢，丹青出版社。

41. 《明史》，鼎文書局。

42. 《四庫全書總目提要》，紀昀，商務印書館。

43. 《參同契集註》，仇兆鰲，中國子學名著集成。

44. 《道竅談》，李涵虛，自由出版社。

45. 《呂祖全書》，李涵虛，自由出版社。

46. 《大成捷徑》，楊青藜，眞善美出版社。

47. 《醫心方》，丹波康頓，新文豐出版社。

二、今人著作（按姓氏筆畫排列）

1. 《道教概觀》，小柳司氣太，商務印書館。

2. 《中國佛教發展史》，中村元，天華出版社。

3. 《探求不死》，李豐楙，久大文化公司。

4. 《抱朴子》，李豐楙，時報出版社。

5. 《魏晉南北朝文士與道教之關係》，李豐楙，政大中文所博士論文。

6. 《中黃督脊辨》，陳健民，自由出版社。

7. 《中國之科學與文明第二冊》，李約瑟，商務印書館。

8. 《陳世驤文存》，陳世驤，志文出版社。

9. 《寒原道論》，孫克寬，聯經出版公司。

10. 《道教史》，傅勤家，商務印書館。

11. 《道教史》，許地山，久大文化公司。

12. 《佛教的流傳與道教》，渡邊照宏，專心企業公司。

13. 《道教史》，窪德忠，上海譯文出版社。

14. 《中國道教思想史綱》，卿希泰，木鐸出版社。

15. 《道藏源流考》，陳國符，明文書局。

16. 《道藏源流續考》，陳國符，明文書局。

17. 《老子想爾注校箋》，饒宗頤，東南出版社。

18. 《道家與道教思想》，宇野精一等，幼獅出版社。

19. 《道教》，福井康順等監修，平河出版社。

20. 〈周易參同契考證〉，王明，《中研院史語所集刊》19 本。

21. 〈明儒與道教〉，柳存仁，《新亞學報》八卷一期。

22. 〈研究明代道教思想中日文書目舉要〉，柳存仁，《崇基學報》六卷二期。

23. 〈元至治本全相武王伐紂平話明刊列國志傳卷一與封神演義的關係〉，柳存仁，《新亞學報》四卷一期。

24. 〈道藏本悟真篇三注辨誤〉，柳存仁，《東西文化》第十五。

25. 〈毘沙門天王父子與中國小說之關係〉，柳存仁，《新亞學報》三卷二期。

26. 〈明代諸帝之崇尚方術及其影響〉，楊啓樵，《新亞書院學術年刊》四期。

27. 〈左道秘教坦特羅乘〉，菀柳，《現代佛教學術叢刊》71。

28. 〈老君音誦誡經校釋〉，楊聯陞，《中研院史語所集刊》第 28 本。

29. 〈道教的自搏與佛教的自撲補論〉，楊聯陞，《中研院史語所集刊》34 本第一份。

30. 〈養生家の肉體表象〉，原田二郎，《東方學》第 72 輯。

31. 〈彭祖傳說と彭祖經〉，坂出祥伸，《新發現中國科學史資料の研究》，京都大學。

32. 〈卻穀食氣篇譯注〉，坂出祥伸等，《新發現中國科學史資料の研究》，京都大學。

33. 〈養生方譯注〉，麥谷邦夫，《新發現中國科學史資料の研究》，京都大學。

三、英　文

1. *Sexual Life In Ancient Chian*, R.H. Van Gulik，Leiden E.J.Brill 1974.

2. *Taoism and Chinese Religion*, Henri Maspero, Trs. By Frank A. Kierman, Jr. The University of Massachusetts Amherst, 1981.

3. *Lu Hsi-Hsing: A Confucian Scholar, Taoist Prist and Buddist Devotte of the Sixteen Century*, Liu Tsum-Yan, Asiatische Studien, X VIII/X IX 1965.

4. *Lu His-Hsing and His Commentaries on the T'san-T'ung-chi,* Liu Tsun-Yan, 《清華學報》七卷一期。

附錄一：精氣論脈絡下所見孟子的養氣

一、 精氣論

（一）精、精氣、馬那

　　本文所謂的精氣論，是指「精」這個初始概念與現象，在氣的思想發達後，重新包裝的形式。「精氣」不是氣思想的唯一形式，但是精氣與傳統神聖王權的政治建構一脈相承，也與貴族社會的「威儀觀」身體息息相關，這兩者可以總括爲傳統（意思是諸子時代之前）上以「德」概括的若干現象。諸子的思想創獲或多或少都取資於此傳統，也必須與此有所區隔，本文主要目標即在觀察孟子在這個思想脈絡之中，汲取了什麼？又創新了什麼？進行的方式主要以描述一個傳統精氣論的理想型，然後拿孟子書中的相關話語作比較。觀察兩者之間在哪些方面較爲接近，哪些方面較爲疏遠，從而彰顯孟子的創造性所在。

　　「精」與「精氣」是兩個不一致的範疇，已經有學者論及，[註1]「精」更接近宗教上所常見的「馬那」（mana）現象，這種現象普遍見於各文化之中，依據張光直的說法，這個思想在「巫術宇宙觀」中居有重要地位。他曾經引述佛爾斯脫的歸納，將此「巫術宇宙觀」稱爲「亞美式薩滿教的意識型態內容」，歸納爲八點，其中第五點是：自然環境中的所有現象都被一種生命力或靈魂賦

〔註 1〕裘錫圭，〈稷下道家精氣說研究〉，以及相關的〈稷下道家精氣說研究補正〉、
　　　　〈馬王堆老子甲乙本卷前佚書與「道法家」兼論《心術上》《白心》爲愼到田
　　　　駢派作品〉，皆收入氏著《文史叢稿：上古思想、民俗與古文字學史》（上海：
　　　　上海遠東出版社，1996）

以生命，因此薩滿教的世界裡沒有我們所謂的「無生物」這種物事。〔註2〕

這個賦予生命的力量，就是馬那。涂爾幹有這樣的說明：「它使得任何事物產生威力，這種威力超出普通人力之外。」〔註3〕

「一個祭司、巫師或儀式套語，所具有的馬納與一塊聖石或一個精靈所具有的馬納一樣。」

「它是一種絕對意義上的威力，沒有任何性質定語和限定。各種神聖威力只是它的特定體現和人格化，是它在無數外形身上的顯露。」

「世界上無物不具有奧倫答，只不過量有大小而已。」（頁224）

「馬納不固定在任何事物中，……而且幾乎能在任何事物中傳遞，……實際上整個馬拉尼西亞宗教就在為自己取得這種馬納，或者為了謀取利益而獲得它。」（頁225）

「生活中時時感覺有某種能量從外界流入我們。」（頁245）

以上的文字可以給我們一個印象，所有生命都有一個力量在其背後，它流動不定，如何爭取更多的這種力量，就是宗教或是巫術的關懷核心。擁有更多這種力量，可以帶來的是地位與能力的提升。這種力量是外來的。

具有這些特徵的中文文獻，可以有以下幾條：《管子‧內業》、《莊子大宗師》、〔註4〕《韓非子》、〔註5〕《呂氏春秋》〔註6〕等，它們共同特徵是這些

〔註2〕 張光直，〈連續與破裂：一個文明起源新說的草稿〉，《中國青銅時代（第二集）》
（臺北：聯經出版社，1994）

〔註3〕 涂爾幹著，芮傳明、趙學元譯，《宗教生活的基本形式》（臺北：桂冠圖書，1994），頁68。以下引及此書只於文末注出頁碼。

〔註4〕 〈大宗師〉：「夫道，有情有信，無為無形；可傳而不可受，可得而不可見。自本自根，未有天地，自古以固存；神鬼神帝，生天生地；在太極之先而不為高，在六極之下而不為深，先天地生而不為久，長於上古而不為老。狶韋氏得之，以挈天地；伏戲氏得之，以襲氣母；維斗得之，終古不忒；日月得之，終古不息；堪坏得之，以襲崑崙；馮夷得之，以遊大川；肩吾得之，以處大山；黃帝得之，以登雲天；顓頊得之，以處玄宮；禺強得之，立乎北極；西王母得之，坐乎少廣，莫知其始，莫知其終；彭祖得之，上及有虞，下及五伯；傅說得之，以相武丁，奄有天下，乘東維，騎箕尾，而比於列星。」郭慶藩，《莊子集釋》（臺北：河洛圖書影印，1980），頁246～7。我們應該注意得此道者都是什麼人物，其共同特徵是「不與庶民共之」。此處之「道」即是精氣，可以與〈內業〉「道」、「氣」通用參照，也可以與〈遠遊〉將類似此處之思想稱為「得壹」合觀。

〔註5〕 〈解老〉：「天得之以高，地得之以藏，維斗得之以成其威，日月得之以恆其光，五常得之以常其位，列星得之以端其行，四時得之以御其變氣，軒轅得之以擅四方，赤松得之與天地統，聖人得之以成文章。」陳奇猷，《韓非子集釋》（臺北：河洛圖書影印，1974），頁365。

力量是外來的，集中在某物時，該物可以有出類拔萃的表現。〔註7〕

精氣與轉移

如何讓這些力量可以進入與停留在某物上，有些是機緣，有些可以靠人的行爲，行爲可以是與道德相關的，也可以是與道德沒有直接關係的，例如我們以下要說的若干功夫。

遺傳世襲也可以是得到此力量的重要管道。《易經》說到「積善之家必有餘慶，積不善之家必有餘殃。」（坤卦〈文言〉）即是這樣的表達，〈離騷〉：「紛吾既有此內美兮，又重之以脩能」，其所以然之故在於作者是「帝高陽之苗裔兮」。《左傳》中有許多預言，提到某人修德可以有傑出的後代，也是從積善的角度得來的。

不過表達的最有意味的是《莊子》中有關盜跖的這段話：

> 孔子曰：「丘聞之，凡天下有三德：生而長大，美好無雙，少長貴賤
> 見而皆說之，此上德也；知維天地，能辯諸物，此中德也；勇悍果
> 敢，聚眾率兵，此下德也。凡人有此一德者，足以南面稱孤矣。今
> 將軍兼此三者，身長八尺二寸，面目有光，脣如激丹，齒如齊貝，
> 音中黃鍾，而名曰盜跖，丘竊爲將軍恥不取焉。」

盜跖的回答是：

> 今長大美好，人見而悅之者，此吾父母之遺德也。（〈盜跖〉）〔註8〕

〔註6〕〈季春紀・盡數〉：「精氣之集也，必有入也。集於羽鳥與爲飛揚，集於走獸與爲流行，集於珠玉與爲精朗，集於樹木與爲茂長，集於聖人與爲夐明。」許維遹，《呂氏春秋集釋》（臺北：世界書局影印，1975），頁 148～9。「集」這個動詞也是「由外入」的意思，所以下文說「精氣之來也」。「珠玉」、「聖人」兩者也是特殊者，即是孟子所說的出類拔萃者。

〔註7〕這些力量的存在範圍，有兩種型態，一種是有無，一種是多少。有無型態是只出現在特定個體之上，如〈大宗師〉、〈解老〉所描述的。多少的型態是在大部分個體上都出現，但是因爲各種先天後天因素，呈現彼此擁有之量有多與少之不同，如孔子所說的「君子之德風，小人之德草」，兩者都有德，但是多少不同。

〔註8〕《莊子集釋・盜跖》，頁 993～4。天生的身體，在孟子來看堯舜與常人沒有差別，「王使人瞯夫子，果有以異於人乎？」孟子曰：「何以異於人哉？堯舜與人同耳。」〈離婁下〉頁 124。孟子不願意強化身體外在「德」的強弱上有相關性的看法。另一說法是以西施爲例：「西子蒙不潔，則人皆掩鼻而過之。雖有惡人，齋戒沐浴，則可以祀上帝。」〈離婁下〉頁 119。本文使用《孟子》爲朱熹《四書集注》（臺北：世界書局，1977）。下文不再出注，僅於文末注篇名。

「上德」是有一副人人稱羨的身體，與我們的時代何其相似，「中德」的境界想必是無緣於「上德」者衷心企盼的能力，這能力可以學而知之，也可以困而知之，最好是「生而知之」。什麼是「知維天地」？「天或維之，地或載之；天莫之維，則天以墜矣；地莫之載，則地以沈矣。」〔註9〕知其意為智如維天之綱。

什麼叫「辯諸物」？《左傳》裡面王孫滿對楚子說的話表達得很清楚：「昔夏之方有德也，遠方圖物，貢金九牧，鑄鼎象物，百物而為之備，使民知神、姦。故民入川澤、山林，不逢不若。螭魅罔兩，莫能逢之。用能協于上下，以承天休。」〔註10〕《管子》繼續表達這種思想，「故聖人博聞多見，畜道以待物。」〔註11〕「是以聖人之治也，靜身以待之，物至而名自治之。」〔註12〕「物固有形，形固有名，名當謂之聖人。」〔註13〕盜跖如果可以做到以上兩點，孔子還會說一聲「堯舜其猶病諸」，而這才是此文中的「中德」。盜跖的德不止於勇敢與智慧：

> 故跖之徒問於跖曰：「盜亦有道乎？」跖曰：「何適而無有道邪！夫
> 妄意室中之藏，聖也；入先，勇也；出後，義也；知可否，知也；
> 分均，仁也。五者不備而能成大盜者，天下未之有也。」〔註14〕

這段話看起來是諧擬，就像以詩禮發塚的儒者一樣，讀起來令人莞爾一笑。文中對「聖」的理解，頗有古意。宋玉也是個美男子，因此為人所忌，讒之於王。

> 楚襄王時，宋玉休歸。唐勒讒之於王曰：「玉為人身體容冶，口多
> 微詞，……玉曰：「臣身體容冶，受之二親；口多微詞，聞之聖人。
> 〔註15〕

〔註 9〕安井衡，《管子纂詁·白心》（臺北：河洛圖書，1976），卷十三之十八頁。
〔註10〕楊伯峻，《春秋左傳注》（臺北：源流出版社影印，1982）宣公三年，頁 669 ～71。
〔註11〕《管子纂詁·宙合》卷四之四頁。
〔註12〕《管子纂詁·白心》卷十三之十五頁。
〔註13〕《管子纂詁·心術上》卷十三之二頁。
〔註14〕《莊子·胠篋》。孟子對此有他的回應，在〈盡心上〉說到「欲知舜與跖之分，無他，利與善之間也。」頁196。但此無礙盜跖之言代表某種庶民、傳統的意義。孟子在〈離婁下〉說：「大人者，言不必信，行不必果，惟義所在。」頁113。盜跖之德在孟子看來，只是小體、小人之德。
〔註15〕〈諷賦〉，出自《古文苑》。

這裡提到「身體容冶」與「口多微詞」都可以視爲「威儀觀」﹝註16﹞之下的理想之一。

〈登徒子好色賦〉也提到類似的話。登徒子在楚王面前說宋玉「體貌閑麗，口多微辭，又性好色」。宋玉的辯解，簡明扼要：「體貌閑麗，所受於天也；口多微辭，所學于師也。」﹝註17﹞

「父母之遺德」、「受之二親」、「所受於天」表示的意思相當接近，「遺德」二字尤其可以顯示「德」可以表現在身體之上、之外，而且可以遺傳。﹝註18﹞「從外得之」也是相當顯著的特色，父母、天、二親三者都屬於外。

孟子對此身體之外在狀態可以視爲「德」的表徵，有什麼看法呢？在「人皆可以爲堯舜」這句話中，學生的疑問是，文王、湯的身體長大，因此有特殊功業，我也身體長大，何以「食粟」（沒肉吃）而已？孟子說「堯舜之道，孝悌而已矣」。（〈告子下〉）有一次有人偷看孟子的身體，是否異於常人，孟子說他的身體沒什麼異常之處，即使「堯舜與人同耳。」（〈離婁下〉）這件事使人想起《左傳》中曹共公偷看重耳洗澡的事，因爲傳說重耳「駢脅」。（《左傳》僖公二十三年）這些今天看起來怪異的行爲，其背後的理路應該是：聖人具非常之狀，因有非常之德，豈直與天下匹夫匹婦之爲類也。

這是古老傳統，孟子想要改變。因爲這個古老傳統的荒謬性，我們在盜跖的故事中已經看得很明顯了。他應該也聽過盜跖的故事，所以他明確說明如何區分舜與盜跖，「雞鳴而起，孳孳爲善者，舜之徒也。雞鳴而起，孳孳爲利者，跖之徒也。欲知舜與跖之分，無他，利與善之間也。」（〈盡心上〉）

﹝註16﹞ 「威儀觀」的討論見楊儒賓先生〈儒家身體觀的原型〉，《儒家身體觀》（南港：中研院文哲所，1996）頁28～43。。杜正勝也涉及威儀身體的演變，見《從眉壽到長生》，頁205～29。

﹝註17﹞ 《文選》，頁480。盜跖的美，「面目有光，脣如激丹，齒如齊貝，音中黃鍾」，此文中則說「眉如翠羽，肌如白雪，腰如束素，齒如含貝。」又「韡色含光」。雖然不是完全一樣，組合起來卻是當代美人圖，強盜的身體與美人的身體如此其相似，其故在身體背後有一個使其身體如此其特殊的力量在。「音中黃鍾」更是與「八風」在宇宙秩序中的神秘關聯息息相關。

﹝註18﹞ 杜正勝說：「德是體內的特質存在，所以有遺傳性」，《從眉壽到長生》，頁135～41。又說「每一家族各有他們的德」，「德爲族群成員所共有，但最強有力、最顯著者則體現在族長身上。」前引書頁205～18。這樣的想法在1939年李玄伯的書裡已經有所表達。見氏著，《中國古代社會新研》（上海：上海文藝出版社影印1949 開明書店版，1988），〈中國古代圖騰制度及政權的逐漸集中〉下篇（二），「圖騰的個人化」。頁173～87。

他在〈盡心上〉說道：

> 孟子自范之齊，望見齊王之子，喟然嘆曰：居移氣，養移體，大哉
> 居乎！夫非盡人之子與？孟子曰：王子宮室、車馬、衣服多與人同，
> 而王子若彼者，其居使之然也。況居天下之廣居者乎？魯君之宋，
> 呼於垤澤之門。守者曰：此非吾君也，何其聲之似我君也？此無他，
> 居相似也。

孟子以爲「居」與「養」會對人的身體產生特殊的影響，「養」對人產生的影響，可以舉趙景子問子產，關於伯有鬼魂作祟之理由，子產說：

> 人生始化曰魄，既生魄，陽曰魂。用物精多，則魂魄強，是以有精
> 爽至於神明。匹夫匹婦強死，其魂魄猶能馮依於人，以爲淫厲，況
> 良霄——我先君穆公之胄、子良之孫、子耳之子、敝邑之卿、從政
> 三世矣。鄭雖無腆，抑諺曰『蕞爾國』，而三世執其政柄，其用物也
> 弘矣，其取精也多矣，其族又大，所馮厚矣，而強死，能爲鬼，不
> 亦宜乎！〔註19〕

「用物精多，則魂魄強」，是古典時代的轉移規則，其所至之最高狀態可以是「精爽至於神明」。我們讀到《國語・楚語》觀射父說到「精爽不攜貳」的巫覡，「古者民神不雜，民之精爽不攜貳者，而又能齊肅衷正，其智慧上下比意，其聖能光遠宣朗，其明能光照之，其聰能徹聽之。如是則明神降之，在男曰覡，在女曰巫。」〔註20〕貴族與巫的關係密切，可見一斑。

可以使人取用之物精，其最者何？珠玉可以爲飲食代表，帛可以爲衣之代表。《國語・楚語下》：「玉帛爲二精」。《呂氏春秋・盡數》：「集於珠玉，與爲精朗。」其原理之說明，《管子・侈靡》：

> 珠者陰之陽也，故勝火。玉者陰之陰也，故勝水。其化如神，故天
> 子藏珠玉。

另一種說法：

> 是以水集於玉，而九德出焉；凝寒而爲人，而九竅五慮出焉，此乃
> 其精也。〈水地〉
> 夫玉之所貴者，九德出焉：夫玉溫潤以澤，仁也；鄰以理者，知也；

〔註19〕《左傳》昭公七年。
〔註20〕《國語・楚語下》（臺北：里仁書局，1981），頁559。文中「聰」、「明」、「智慧」分別獨立，又有「聖」字，該字非前述三義可知。

> 堅而不蹙，義也；廉而不劌，行也；鮮而不垢，潔也；折而不撓，
> 勇也；瑕適皆見，精也；茂華光澤，並通而不相陵，容也；叩之，
> 其音清搏徹遠，純而不殺，辭也。是以人主貴之，藏以為寶，剖以
> 為符瑞，九德出焉。〈水地〉

人與玉皆為水所集，故食玉可以強化人之精。《周禮・天官・玉府》：「王齊則
共食玉。」意指齋戒時食玉。《尚書・洪範》「惟辟玉食。」為王者專用。王
者之外也有食玉之說，屈原〈離騷〉：「精瓊靡以為粻」。王逸以為是「精鑿玉
屑以為儲糧。」佩帶也可以「御不祥」。〔註21〕古人說君無故，玉不去身。（《禮
記・曲禮下》）君子無故玉不去身（《禮記・玉藻》），根據的應該是這樣的道
理。孟子說「養移體」可以作如是觀。

　　帝王之居有何特點？不用舉考古資料，看宋玉所說的「雌雄風」就可以
理解孟子的「居移氣」。

> 夫風生於地，起於青蘋之末。侵淫谿谷，盛怒於土囊之口。……故
> 其清涼雄風，則飄舉升降，乘陵高城，入於深宮。邸華葉而振氣，
> 徘徊於桂椒之間。翱翔於激水之上，將擊芙蓉之精。……然後倘佯
> 中庭，北上玉堂。躋於羅帷，經於洞房。迺得為大王之風也。故其
> 風中人狀。直憯悽惏慄，清涼增欷。清清泠泠，愈病析酲。發明耳
> 目，窒體便人。此所謂大王之雄風也。〔註22〕

這樣的雄風，「此獨大王之風耳，庶人安得而共之？」我們知道孟子最喜歡勸
王者與民共之，不管你好色、好利，只要肯與民共之，都不會是大問題。他
怎麼會首肯這種「庶人安得共之」的特權？於是他對「體」重新定義，提出
「大體」以區別於傳統的「小體」：

> 體有貴賤，有小大。無以小害大，無以賤害貴。養其小者為小人。
> 養其大者為大人。（〈告子上〉）

　　古典貴族社會所養之「體」只是「小體」，養之得宜，結果也只是「居移
氣」而已，養之不得宜，不免為人瞧不起。

> 孟子曰：「說大人，則藐之，勿視其巍巍然。堂高數仞，榱題數尺，
> 我得志弗為也。食前方丈，侍妾數百人，我得志弗為也。般樂飲酒，
> 驅騁田獵，後車千乘，我得志弗為也。在彼者，皆我所不為也；在

〔註21〕討論見裘錫圭前引文，頁33～5。
〔註22〕《文選》卷十三，頁319～21。

我者，皆古之制也，吾何畏彼哉？」（〈盡心下〉）

他提出新的「大體」之說，作為建立心性論下道德價值的基礎。可是為什麼我們會在養「大體」與「小體」上有差異？是血統、居所的因素嗎？他歸因於「心」。

耳目之官不思，而蔽於物。物交物，則引之而已矣。心之官則思；思則得之，不思則不得也。此天之所與我者，先立乎其大者，則其小者不能奪也。此為大人而已矣。（〈告子上〉）

他的意思是透過居所、飲食等外在的環境優勢所汲引而來的優勢，是由「物」及於身的，效果不如「大體」所依據的「心」。孟子沒有完全推翻傳統之說，但是在接受之中轉進，重新給予「大小」、「貴賤」定義。

他只願意承認「氣」是體之充，「心」不屬體，心之德為「志」，「志」是氣之「帥」。在〈盡心上〉他說出了仁義禮智根於心。其生色也，睟然見於面、盎於背。施於四體，四體不言而喻。不再是轉移而來的，他說過趙孟之所貴，趙孟亦能賤之。轉移來的，總是會移走，沒有「根」於心。

可見不管是「遺」還是「移」，在孟子看來都不如「根」，「根」在「心」，為每人皆有，且不可奪。小體所養之氣，缺少獨立性，而且有「順」的可能，缺少抗壓性，只是「妾婦之道」。他說：

景春曰：公孫衍、張儀豈不誠大丈夫哉？一怒而諸侯懼，安居而天下熄。孟子曰：是焉得為大丈夫乎？子未學禮乎？丈夫之冠也，父命之；女子之嫁也，母命之，往送之門，戒之曰：「往之女家，必敬必戒，無違夫子。」以順為正者，妾婦之道也。居天下之廣居，立天下之正位，行天下之大道；得志與民由之，不得志，獨行其道；富貴不能淫，貧賤不能移，威武不能屈，此之謂大丈夫。」（〈滕文公下〉）

「大丈夫」是孟子人格獨立性完成的表徵，這與他重「剛」、「義」在氣質上明顯親和。他拒絕條件優渥之下的身體美化，因為那樣的條件非人人可以擁有，難以架構在「性」的基礎上。可是他也有繼承傳統的一面，在論及文王時，他提到：「待文王而後興者，凡民也。若夫豪傑之士，雖無文王猶興。」（〈盡心上〉）這樣的豪傑應該就是前文的大丈夫，也是孟夫子自道。他也引顏淵為同道，顏淵曰：「舜何人也？予何人也？有為者亦若是。」（〈滕文公上〉）顯得豪氣干雲，不假條件。有時也流露出舊思想的遺跡，〈公孫丑上〉提到文

王爲什麼無法輕易取代「一夫」紂王時說：

> 曰：「以齊王由反手也。」曰：「若是，則弟子之惑滋甚。且以文王之德，百年而後崩，猶未洽於天下；武王、周公繼之，然後大行。今言王若易然，則文王不足法與？」曰：「文王何可當也？由湯至於武丁，賢聖之君六七作。天下歸殷久矣；久則難變也。武丁朝諸侯有天下，猶運之掌也。紂之去武丁未久也，其故家遺俗、流風善政，猶有存者；又有微子、微仲、王子比干、箕子、膠鬲，皆賢人也，相與輔相之，故久而後失之也。尺地莫非其有也，一民莫非其臣也；然而文王猶方百里起，是以難也。齊人有言曰：『雖有智慧，不如乘勢；雖有鎡基，不如待時。』……孔子曰：『德之流行，速於置郵而傳命。』

此豈非積善之家必有餘慶？豈非另一種父母之遺德？《左傳》中此類故事甚多，例如《左傳》昭公八年：

> 晉侯問於史趙曰：「陳其遂亡乎？」對曰：「未也。」公曰：「何故？」對曰：「陳，顓頊之族也，歲在鶉火，是以卒滅。陳將如之。今在析木之津，猶將復由。且陳氏得政于齊而後陳卒亡。自幕至于瞽瞍無違命，舜重之以明德，寘德於遂。遂世守之。及胡公不淫，故周賜之姓，使祀虞帝。臣聞盛德必百世祀。虞之世數未也，繼守將在齊，其兆既存矣。」

舊王朝之毀敗非一夕而成，文中「盛德必百世祀」一語可說是古典時代普遍的心態，這個「百世」之中不免有些表現不好的「不才子」。在新王朝要建立之時，也是逐漸積德的過程，非一蹴可幾，所以上引孟子之文才會說「且以文王之德，百年而後崩，猶未洽於天下；武王、周公繼之，然後大行。」其過程也許會更長，仿照《左傳》的說法，要從后稷說起。

（二）如何得到與得到之後

精氣論在說明如何得到精氣的時候，功夫頗爲一致。建立在「德者得也」的規則上。《管子》四篇向爲這方面討論的焦點，〈內業〉：「凡物之精，此則爲生，下生五穀，上爲列星。流於天地之間，謂之鬼神；藏於胸中，謂之聖人。」如果「精」是每個人都可擁有，則此處不會說「藏於胸中」即是聖人。因此，讓「精」「藏於胸中」必須有一定的功夫，如何讓「精」藏在人的胸中？「是故此氣也，不可止以力，而可安以德；不可呼以聲，而可迎以音。敬守

勿失，是謂成德。」要「止」要「安」，可見「精」來自外，能夠安止之，即是「成德」。在安止之前必須使其從外入，功夫大致是「虛」。「敬除其舍，精將自來。精想思之，寧念治之。嚴容畏敬，精將至定，得之而勿捨，耳目不淫，心無他圖。」

> 虛其欲，神將入舍。掃除不潔，神乃留處。〈心術上〉

> 潔其宮，開其門，去私毋言，神明若存。〈心術上〉

> 虛之與人也無間，唯聖人得虛道，故曰並處而難得。世人之所職者精也，去欲則宣，宣則靜矣；靜則精，精則獨立矣；獨則明，明則神矣。神者至貴也，故館不辟除，則貴人不舍焉，故曰不潔則神不處。

「潔宮」、「除舍」相當於「虛心」，可以使「神入舍」，也可以使其「留處」。兩者相似而不同。「神」往往也可以說成「精」或「精氣」。這樣的功夫，與《莊子》書中的「心齋」何其相似。〈人間世〉：

> 回曰：「敢問心齋。」仲尼曰：「若一志，無聽之以耳而聽之以心，無聽之以心而聽之以氣！聽止於耳，心止於符。氣也者，虛而待物者也。唯道集虛。虛者，心齋也。」……瞻彼闋者，虛室生白，吉祥止止。夫且不止，是之謂坐馳。夫徇耳目內通而外於心知，鬼神將來舍，而況人乎！是萬物之化也，禹、舜之所紐也，伏羲几蘧之所行終，而況散焉者乎！」

使心成為「虛室」，要「外於心知」，雖與「虛其欲」不同，其結果「鬼神來舍」與「神將入舍」幾乎全同。「舍」當動詞「居停」之意，精氣或鬼神由「外」而來「舍」。〈內業〉則將「舍」當名詞「屋舍」用，結果還是「精將自來」。此字如同精氣論之「指紋」，具有辨識作用。

〈人間世〉說「吉祥」之感油然而生，其實這不只是心中的感覺而已，身體上也會有表現。

> 集於顏色，知於肌膚。〈白心〉

> 精存自生，其外安榮，內藏以為泉原，浩然和平，以為氣淵。淵之不涸，四體乃固，泉之不竭，九竅遂通，乃能窮天地，被四海。中無惑意，外無邪菑。心全於中，形全於外，不逢天菑，不遇人害，謂之聖人。人能正靜，皮膚裕寬，耳目聰明，筋信而骨強，乃能戴

> 大圜，而履大方。鑒於大清，視於大明。敬慎無忒，日新其德。遍
> 知天下，窮於四極。敬發其充，是謂內得。〈內業〉

這兩條資料不大一致，第一條只表現在肌膚，第二條則在皮膚、耳目、筋骨之外，加上「外無邪菑」、「不逢天菑」、「遍知天下，窮於四極」，範圍擴大到天下四極，後半段的描述孟子有所保留。

　　另一種功夫是「一」。

> 能摶乎？能一乎？能無卜筮而知吉凶乎？能止乎？能已乎？能勿求
> 諸人而得之己乎？思之思之，又重思之。思之而不通，鬼神將通之，
> 非鬼神之力也，精氣之極也。〈內業〉

「摶」應該作「專」解，專一在何物上可以有無卜筮而知吉凶的「前知」能力？《莊子》中稱此為「衛生之經」

> 老子曰：衛生之經，能抱一乎？能勿失乎？能無卜筮而知吉凶乎？
> 能止乎？能已乎？能舍諸人而求諸己乎？能翛然乎？能侗然乎？能
> 兒子乎？兒子終日嗥而嗌不嗄，和之至也；終日握而手不掜，共其
> 德也；終日視而目不瞚，偏不在外也。行不知所之，居不知所為，
> 與物委蛇，而同其波。是衛生之經已。（〈庚桑楚〉）

兩者的相似度甚高，老子眼中的嬰兒是「含德之厚」，「含德」即是「含精」，「含德之厚，比於赤子。蜂蠆虺蛇不螫，猛獸不據，攫鳥不搏。骨弱筋柔而握固。未知牝牡之合而全作，精之至也。終日號而不嗄，和之至也。知和曰常，知常曰明，益生曰祥，心使氣曰強，物壯則老，謂之不道，不道早已。」〈庚桑楚〉的「共其德」就是《老子》的「精之至」，可知「專」、「一」的對象是指「精氣」。嬰兒之至柔來自其專氣無朕，聖人效之而有「抱一」、「得一」之說，其事與聖王之術相關，〈天下〉亦有之，

> 古之所謂道術者，果惡乎在？曰：無乎不在。曰：神何由降？明何
> 由出？聖有所生，王有所成，皆原於一。不離於宗，謂之天人。不
> 離於精，謂之神人。不離於眞，謂之至人。

神、明、聖、王，四者的來源，此處皆歸之於「一」，且明言「不離於精，謂之神人」。神人如此，明、聖、王三者何獨不然。前引《國語‧楚語》「精爽不攜貳」，「不攜貳」即是「一」，其故在「精」之得。舉凡「精神」、「神明」、「德」、「聖」等成就，當其成套出現時，往往皆與此功夫有關。得精氣可以有此諸效，也可以看《韓非子》裡的文字：

知治人者其思慮靜，知事天者其孔竅虛。思慮靜，故德不去。孔竅虛，則和氣日入。故曰：「重積德。」夫能令故德不去，新和氣日至者，蚤服者也。故曰：「蚤服是謂重積德。」積德而後神靜，神靜而後和多，和多而後計得，計得而後能御萬物，能御萬物則戰易勝敵，戰易勝敵而論必蓋世，論必蓋世，故曰：「無不克」。無不克本於重積德，故曰：「重積德則無不克」。(〈解老〉)

「故德」是已經擁有的「精氣」，「和氣」則是新入者，功夫是「孔竅虛」，「氣」與「德」的關係之密切可見。〈喻老〉說「空竅者，神明之戶牖也。」「神明」從「空竅」入，可知「神明」即是「精氣」也。積此德可以有「神靜」、「和多」、「計得」等效驗，甚至到無不克的絕對優勢。

也可以表現在致天下太平的方面，〈天下〉說到「古之人其備乎！配神明，醇天地，育萬物，和天下，澤及百姓。」前提還是「配神明」，其所以然之故還是「精爽」、「得一」。

神仙家也可以據此立論，〈遠遊〉是很好的比較對象。「悲時俗之近阨兮，願輕舉而遠遊。」注意「輕」字。「質菲薄而無因兮，焉託乘而上浮？」身體未改造之前以「菲薄」來形容。如何改變？「內惟省以端操兮，還應正氣之所由。漠虛靜以恬愉兮，澹無爲而自得。」功夫前者像儒家，後者像道家。但是還有一著，「奇傅說之託辰星兮，羨韓眾之得一」，傅說的例子在〈大宗師〉中出現過，該處只說「得之」，此處亮出「得一」的底牌。進一步的說明，可以知道作者用的是服氣之法：「餐六氣而飲沆瀣兮，漱正陽而含朝霞」。身體改造過程中可以得到「神明」：「保神明之清澄兮，精氣入而粗穢除。」此精氣是由外而「入」，原本身體中的菲薄是因爲充斥「粗穢」。此所得之精氣，除神明之外，也可以有「和」之感：「見王子而宿之兮，審壹氣之和德」。此「一氣」在半夜最容易養得：「壹氣孔神兮，於中夜存」。但是如何養此一氣？「虛以待之兮，無爲之先」。得此精氣或壹氣，即是成「德」之門：「庶類以成兮，此德之門」。

〈遠遊〉非常精簡而且清晰的將精氣論的各項特徵都呈現出來，「精氣」即是「壹氣」，由外「入」，得之者身體有好的改變，「神明」、「和」之感是其一，身體「輕」是其一。得此精氣之法最重要在「虛」，得此精氣即是「成德」。

上述可以歸納爲「德者得也」，所得之物爲「精」或是「精氣」，所以得

之之法爲「虛」或「一」，已得之後可以有的成果是「中無惑意」、「四肢堅固」、「耳目聰明」、「九竅遂通」、「醇天地，育萬物，和天下，澤及百姓。」表現的範圍不管大或小，都可以用「德」來表示。因爲是得之於外，所以必須使其「入居」以及「留處」。能入居固可以爲聖人，不能「留處」則亦無從見效於當世，用《韓非子》的話說，必須「令故德不去，新和氣日至。」（〈解老〉）

二、孟子的養氣

孟子的功夫中很重要的一點即是「養氣」。〈公孫丑上〉：

> 敢問夫子惡乎長？曰：我知言，我善養吾浩然之氣。敢問何謂浩然
> 之氣？曰：難言也。其爲氣也至大至剛，以直養而無害，則塞于天
> 地之間。其爲氣也配義與道，無是餒也。是集義所生者，非義襲而
> 取之也。行有不慊於心則餒矣。我故曰：告子未嘗知義。以其外之
> 也。必有事焉而勿正，心勿忘，勿助長也。

歸納爲四點：

一、此氣至大至剛。

二、直養無害。

三、配義與道。

四、集義所生，非襲取於外。

「浩然」是至大之意，所以第一點中的「至大」沒有問題，《管子》也是用「浩然」來描述其「氣淵」。〔註23〕但是「至剛」卻是孟子的特點，《管子》是用「和平」來定位其氣之性質。此「至剛」符合孟子「大丈夫」的理想。

「直養」是因爲孟子以爲四端的仁義禮智根於心，爲我固有之，非外鑠，順此而爲，則此氣自成。〈盡心下〉：

> 可欲之謂善。有諸己之謂信。充實之謂美。充實而有光輝之謂大。
> 大而化之之謂聖。聖而不可知之之謂神。

〔註23〕也有解釋爲「純壹之氣」的例子，見《漢書・敘傳上》顏師古注，《漢書》（臺北：鼎文書局，1981）頁1128。（多冊本頁4230）。檢查《故訓匯纂》（北京：商務印書館，2004），頁1260。可以發現趙岐注此語爲「天氣也」，張銑「大道之氣」外，都是「大」、「多」、「餘」以及水流貌等意思。孟子自己也還有「浩然有歸志」之語，總不能將此處之「浩然」也看作「純壹之氣」，同一人使用同一語，應該有其穩定性才是。再加上考慮〈內業〉的「浩然和平，以爲氣淵」、「源泉」等語，都與水有密切關係，解爲「水大」應該較爲妥當。

孟子與精氣論傳統的差異，在「有諸己」一點上，他不以爲此氣須得之於外，氣是我固有的，仁義禮智也是我固有的，養氣不必藉外論之，因此可以說孟子不走「德者得也」一路。如果把上文前兩句移除，則其意境與本文所謂精氣論其實難以分辨。

孟子的想法應該是，純粹的養氣只能在「小體」上作用，想要在「大體」上起作用的養氣功夫，必須配義與道，也就是在「心」上作功夫。

孟子論道德既然以「擴充」爲主軸，他在養氣功夫上也是從「擴充」的角度著眼，既然是「擴充」則做爲基準點的起始狀態應該是每人相似，而且是內在的。

在沒有下過功夫的人身上，想要呈現此每人相似的「氣」，在夜深人靜時。孟子曾經以牛山之木本來美茂，只是在破壞之後才顯其光禿，比喻人性之本善狀態亦如牛山之原狀。〈告子上〉：

> 雖存乎人者，豈無仁義之心哉？其所以放其良心者，亦猶斧斤之於木也。旦旦而伐之，可以爲美乎？其日夜之所息，平旦之氣，其好惡與人相近也者幾希，則其旦畫之所爲，有梏亡之矣。梏之反覆，則其夜氣不足以存。夜氣不足以存，則其違禽獸不遠矣。人見其禽獸也，而以爲未嘗有才焉者，是豈人之情也哉？故苟得其養，無物不長；苟失其養，無物不消。孔子曰：「操則存，舍則亡。出入無時，莫知其鄉。」惟心之謂與！

白天的操勞競奪，將夜晚復原之氣斷喪幾盡，他將此狀態另外用「放其良心」表示，可見「夜氣」與「良心」在孟子是相當的。功夫上他以爲心之幾微，「出入無時，莫知其鄉」，必須有意識的加以「操存」。因此他說：「學問之道無他，求其放心而已矣。」萬物冥合，不分人我，外於心知以受天地精氣的法門，在孟子來說就不能接受。而「內靜外敬」的法門也非其主張。因爲「靜」與「順」之間有過高的親和性，一不小心就淪爲「妾婦之道」，無緣「大丈夫」。

他只要回復「夜氣」就可以回復原點，找回良心，不必再去往外汲取「精氣」，這與精氣論傳統有不同。

〈盡心上〉：

> 孟子曰：盡其心者，知其性也。知其性，則知天矣。存其心，養其性，所以事天也。殀壽不貳，修身以俟之，所以立命也。

「盡心之性」、「存心養性」加上「動心忍性」構成三重修養心的功夫。此三

重功夫似乎與「生而知之」、「學而知之」、「困而知之」相當接近。

孟子之所以取此功夫，建立在他對心與氣的價值位階之認識上。他說氣只是體之充，此體只是小體而已，小體即是自然身體，如何將此自然身體道德化，有待於心以及心所含藏的諸種來自天之所命的道德內容，此內容我們無法輕易窺知，但是可以透過其端倪而窺其梗概，此即孟子所謂的四端。四端者為仁義禮智。

孟子的心性之說列此四端，而養氣之說只談到「配義與道」，仁、禮、智則略而不提，原因可能是舉一反三，也可能是將其納入「道」之中。〔註24〕

有兩點可以與精氣論作對照：一是氣無法取得最終主導權；一是不能割捨道德內容。

就第一點而言，孟子說氣體之充也，志氣之帥。〈公孫丑上〉：

> 公孫丑問曰：「夫子加齊之卿相，得行道焉，雖由此霸王不異矣。如此則動心否乎？」孟子曰：「否，我四十不動心。」

孟子四十歲不動心，與孔子不惑同年。有趣的是他對什麼事情「不動心」？這裡是政治上的「達」。皆下來孟子自道與告子的不動心之不同時，提到言、心、氣三個層次，其特出之處在於「心」的主導性，將言與氣收歸心的管轄。其故為：

> 夫志，氣之帥也；氣，體之充也。夫志至焉，氣次焉。故曰：持其志，無暴其氣。既曰「志至焉，氣次焉」，又曰「持其志，無暴其氣」者，何也？曰：志壹則動氣；氣壹則動志也。今夫蹶者趨者是氣也而反動其心。

孟子在此依然採取吸收部分古典思想，納入其思想之次要部分的策略。〔註25〕「志壹」與「氣壹」的狀態都有傾動對方的能力，而孟子的功夫卻是一面倒

〔註24〕郭沫若曾經懷疑這個「道」字在孟子之中不自然而沒有著落，可能即是來自《管子》的〈內業〉等篇。見〈宋鈃尹文遺著考〉。原收入《青銅時代》，本文引自《中國古代社會研究（外二種）》（石家莊：河北教育出版社，2002），頁542。但該處「道」與「氣」相等，孟子此處既然已經提及「氣」，不應該再以「道」等於「氣」。觀察孟子全書提及道的文字，以及道與義一起出現的文字，「道」在孟子中很可能是「仁」的另一個說法。〈盡心下〉「仁也者人也，合而言之，道也。」

〔註25〕筆者以為這是新思想創立時常用之策略，所以我們在閱讀文獻時，不要過度看待影響的地位，因為某個部分的相似，只是在避免衝突，以及明褒實貶。老子書中「德」就是扮演這樣次要的角色。

的往「志壹」方向走。他認爲心可以窄化，卻不能「虛化」，尤其是其中的道德根源是人禽之辨所在，更無虛化的餘地。

精氣論傳統下，對心與志，有程度不一的壓抑。莊子中的「純氣之守」，對立面是「知巧果敢之列」，「心齋」的功夫要「外於心知」。老子認爲「心使氣曰強」，修道不在心上作功夫，心必須致之使虛，方能「專氣致柔」，而「柔弱勝剛強」。「去知與故」的話也常見到，這些心與氣的關係如何安排，是觀察功夫主張的有效窗口。杜正勝曾經認爲儒家以心爲主，道家以氣爲主。〔註26〕就孟子來說，大致是可以同意的。孟子對「氣壹」所可能達到的效果，估計比較低。

「氣體之充」，此說也見於《管子》四篇，〈內業〉常將「氣」與「道」交替使用，提到「夫道者所以充形也」，但是因爲此篇的「氣」是外來者，所以會有「而人不能固。其往不復，其來不舍」的障礙有待克服。克服的辦法，「凡道無所，善心安愛，心靜氣理，道乃可止。」既講「善心」，也說「心靜」，不全相同。勉強解釋，可以說心在全善無惡時，不受欲望干擾，所以是靜的。但是無法排除「氣理」與「心靜」之間是互動的關係，心之善惡與此沒有本質性的關係。

〈心術下〉提出充美然後心得之說，其先後關係值得注意。「氣者，身之充也；行者，正之義也。充不美，則心不得；行不正，則民不服。」孟子是說「充實之謂美」，兩者極爲相似，不過孟子的前提是「可欲」、「有諸己」，沒有這兩個前提的「充」，當不爲孟子認可。〔註27〕而此篇的「氣」卻是外來的，「形不正者德不來」，講究威儀姿態，「中不精者心不治」，「精」也許是「靜」之誤，如是可以符合「內靜外敬」之說。「無以物亂官」，孟子說「耳目之官不思」，不思則爲物，物交物則引之而已。所以此語孟子應該可以同意。至於「無以官亂心」的部分，此處以「靜」爲功夫，而孟子卻是「必有事焉」，頂多在「勿忘」之外加上「勿助長」的告誡輔助，即可以「持其志」。〔註28〕從

〔註26〕〈心與氣在人體的地位：孟子「知言養氣」反映的問題〉，杜正勝，《從眉壽到長生——醫療文化與中國古代生命觀》（臺北：三民書局，2005），頁95～105。

〔註27〕「充」字這種用法在《墨子》的〈辭過〉中已有：「其爲食也，足以增氣充虛，彊體適腹而已矣。」〈節用中〉也有：「古者聖王制爲飲食之法曰：足以充虛繼氣，強股肱，耳目聰明，則止。」「強股肱，耳目聰明」在精氣論中被拿來作形容「美身」效果的常用語。食物來自身體之外所以叫「充」，「精氣」被稱爲「體之充」也是自外來的角度說的。

〔註28〕〈心術下〉全文是：「形不正者德不來，中不精者心不治。正形飾德，萬物畢

總體來看，氣外、身充、充美、心得等四個環節，與孟子相似的只有中間兩個，前提與最終目標，是不同的。〈盡心上〉：

> 孟子曰：廣土眾民，君子欲之，所樂不存焉。中天下而立，定四海之民，君子樂之，所性不存焉。君子所性，雖大行不加焉，雖窮居不損焉，分定故也。君子所性，仁義禮智根於心。其生色也，睟然見於面、盎於背。施於四體，四體不言而喻。

「欲之」、「所樂」、「所性」三個層次是孟子的價值定位，這個分別對掌握孟子思想的核心與邊緣相當重要。政治是管理眾人之事，少數人管理多數人，雖然他也贊成勞心者與勞力者的分別，或是君子野人的分別，但是他把這些放在「人性」之外，他的人性只限於所有人可以共之的「仁義禮智」等四端之內。我們可以了解「自天子以至於庶人一也」的「性」在孟子思想中的重要地位。

道德的實踐與身體之精神化，是此處孟子放在第一位的價值，對於孔子說過的「博施濟眾」，孟子並不將其放在人性內容之中，所以說「所性不存焉」。可以看出孟子想將道德領域從政治領域區隔出來。而古典神聖王權的階序結構正是要將兩者結合起來。

回顧前引評論樂正子的話中所顯示的功夫進境，當其達到聖、神之境時，對此世界有何影響呢？精氣論傳統之答案，已見於《莊子·天下》之所述，內聖外王之道。孟子的態度可以從他評論盛德之士上看出來。

（一）盛德之士的出路

孟子的功夫可以使其成果表現在外，已如上述，但此外可以到什麼範圍？如果只是及身而止，洋溢於四肢與耳目，則以「精神化的身體」名之，是恰當的。然而若其潤澤所及，廣大無邊，甚且標之以「至大無外」之範圍，則可以另以「宇宙化身體」名之。「宇宙化身體」在精氣論的傳統裡是有範圍差異的，孟子的思想又如何？當時儒學傳統中又有如何之變貌？

〈萬章上〉記載咸丘蒙所問的一個問題：

> 語云：「盛德之士，君不得而臣，父不得而子。」舜南面而立，堯帥

得。翼然自來，神莫知其極。昭知天下，通於四極。是故曰：無以物亂官，毋以官亂心，此之謂內德。是故意氣定然後反正。氣者，身之充也；行者，正之義也。充不美，則心不得；行不正，則民不服。是故聖人若天然，無私覆也；若地然，無私載也。私者，亂天下者也。」《管子纂詁》卷十三之十頁。

諸侯北面而朝之，瞽瞍亦北面而朝之。舜見瞽瞍，其容有蹙。孔子
曰：「於斯時也，天下殆哉，岌岌乎！」不識此語，誠然乎哉？

舜的故事在孟子書中很多，舜的地位孟子也很看重，舜在孟子書中遇到許多
道德難題，以上所引是其中之一。問題的重點在當一個人具有「盛德」之時，
他與周遭之人的關係應該如何安排？尤其是在「天子」這個特殊而唯一的位
置上，如何安排政治上與倫理上的高位者。學生引述的問題是「君不得而臣，
父不得而子」，重點放在五倫中的父子與君臣。推而廣之，所有的人物關係中，
都必須承認盛德之士的無上權威。舜最爲孟子稱道之處在「孝」，在他盛德的
光環之中，瞽瞍應該如何安排？對政治高位者問題，孟子的說法是：

否，此非君子之言，齊東野人之語也。堯老而舜攝也，〈堯典〉曰：
「二十有八載，放勳乃徂落，百姓如喪考妣。三年，四海遏密八音。」
孔子曰：「天無二日，民無二王。」舜既爲天子矣，又帥天下諸侯以
爲堯三年喪，是二天子矣。

孟子以爲堯老舜攝，舜沒有在堯生前即接任，所以他還是臣。這個說法在歷
史事實上不是儒家的共識，在理論上也不是。前者可以比較郭店的〈唐虞之
道〉，後者可以看這段話：「夫大人者，與天地合其德，與日月合其明，與四
時合其序，與鬼神合其吉凶。先天而天弗違，後天而奉天時。天且弗違，而
況於人乎？況於鬼神乎？」（《易・乾卦》）文中之「人」也應該包含「王」，「大
人」就是「盛德」者。

咸丘蒙追問第二點。

咸丘蒙曰：舜之不臣堯，則吾既得聞命矣。《詩》云：「普天之下，
莫非王土；率土之濱，莫非王臣。」而舜既爲天子矣，敢問瞽瞍之
非臣如何？

孟子搬出他「知言」的本領，提出「以意逆志」的讀詩法。

曰：是詩也，非是之謂也，勞於王事而不得養父母也。曰：「此莫非
王事，我獨賢勞也。」故說詩者，不以文害辭，不以辭害志；以意
逆志，是爲得之。……孝子之至，莫大乎尊親；尊親之至，莫大乎
以天下養。爲天子父，尊之至也；以天下養，養之至也。《詩》曰：
『永言孝思，孝思惟則』，此之謂也。《書》曰：『祗載見瞽瞍，夔夔
齋栗，瞽瞍亦允若』，是爲父不得而子也。」

孟子口中的「齊東野人」，在《韓非子》中則出自一本叫《記》的書。《韓非

子‧忠孝》：

> 記曰：「舜見瞽瞍，其容造焉。孔子曰：當是時也，危哉！天下岌岌，
> 有道者、父固不得而子，君固不得而臣也。」〔註29〕

文中以「有道者」取代「盛德之士」，「道」與「氣」往往可以互用，而得精氣者為「有德」，所以這個取代不是問題。如果問題不限於舜與其父的關係，對於有道者，孟子也不懷疑他的無限性。孟子說過「大丈夫」的三個不受影響的方向，也提到過「以德」則君當師事之，「以位」則庶人不敢與君友。

〈萬章下〉：

> 萬章曰：「庶人，召之役，則往役；君欲見之，召之，則不往見之，
> 何也？」曰：「往役，義也；往見，不義也。且君之欲見之也，何為
> 也哉？」曰：「為其多聞也，為其賢也。」曰：「為其多聞也，則天
> 子不召師，而況諸侯乎？為其賢也，則吾未聞欲見賢而召之也。繆
> 公亟見於子思，曰：『古千乘之國以友士，何如？』子思不悅，曰：
> 『古之人有言曰：「事之云乎」，豈曰友之云乎？』子思之不悅也，
> 豈不曰：『以位，則子，君也，我，臣也，何敢與君友也？以德，則
> 子事我者也，奚可以與我友？』千乘之君求與之友，而不可得也，
> 而況可召與？

孟子區分「多聞」與「賢」兩個層次，兩者君皆不可以「召」的方式對待之，孟子在「以位」的傳統之外建立「以德」的新論據，使其分庭抗禮。「賢」的地位既然高於「多聞」一等，孟子在「說大人」時除了藐之之外，也有理論建設，說「用下敬上，謂之貴貴；用上敬下，謂之尊賢。貴貴、尊賢，其義一也。」將「上敬下」與「下敬上」等量齊觀，甚至進一步的揄揚「上敬下」的價值。他的理論建設沒有在這裡停步，他一方面「以德」與「以爵」的大人抗衡，又師穆叔故智，〔註30〕重新定義「爵」的意義。區分「天爵」與「人

〔註29〕陳奇猷，《韓非子集釋》（臺北：河洛圖書，1974），頁1108。此文在提及此類「烈士」是「亂世絕嗣」之人時，指出其學術資源為「為恬淡之學而理恍惚之言」，此與精氣論一脈應該有密切關係。

〔註30〕《左傳》襄公二十四年，「穆叔如晉，范宣子逆之，問焉，曰：古人有言曰：『死而不朽』，何謂也？穆叔未對。宣子曰：昔匄之祖，自虞以上為陶唐氏，在夏為御龍氏，在商為豕韋氏，在周為唐杜氏，晉主夏盟為范氏，其是之謂乎！穆叔曰：以豹所聞，此之謂世祿，非不朽也。魯有先大夫曰臧文仲，既沒，其言立，其是之謂乎！豹聞之：『大上有立德，其次有立功，其次有立言。』雖久不廢，此之謂不朽。若夫保姓受氏，以守宗祊，世不絕祀，無國無之。

爵」，〈告子上〉：

> 孟子曰：「有天爵者，有人爵者。仁義忠信，樂善不倦，此天爵也。
> 公卿大夫，此人爵也。古之人，修其天爵而人爵從之。今之人，修
> 其天爵以要人爵。既得人爵而棄其天爵，則惑之甚者也，終亦必亡
> 而已矣。」

「修其天爵而人爵從之」正是「有德必有位」的另一種說法，但是孟子將「天爵」定義爲「仁義忠信，樂善不倦」，則是其創造性轉化之處，精氣論者以「一」模糊化之處，孟子拉回具體的道德內容。同樣的情形也出現在評論禹稷和顏回的價值高低問題，他的答案是兩者「同道」（〈離婁下〉）。也出現在孔子與堯舜的價值高低問題，他的答案是夫子「賢於堯舜遠矣」（〈公孫丑上〉）。這種評價立足的價值方向不會是政治的。

面對有「人爵」者可能棄其「天爵」的問題，孟子鄭重看待得「天爵」的「大人」所扮演的角色。他從「格君心」的角度來看大人的角色，〈離婁上〉：

> 孟子曰：人不足與適也，政不足與間也，惟大人爲能格君心之非。
>
> 君仁莫不仁，君義莫不義，君正莫不正，一正君而國定矣。

「君正莫不正」是舊傳統，孔子說「子帥以正，孰敢不正」，老子說「侯王得一以爲天下貞」，但是孟子將「君仁莫不仁，君義莫不義」加上去，就在「君子之德風，小人之德草」、「爲政以德，譬如北辰，居其所而眾星拱之」的傳統模式中，將「德」這個深具「精氣論」意義的名詞，明確化爲「仁義」這個孟子的註冊標誌。孟子又說「大人者不失其赤子之心」，赤子之心是良知良能不受斷喪之前的狀態，其「四端」當與成德之大人相當。這樣的「大人」與〈乾卦〉的「大人」，兩者的差距很能見出孟子的特點。

孟子自己也稱讚過「盛德」。〈盡心下〉「孟子曰：堯、舜，性者也；湯、武，反之也。動容周旋中禮者，盛德之至也。」「動容周旋中禮」一語接在堯舜文武之後，不是表示一般人的行禮如儀，而有其國家壯盛有序的意思。季札觀樂舞有以下高低不同之評論：「美而有憾」（文王）、「美而盛」（武王）「慚德」（湯）、「勤而不德」（禹）、「盛德」（舜）。〔註31〕武王與舜之舞，得到最高評價，這些以其成功告於神明的樂舞，應該就是孟子說「動容周旋中禮者」時心中所浮現的內容。《禮記·樂記》也說「禮樂皆得，謂之有德」。

> 祿之大者，不可謂不朽。」

〔註31〕楊伯峻，《春秋左傳注》，頁 1165。

　　郭店楚簡有〈唐虞之道〉講堯生爲天子，舜處於草茅之中，堯禪位給舜，「禪也者，上德授賢之謂也。」在何時禪位呢？「古者聖人二十而冠，三十而有家，五十而治天下，七十而致政。」原因是「四肢倦惰，耳目聰明衰。」退休後作什麼？「退而養其生」。〔註32〕孟子的版本則是「堯老而舜攝」，「齊東野人」在當時可能不少。〔註33〕

　　不只出土文獻中出現異於孟子的說法，傳統文獻《中庸》也與孟子不同。

> 子曰：「舜其大孝也與！德爲聖人，尊爲天子，富有四海之內。宗廟
> 饗之，子孫保之。故大德必得其位，必得其祿，必得其名，必得其
> 壽。（十七章）〔註34〕

「大德必得其位」，實然上也許不然，但只是時間早晚而已，值得等待，在應然的層次上兩者應該合一。「大德」即是「盛德」，所以會有德位齊備，才可以制禮樂之說。

> 子曰：愚而好自用，賤而好自專，生乎今之世，反古之道。如此者，
> 災及其身者也。非天子，不議禮，不制度，不考文。今天下車同軌，
> 書同文，行同倫。雖有其位，苟無其德，不敢作禮樂焉；雖有其德，
> 苟無其位，亦不敢作禮樂焉。（二十八章）

若是時窮數奇，大德者應當如何自處？〈唐虞之道〉說「處草茅而不憂」，《中庸》提出「素其位而行」可以「無入而不自得」。但是也提出「居易以俟命」，對「天命」仍是有期望。

> 君子素其位而行，不願乎其外。素富貴，行乎富貴；素貧賤，行乎
> 貧賤；素夷狄，行乎夷狄；素患難，行乎患難：君子無入而不自得
> 焉。在上位不陵下，在下位不援上，正己而不求於人，則無怨。上
> 不怨天，下不尤人。故君子居易以俟命，小人行險以徼幸。（十四章）

一個人的修養如何成爲「大德」者呢？書中有「中和」之說，何謂「中和」？

〔註32〕李零，《郭店楚簡校讀記（增定本）》（北京：中國人民大學，2007），頁 123
　　　～9。精氣論者常說「四肢堅固，耳目聰明」，此文提及「四肢倦惰，耳目聰
　　　明衰」爲致政的理由，從反面說明了精氣論與政權的關係密切。
〔註33〕〈唐虞之道〉中的一段也見於《管子·戒》。《韓非子·忠孝》所引又稱「記曰」，
　　　可以想見這是熱門的討論題目。爲什麼「野人」對此這麼有興趣？因爲他們
　　　是這個思想的受益者，在社會向上流動的過程中，有能力者最支持根據能力
　　　決定社會地位的學說。存著「彼可取而代之」想法的野心者，也可能鼓勵這
　　　樣的思想。
〔註34〕朱熹，《四書集注》（臺北：世界書局，1977），頁11。下文僅注章次。

「喜怒哀樂之未發，謂之中；發而皆中節，謂之和」。如果修行到極致會有何結果？「致中和，天地位焉，萬物育焉。」到此地步，我們需要政治嗎？德與位是否一致的問題需要考慮嗎？

　　孟子講四端，一切道德的東西都已經存在每個人之中，顯微不同而已，應該沒有已發未發的問題，「端」即使不顯著，也已經是發了，兩書於此似有不同。有德者不必有其位，也似與《中庸》不同。「俟命」好像孟子也不是那麼有興趣，〔註35〕他得志弗與。他想要成為「師」而不是「君」，所以沒有「天命」的問題。《中庸》「仁者人也，親親為大；義者宜也，尊賢為大。親親之殺，尊賢之等，禮所生也。」讀起來與〈唐虞之道〉的相關論述近似：「堯舜之行，愛親尊賢。愛親故孝，尊賢故禪。孝之施，愛天下之民，禪之傳，世亡隱德。孝，仁之冕也；禪，義之至也。」「愛親忘賢，仁而未義。尊賢遺親，義而未仁也。」在孟子讀起來，可能以為此文作者是告子的同黨。「世無隱德」表示的是人的「政治地位」與「德」是一致的。此與《中庸》大德必有位，是同一個思路。我們認為這也是精氣論的思路。孟子提到「惟仁者宜在高位，不仁者在高位，是播其惡於眾也。」所以他也有德位合一的想法。只是他認為「德」的內容有兩個，一是先王之道，一是仁心仁政。後者在孟子更重要。

　　孟子說到許多快樂的事，「君子有三樂，而王天下不與存焉。」（〈盡心上〉）「古之賢王，好善而忘勢。古之賢士，何獨不然？樂其道而忘人之勢。故王公不致敬盡禮，則不得亟見之。見且由不得亟，而況得而臣之乎？」（〈盡心上〉）舜「竊負而逃，遵海濱而處，終身訴然，樂而忘天下。」（〈盡心上〉）但是最重要的卻不是「樂」。而是「性」。〈盡心上〉：

> 孟子曰：「廣土眾民，君子欲之，所樂不存焉。中天下而立，定四海之民，君子樂之，所性不存焉。君子所性，雖大行不加焉，雖窮居不損焉，分定故也。君子所性，仁義禮智根於心。其生色也，睟然見於面、盎於背。施於四體，四體不言而喻。」

「性」不只使讓孟子在「心」與「天」之間搭上一條橋，也使他在出處的抉擇上有堅定的依據，足以抗拒精氣論的誘惑。若以「天人合一」與「內聖外

〔註35〕〈盡心下〉：「孟子曰：堯、舜，性者也；湯、武，反之也。動容周旋中禮者，盛德之至也。哭死而哀，非為生者也。經德不回，非以干祿也。言語必信，非以正行也。君子行法，以俟命而已矣。」這裡的「俟命」並沒有政治上「天命」的意義。

王」二詞來定位孟子的養氣目標，孟子心性天貫通的模式屬於「天人合一」。他區分「所性」與「所樂」、「所欲」，因「君子」出路不在「位」，「位」在「性分」之外，所以孟子不積極支持「內聖外王」。

三、結　論

孟子思想以擴充心之四端，以符合心與性天一致之義。他的養氣功夫與當時其他常見的養氣功夫有什麼差異？

相同的部分，在於身體會受到養氣功夫的正面影響這一段。不同之處，在前段有：氣在外，氣由外入「舍」，他不同意。「氣一則動志」、「專氣」他要避免。後段的養氣對外的影響，他主張會表現在身體表面，然後跳到「上下與天地同流」，「大而化之之謂聖，聖而不可知之謂神」。

「外無邪菑」非其所關心，他反而提倡動心忍性；神仙也非所期；王天下也非所性；「前知」則未見其論及。以上這些都是精氣論者功夫所至可能達到的成就，孟子務實的、專心致志的在他的「所性」中努力。

徐復觀提到過《莊子》內篇只有德字沒有性字，〔註 36〕孟子似乎與他相反，孟子對盛德之士當繼位，禹傳子德衰兩個問題反應激烈，我們認為可能的原因是，「德」作爲唯一標準，將使倫理、心志、語言都失去終極價值。唯一需要的只是修德。《老子》：

> 善建者不拔，善抱者不脫。子孫以祭祀不輟，修之於身，其德乃眞；修之於家，其德乃餘；修之於鄉，其德乃長；修之於國，其德乃豐；修之於天下，其德乃普。故以身觀身，以家觀家，以鄉觀鄉，以國觀國，以天下觀天下。吾何以知天下然哉？以此。（第 54 章）

祭祀不輟的只有統治者家族，即《左傳》中穆叔所說的「世祿」。從「身」到「天下」，一是皆以修身爲本，此處之修其實不是倫常，而是「抱一」。孔子爲政以德譬如北辰，要行得通，前提是北辰只有一個。筆者曾經以圓心與圓周兩者互相生成說明這一套修身成德系統成立的基礎。在一個講求「性」爲人人共有的時代，將使得整個系統只有圓心而沒有圓周，所以這套思想必須

〔註 36〕徐復觀，《中國人性論史先秦篇》（臺北：商務印書館，1994），〈老子思想的發展與落實——莊子的心〉，頁 369。徐先生認爲《莊子》內篇的「德」相當於「性」字，外篇雜篇將「性」字「德」字對舉，其區別「人與物身上內在化的道，稍微靠近抽象地道的方面來說時，便是德；貼近具體地形來說時，便是性。」頁 372。

作一些修正，孟子的修正是政統與道統分立。

　　此外，精氣論得精氣的功夫，往往是損之又損以至虛靜，或是純之又純以達精一，兩者對孟子擴充四端的功夫都有妨礙。既有損日常生活，又不易普遍爲庶人施行。韋伯提到倫理性救贖不需要獲致卡理斯瑪資質的狂迷方法，「這樣的陶醉正巧是他們所尋求的體系性倫理生活態度的一大障礙。」〔註37〕孟子所以贊成「勿求於氣」，對「氣一則動志」深懷疑慮，與韋伯此處所說的憂慮應該是一樣的。

　　上述功夫在政治管理上，偏重無爲，與孟子的仁心仁政，出之於惻隱，也大不相同。這是他對那個時代，無倫理而有德者的回答，對想要藉這個方式取得政權者的回答。

〔註37〕韋伯著，康樂、簡惠美譯，《宗教社會學》（臺北：遠流出版社，1993），頁209。

附錄二：論《老子》第三十九章

今存王弼本《老子》第三十九章爲：

> 昔之得一者，天得一以淸，地得一以寧，神得一以靈，谷得一以盈，萬物得一以生，侯王得一以爲天下貞。其致之，天無以淸將恐裂，地無以寧將恐發，神無以靈將恐歇，萬物無以生將恐滅，侯王無以貴高將恐蹶。〔註1〕

本文以爲這段文字有一個文獻上的問題可以討論，這個問題也涉及了思想上的問題。

一、「萬物得一以生」的問題

有的傳本裡沒有「萬物得一以生」這句話，如嚴遵《道德指歸》本作：

> 昔之得一者，天得一以淸，地得一以寧，神得一以靈，谷得一以盈，侯王得一以爲天下正。其致之，天無以淸將恐裂，地無以寧將恐發，神無以靈將恐歇，谷無以盈將恐竭，侯王無以爲正而貴高將恐蹶。

〔註2〕

《河上公》本作：

> 昔之得一者，天得一以淸，地得一以寧，神得一以靈，谷得一以盈，

〔註1〕 見樓宇烈校釋，《王弼集校釋》（北京：中華書局，1999）頁 105～9。以下引用傳世本即用此本，不另出註。

〔註2〕 王德有點校，《老子指歸》（北京：中華書局，1994）頁 9。至於郭店竹簡因爲沒有這一章：想爾注本作只有道經，缺少德經，無從討論。分見《郭店竹簡》（北京：文物出版社，1998），頁 111～22；顧寶田、張忠利注譯，《新譯老子想爾注》（臺北：三民書局，1991）。

　　萬物得一以生，侯王得一以爲天下正。其致之，天無以清將恐裂，
　　地無以寧將恐發，神無以靈將恐歇，萬物無以生將恐滅，侯王無以
　　貴高將恐蹶。

關鍵點在「其致之」之下，注文說：「致，誠也。言下五事也。」由注文反推，
可知河上公注所根據的本子原是作「五事」。差別是哪一事呢？蓋「萬物得一
以生」與「萬物無以生將恐滅」兩個句子。誠然，河上公系諸本並不一致，
譬如南宋麻沙本東萊先生重校《音註河上公老子道德經》就有此兩句，但是
在「其致之」下注解中則保留「五事」的說法〔註3〕。王卡點校的《老子河上
公章句》將「五事」的「五」改爲「六」，說「影宋本誤作『五事』，據顧本
與強本改」，將此兩句納入本章中，顯然沒有參考朱謙之的意見。〔註4〕朱謙
之曾指出：同爲河上本，又有北方傳本與南方傳本之不同，北方本以敦煌發
現之六朝唐寫本爲代表，即敦煌戊本；南方本則以日本奈良聖語藏鎌倉舊抄
卷子及東北大學武內義雄所藏室町時代抄本爲代表，宋刊本介在南北兩本之
間。〔註5〕若據朱謙之之見，河上公本不應該有此兩句才對。然而嚴遵本與河
上公本沒有這句，並非傳抄失落，因爲對照馬王堆甲本：

　　昔之得一者，天得一以清，地得〔一〕以寧，神得一以需（靈），浴
　　（谷）得一以盈，侯〔王得一〕而以爲〔天下〕正。其致（誠）之
　　也，胃（謂）天毋已清將恐〔裂〕，胃（謂）地〔毋已寧〕將恐〔發〕，
　　胃（謂）神毋已需（靈）〔將〕恐歇，胃（謂）浴（谷）毋已盈將
　　恐渴（竭），胃（謂）侯王毋已貴〔以高將恐蹶〕。〔註6〕

馬王堆甲本抄寫年代不晚於漢初，〔註7〕是嚴遵、河上公系沒有這兩句的本子
其來有自，淵源甚早。我們懷疑「萬物得之以生」等兩句究竟是否原始就有。
這個問題不只是版本上的問題，也是一個思想史上的問題。

───────────────

〔註3〕《音注河上公老子道德經》（臺北：廣文書局，1980），河上公章句第三，頁2a。
〔註4〕朱謙之，《老子校釋》，頁100～6。收入《老子釋證》（臺北：里仁書局，1983）。
　　　　陳碧虛指出嚴遵本無此兩句，羅振玉也已經指出敦煌戊本無此兩句，不過這
　　　　個現象的意義未曾被討論過。
〔註5〕《老子校釋》，頁2。
〔註6〕根據高明，《帛書老子校注》（北京：中華書局，1996），頁8～18。
〔註7〕馬王堆帛書《老子》有兩本，一本不避「邦」字諱，爲劉邦稱帝前所抄，一
　　　　本避「邦」字不避惠帝劉盈諱，抄寫年代在劉邦稱帝以後，劉盈、劉恒稱帝
　　　　以前。見〈帛書老子研究〉，收入《老子王弼注》、《帛書老子》、《伊尹九主》、
　　　　《黃帝四經》四書合刊本（臺北：天士出版社，1982），總頁208。

　　以類概念來講，如荀子所言，「物」是「大共名」，〔註8〕但是本章中其它
幾個主詞都不是「大共名」，「天」、「地」等語詞指涉的範圍都很小，甚至是
獨一的。

　　就位階而言，「天」、「地」等語詞指涉的範圍雖然都很小，地位卻很高，
幾乎是各個範疇的最高者，可說是「大物」。《老子》第二十五章說：

> 故道大、天大、地大、王亦大。域中有四大，而王居一焉。人法地，
>
> 地法天，天法道，道法自然。

「谷」不在其內，但是「谷」在《老子》全書中有重要地位則無庸置疑，從
「卑弱自守」的角度而言，也必須給予一個地位，詳後文。或以為「王亦大」
應該是「人亦大」。就版本上而言，《淮南子‧道應》所引固作「王」，但許愼
《說文解字‧大部》則引作「人亦大」。就理論上而言，范應元認為：因「人
為萬物之靈，與天地並立而為三才，身任斯道，則人實亦大矣。」〔註9〕奚侗
也說：若改人為王，其誼太狹〔註10〕，但高亨指出：「老子之言皆為王侯而發，
其書言『聖人』者凡三十許處，皆有位之聖人，而非無位之聖人也。」「老子
書實侯王之寶典，老子哲學實侯王之哲學也，讀老子書者宜先明乎此。」〔註
11〕按：稱引不謹嚴、傳抄多訛誤，此句版本上的是非難定，但思想上的通蔽
可得而言。盡人皆知，孔、孟都使用過「大人」一詞，《論語‧季氏》：孔子
曰：「君子有三畏：畏天命，畏大人，畏聖人之言。小人不知天命而不畏也，
狎大人，侮聖人之言。」《孟子‧盡心上》：孟子曰：「有事君人者，事是君，
則為容悅者也。有安社稷臣者，以安社稷為悅者也。有天民者，達可行於天
下而後行之者也。有大人者，正己而物正者也。」《孟子‧盡心下》：「說大人，
則藐之，勿視其巍巍然。堂高數仞，榱題數尺，我得志弗為也。食前方丈，
侍妾數百人，我得志弗為也。般樂飲酒，驅騁田獵，後車千乘，我得志弗為

〔註8〕 王先謙，《荀子集解》（臺北：世界書局，1983），卷十六〈正名〉，頁278：「故
　　　　萬物雖眾，有時而欲遍舉之，故謂之物，物也者，大共名也，共則有共，至
　　　　於無共然後止。有時而欲偏舉之，故謂之鳥獸，鳥獸也者，大別名也，推而
　　　　別之，別則有別，至於無別然後止。」
〔註9〕 朱謙之引范應元說，見《老子校釋》，頁66。
〔註10〕引自陳鼓應，《老子今註今譯》（臺北：台灣商務印書館，1983），頁115～6。
〔註11〕高亨，《老子正詁》（臺北：台灣開明書局，1996），頁61～2。整部《老子》
　　　　中當然不全是如此，不過在逐步發展中一部份是如此，後出的強調全體之人
　　　　或是萬物的思想，壓迫原先侯王哲學的解釋空間，這一點我們可以從《論語》
　　　　裡面君子、小人二詞兼有身份與德行兩個意義，即可以明白。

也。」「大人」在孔、孟的脈絡裡，與君子一樣，可以是身份意義，也可以是道德意義。後世《論衡‧自然》說：《易》曰：『大人與天地合其德』，黃帝、堯、舜，大人也，其德與天地合」，黃帝、堯、舜這些「大人」豈非王者？《老子》的情況恐亦然。既然已經明言「域中有四大」，則下文所說的「人」就已經是「大人」，既是「大人」，即相當於「王」〔註12〕，實不勞改「人」爲「王」。更要緊的是，《老子》第十六章明言：

> 知常容，容乃公，公乃王，王乃天，天乃道，道乃久。

王、天、道三者形成一個位階。〔註13〕「侯王若能守之，萬物將自賓」（《老子》第三十二章），「侯王若能守之，萬物將自化」（《老子》第三十七章），既然侯王的作爲與萬物的臣服之間有因果關係，兩者的位階是無法相提並論的。我們實難想像，當侯王得一，萬物也得一時，侯王如何「爲天下貞」。侯王代理者的角色勢必爲萬物「自得」的角色所取代。但是，我們看整本《老子》，其思想取向不走向萬物「自足於己，無待於外」，而是「聖人皆孩之」〔註14〕。

〔註12〕《老子》第二十二章：「聖人抱一以爲天下式」，由此亦可見「聖人」也是「得一」的，當「侯王」等於「聖人」時，「聖人」即可不必重出。但是當「侯王」不是「聖人」時，也就是治統與道統分離時，「聖人」沒有出現就值得再思考。

〔註13〕根據勞健之說，「公乃王」之「王」爲「全」之誤，王弼註言「無所不周普」，可知王弼所見已經是作「王」。從傳世本的章旨來說，前文既然是「夫物芸芸，各復歸其根」，則下文不應該論及「王」，但是根據郭店甲本，「夫物芸芸」作「天道員員」，而且沒有「歸根曰靜」以下文字。道既屬聖人、侯王，則章旨逆轉爲論聖人與道的關係，「公乃王」在義理上就不是歧出。勞健說引自朱謙之，《老子校釋》，頁42。郭店本見彭浩《郭店楚簡〈老子〉校讀》（武漢：湖北人民出版社，2000），頁49～52。

〔註14〕《老子》第二十二章說：「聖人抱一以爲天下式」；《呂氏春秋‧執一》（臺北：世界書局，1975），頁805：「王者執一，而爲萬物正」；陳奇猷校釋《韓非子‧揚權》（臺北：河洛圖書出版社，1974），頁121：「聖人執一以靜，使名自命，令事自定。」孫星衍集《尸子‧分》（臺北：中華書局，1976），頁6a：「執一以靜，令名自正，令事自定。」這是道、法家常見的主題。「執一」是否就一定「靜」是可以爭論的，在天圓地方、天動地靜的脈絡裡，執一就是執天道，應該是健動不息才對。唯一的例外是在天不動的北辰，北辰也有「太一」之稱，所以「執一」也可以是以北辰爲法。所以劉文典集解《淮南子‧本經》（北京：中華書局，1989）說：「帝者體太一，王者法陰陽，霸者則四時，君者用六律。」「戴圓履方」即「法陰陽」，乃王者之事；「體太一」是高一層級的事。隨著「一」的意義有所變化，「執一」的意義也在變化。執一相當於無爲，爲君道，臣道則有爲。在老子與法家的政治思想之間距離最遠的無疑是法家缺少慈、雌、卑下、納垢這些君主的素質，強調的是不可識、微妙、恍惚的一面，無爲的一面。還有一值得比較的是，在政治思想中，聖人所執所抱守之

學者或許會舉《老子》四十一章：

> 道生一，一生二，二生三，三生萬物。萬物負陰而抱陽，沖氣以爲
> 和。

質疑以上所言。因既言「萬物負陰而抱陽」，不就猶同說「萬物得一」嗎？按：
且不說單由此段上半已經可以看出，道不是直接生萬物，要經過一定的中介
過程。「萬物負陰而抱陽」這句話的主詞很可能原先並不是「萬物」，雖然在
《文子》裡面已經有這樣的話，〔註15〕像傳世本「夫物云云，各復歸其根」，
郭店本則作「天道員員，各復歸其堇」，也許我們可以說，有些章節裡的「天
道」被更動爲「萬物」或是「物」。就像「參天地」這樣的極致境界，在《楚
辭》中竟然可以用來描寫橘子。從《老子》第十六章也可以看出，「歸根復命」
是「萬物」之「常」，不知常，「妄作」則凶。此時聖人將「鎮之以無名之樸」。
在聖人面前，萬物並沒有自主性。「萬物」如果如此了得，就不需要聖人來幫
忙了。在《老子》之外的文獻裡也可以看到聖人與萬物不同層的思想。

《莊子·大宗師》：

> 夫道，……狶韋氏得之，以挈天地；伏戲氏得之，以襲氣母；維斗
> 得之，終古不忒；日月得之，終古不息；堪坏得之，以襲崑崙；馮
> 夷得之，以遊大川；肩吾得之，以處大山；黃帝得之，以登雲天；
> 顓頊得之，以處玄宮；禺強得之，立乎北極；西王母得之，坐乎少
> 廣，莫知其始，莫知其終；彭祖得之，上及有虞，下及五伯；傅說
> 得之，以相武丁，奄有天下，乘東維，騎箕尾，而比於列星。

《管子·內業》：

> 凡物之精，此則爲生，下生五穀，上爲列星。流於天地之間，謂之
> 鬼神；藏於胸中，謂之聖人。

《呂氏春秋·季春紀》：

一，與個人修行工夫上所強調的「抱一」，如「載營魄抱一，能無離乎」，是
否一件事，筆者將另文論列。

〔註15〕錢熙祚校，《文子》（臺北：中華書局，1978），〈九守〉，卷上頁 15a。〈上德〉，
卷上頁 41b：「萬物負陰而抱陽，沖氣以爲和，和居中央」，但〈精誠〉，卷上
頁 9b 則說：「宓犧氏之王天下，枕方寢繩，殺秋約冬，負方州，抱員天。」〈自
然〉，卷下頁 13b 也說：「夫道者，體員而法方，背陰而抱陽，左柔而右剛，
履幽而戴明，變化無常，得一之原，以應無方，是謂神明。」兩相比較，筆
者以爲〈自然〉的說法是較原始的，道與聖人才有這樣的規格，萬物是被施
德的對象。萬物負陰而抱陽，相當於庶人有姓，白衣卿相。

精氣之集也，必有入也。集於羽鳥與爲飛揚，集於走獸與爲流行，集於珠玉與爲精朗，集於樹木與爲茂長，集於聖人與爲夐明。

《荀子‧禮論》：

天地以合，日月以明，四時以序，星辰以行，江河以流，萬物以昌。

《韓非‧解老》：

道者……天得之以高，地得之以藏，維斗得之以成其威，日月得之以恆其光，五常得之以常其位，列星得之以端其行，四時得之以御其變氣，軒轅得之以擅四方，赤松得之與天地統，聖人得之以成文章。

《莊子‧大宗師》、《韓非‧解老》之中的得道者都是屬於「域中之大」者；《管子‧內業》裡的聖人、列星、鬼神都是同一個領域，其中的「五穀」算是平凡之物，與另外三者不相侔，〔註16〕《呂氏春秋‧季春紀》提到的四物，珠玉與聖人是一組，羽鳥、走獸、樹木三者是一般之物；《荀子‧禮論》將天地、日月與萬物並列，這樣混淆非凡之物與一般之物不只見於《老子》〔註17〕。我們指出這些，不是要像錢穆一樣，僅欲藉此論定時代先後，而是想指出：就系統的思維而言，哪些可以並列、哪些不可以，原先是有所區別的，不過在學派之間互相衝擊，及社會的演變之下，原先細膩的區別不見了。「萬物得一以生」與「萬物負陰而抱陽，沖氣以爲和」，可以看作是脈絡一致的章節，隨著「萬物」地位的不斷提升，可以直接得「一」時〔註18〕，就不必經過侯王與聖人的中介，

〔註16〕「五穀」之「穀」字，如果考慮「穀」爲「谷」之假借，則「五谷」與「九淵」、「九藪」等相似。也可能「穀」讀如字，但是「穀」可被視爲上帝所賜之嘉禾。朱熹《詩經‧大雅‧生民》（臺北：華正書局，1977），頁191：「誕降嘉種」，「以歸肇祀」，作物來自天，故可以祭天；韋昭注《國語‧楚語下》（臺北：里仁書局，1981），頁560所說的「神降嘉生」中應該包含有「穀」與犧牲這個品類。此時之「穀」乃「物」之一，「物」接近精靈神怪之義，關於這個問題近期研究可以參考杜正勝〈古代物怪之研究——一種心態史和文化史的探索〉，載《大陸雜誌》（104卷1.2.3期，2001年12月、2001年3月）。

〔註17〕另方面，《韓非子‧解老》：「道與堯、舜俱智，與接輿俱狂，與桀、紂俱滅，與湯、武俱昌。……萬物得之以死，得之以生；萬事得之以敗，得之以成。」《文子‧道原》也說：「萬物恃之以生莫知其德，恃之而死莫之能怨」。他們將對立的兩極納入道的管轄之中。在莊子「齊死生」的想法影響下，高下生死等對立的兩極，必須一視同仁，不再能夠採取「知其雄，守其雌」的策略。善吾生者須善吾死，「長生久視」之道淪落爲「養形」之人的雕蟲小技。

〔註18〕《老子》第二十一章：「道之爲物，惟恍惟惚，恍兮惚兮，其中有象，惚兮恍兮，其中有物，窈兮冥兮，其中有精，其精甚眞，其中有信。」可以看出：在道的形容上，窈冥恍惚是精與象的基礎。「道之爲物」與「其中有物」的「物」

原先對聖人與侯王說的話，就可以直接放在萬物身上來實踐。相對之下，書中常說到的「大」地位無形下降。《老子》第三十九章中「萬物得一以生」和「萬物無以生將恐滅」兩句的出現可以看作是混淆兩種發言對象的結果。

二、「谷得一以盈」的問題

除了「萬物得一以生」，《老子》第三十九章中「谷得一以盈」一句雖向來沒有版本上真正的異文，至多是通假字的問題，但它是否於原初即有，似乎也可以再斟酌。筆者想就《老子》本文來觀察「谷」、「盈」這兩個詞的用法，在《老子》書中是什麼意義，兩者放在一起有無衝突，以期有助於進一步理解本章。

第三十九章之外，通行本中「盈」字共出現五次〔註19〕，依次分別是：

> 道沖而用之，或不盈，淵兮似萬物之宗。（第四章）

> 持而盈之，不如其已。（第九章）

> 保此道者不欲盈，夫唯不盈，故能蔽不新成。（第十五章）

> 曲則全，枉則直，窪則盈，敝則新，少則得。（第二十二章）

> 大成若缺，其用不弊。大盈若沖，其用不窮。（第四十五章）

除了第二十二章中的「盈」具有正面意義，其它四個例子中的「盈」都是負面語詞，乃有待超越者。第二十二章說的是，相對的兩極互相轉化，無法永遠維持「全、直、盈、新、得」這幾個狀態，所謂「禍兮福之所倚，福兮禍之所伏」，此章可以說是從規律的角度而言的。〔註20〕第十五章則是從聖人的角度來說明，聖人可以逃離這種發展規律，仿照「知其雄，守其雌，知其白，守其辱」的模式，在對立的兩項中，選擇一般人認為價值低下的一項：知其

字，絕非萬物之義，反而接近「精」字之義。道生聖人或萬物，則道本身不可以是一物，道理上很清楚。在較早時期「物」是指神聖之物，物的地位逐漸下降可以看作是宗教性逐漸淡薄的徵兆。裘錫圭也談到聖王等傑出之人可以「致物」、得「祥瑞」。〈說「格物」──以先秦認識論的發展過程為背景〉，《文史叢稿》頁 5～8。此等物皆具非常之特性。

〔註19〕郭店《老子》有第九章、第十五章、第四十五章的文字，盈字寫作「浧」，出現的用法如下：「保此道者不欲尚盈」、「高下之相盈也」、「持而盈之，不若其已」、「金玉盈室，莫能獸也」、「大盈若中」，沒有一個是完全肯定「盈」的。如果站在摘編本的角度看待，上述觀察並不能說明什麼，只能說郭店本裡面對「盈」字的使用是一致的。

〔註20〕也可以從聖人的角度說，守曲可以得全，守枉可以得直。

盈，守其虧。因此，才會說「蔽（敝）不新成」〔註21〕。也正因依據這個思路，第九章才會批評「持而盈之」的講法。既然從「爲道日損」的角度來看，「不盈」才是價值所在，無怪乎第四章與第四十五章都從「沖」的角度補救「盈」的有限性與單極性，如此，方能免於「盈」的害處。

基於以上的分析，我們認爲「谷得一以盈」一句在《老子》的思想中有不協調之處，不是「爲道日損」思想下的產物。

※　　　　　　※　　　　　　※

上文已講到面對「盈」的狀態，解決的辦法之一：用「大」來化解特定概念的有限性。辦法之二：江海所以爲小谷王者，以其善下之。找尋一個更加低的、更大的空間，最好是永遠不盈的空間，水旱不知，或是底部有個孔洞的海，如「尾閭」，「不知何時止而不盈」。這也就可過渡到「谷」在《老子》中的意涵。「谷」在《老子》一書中有這些用例：

> 谷神不死，是謂玄牝。玄牝之門，是謂天地根。綿綿若存，用之不勤。（第六章）

> 曠兮其若谷。保此道者不欲盈。夫唯不盈，故能蔽不新成。（第十五章）

> 知其雄，守其雌，爲天下谿。爲天下谿，常德不離，復歸於嬰兒。
> 知其白，守其黑，爲天下式。爲天下式，常德不忒，復歸於無極。
> 知其榮，守其辱，爲天下谷。爲天下谷，常德乃足，復歸於樸。（第二十八章）〔註22〕

> 道常無名。樸雖小，天下莫能臣也。侯王若能守之，萬物將自賓。
> 天地相合，以降甘露，民莫之令而自均。始制有名，名亦既有，夫

〔註21〕易順鼎、高亨主張第十五章的「蔽不新成」的「蔽」讀作「敝」，「不」是「而」之誤。遂州本與景龍碑本都作「能弊復成」。馬王堆帛書甲本殘毀七字，乙本殘一字，脫「夫唯不欲盈」一句，但合甲、乙本，可以知道帛書本作「敝而不成」。如果不盈可以得到「能弊復成」的結果，並無特異之處，因爲天道好還，「敝則新」是一個禍福相倚的必然現象，能弊復成不必靠「不盈」的修爲來達到。如果不盈可以達到「蔽不新成」，則表示修行者追求「不新」或「不成」，手段則是「不盈」。這才與「知其雄，守其雌」的想法一致。此雖一字出入，意義一正一反，關係甚大。見《老子今註今譯》，頁87。

〔註22〕這段話曾經被認爲從「知其白」到「知其榮」之間是衍文，如易順鼎、馬敍倫、高亨等，不過帛書本兩本與傳世本沒有太大差異。見《帛書老子校注》，頁369～75。

亦將知止，知止可以不殆。譬道之在天下，猶川谷之於江海。〔註23〕
（第三十二章）

故建言有之：明道若昧，進道若退，夷道若纇，上德若谷，大白若
辱，廣德若不足。（第四十一章）

　江海所以能爲百谷王者，以其善下之，故能爲百谷王。（第六十六章）
可見「谷」在傳世本《老子》書中可以有三種不同的地位。

　第六章的「谷神不死」〔註24〕是最高的，比天地都要高一等，稱之爲「天
地根」，相當於「有物混成，先天地生」的位階。這個例子的谷比起三十九章
要高得多，因既是天地根，又怎麼還與天地同屬需要「得一」的一部份呢？

　其次，「上德若谷」、「爲天下谷」、「爲天下谿」，都是聖人之所守，屬於
聖人之道，聖人以此爲理想。聖人並非、也無意作爲玄牝，或說天地根，對
於宇宙萬物而言，聖人的角色更接近在終點接納萬物，而不是在起點創生萬
物。如果一般所謂的「德者，得也」乃是下德，有得則有積，有積則有盈。
上德不積，第八十一章就說：「聖人無積」〔註25〕，不積就不會盈，就不必去
守，「金玉滿堂，莫之能守」，充分顯示《老子》對世間冀望的感慨。

　再其次，「谷」的理想性爲「江海」所取代，如第三十二章與第六十六章的
例子所顯示的。爲什麼被取代？「知其雄，守其雌，爲天下谿」，「知其榮，守
其辱，爲天下谷」，在雌／雄、榮／辱這樣二分的價值系統中，如同陰、陽一樣，
可以給予不加區分的統合，所謂「負陰抱陽」即是如此。〔註26〕但是《老子》
確有一部份章節刻意強調「處眾人之所惡」〔註27〕，其主詞往往是聖人或侯王。

〔註23〕有些學者以爲「川谷之於江海」中的「於」字應該作「與」，如《老子正詁》，
頁76、《帛書老子校注》，頁401～402。

〔註24〕朱謙之根據第《老子》第三十九章，以爲「谷」、「神」是兩事，意思似乎是谷
與神能夠免於死亡，是因爲「玄牝」之故，此說待斟酌。見《老子校釋》，頁17。

〔註25〕另一個與「積」有關的問題是「嗇」。在「治人事天莫若嗇」一章中，主張「早
嗇」、「重積德」，最好是在含德之厚的嬰兒時期就嗇。這一章在往後房中術的
解釋傳統中很受重視。金玉爲天地之精，精神爲體內之精，積精可以成神明，
詳參裘錫圭，〈稷下道家精氣說的研究〉，《文史叢稿》，頁22—3。但是我們可
以考慮《老子》第二十章，頁47～8：「我愚人之心也哉！沌沌兮，俗人昭昭，
我獨昏昏；俗人察察，我獨悶悶」、第四十九章，頁129：「聖人在天下歙歙，
爲天下渾其心」、第五十八章，頁151：「其政悶悶，其民淳淳；其政察察，其
民缺缺」，乃是以窈窈冥冥爲首出概念。

〔註26〕伏犧女媧交尾，手持規矩日月，表徵的也是回到原始的未分化狀態。

〔註27〕劉寶楠撰，高流水點校，《論語正義・陽貨》（北京：中華書局，1998），頁707

第六十六章的意思更明顯，該句郭店本作「江海所以爲百谷王，以其能爲百谷下，是以能爲百谷王」。《老子》明言「王」爲域中四大之一，江海所以可以爲百谷王無疑是因爲江海比谷更卑更下，也因而更大，所以第六十九章又說：「天下皆謂我道大，似不肖」。六十一章「大國者下流，天下之交，天下之牝，牝常以靜勝牡，以靜爲下。」〔註28〕同樣可以證明這個意思。《左傳》宣公十五年伯宗對晉侯說：「川澤納汙，山藪藏疾，瑾瑜匿瑕，國君含垢，天之道也。」〔註29〕《老子》的想法近於此，所以第七十八章說：「受國之垢，是謂社稷主；受國不祥，是爲天下王。」谷固然可以受垢，江海當然也可以。比起誰更下流，江海自然猶勝一籌。谷若盈，海納之，江海不釋細流，故能成其大。

　　由此可知：《老子》一書中，有的地方將「谷」的地位提得很高，也有僅將它與天地並列，也有人讓它被江海取代。然而無論「谷」的地位如何，都以虛能容受爲特質。以作爲天地根的喻象來說，強調的是它「用之不勤（磬）」，參照第五章「天地之間其猶橐籥」，橐籥正是以虛能容受爲特質。以「上德若谷」來說，從上下文來看，明與昧，進與退，夷與纇，白與辱，廣與不足這些組合中的後者應該與「谷」有類似的性質。其中的「退」與「不足」最可以看出谷的性質。海之所以超「過」包括谷在內的「江河之流」，就在於「不可爲量」，「不知何時已而不盈」〔註30〕綜上所述，退與不足會與「盈」是

〔 〕～8：「子貢曰：『君子亦有惡乎？』子曰：『有惡，惡稱人之惡者，惡居下流而訕上者，惡勇而無禮者，惡果敢而窒者。』曰：『賜也亦有惡乎？』『惡徼以爲知者，惡不孫以爲勇者，惡訐以爲直者。』」〈子張〉頁748～9：「子貢曰：『紂之不善，不如是之甚也。是以君子惡居下流，天下之惡皆歸焉。』」楊伯峻著《春秋左傳注》（臺北：源流出版社，1982），頁1285，昭公七年說：「紂爲天下逋逃主，萃淵藪。」可以當作居下流、眾惡歸之的註解。《老子》則主動選擇這個下流的角色，它也希望大國之君可以如此。

〔註28〕《帛書老子校注》，頁120乙本作「大國者下流也，天下之牝也，天下之交也，牝恆以靜勝牡，爲其靜也，故宜爲下。」

〔註29〕《春秋左傳注》，頁759。.

〔註30〕《老子》第八章，頁20說：「上善若水，水善利萬物而不爭，處眾人之所惡，故幾於道」，第七十八章，頁187說：「天下莫柔弱於水，而攻堅強者莫之能勝」，水作爲「善利萬物」者與作爲「攻堅強者」兩者是一致的嗎？我們不以爲然，「攻堅強者」的水雖然「柔弱」，但是它的位置一定是在「上」，絕對不會處於「眾人之所惡」、「善下之」。這樣的水與孟子所說的水之傾向而言，同樣「就下」、「盈科後進」；在位置上，也都是居高而下，差別唯在「柔弱」與「沛然」。水在山在谷或許還具有沛然莫之能禦的性質，所以說「孰能濁以靜之徐清」，但海是靜的，水不再流動，海水何嘗有攻堅強的慾望？此或許也是谷原先的喻象爲海所取代的原委之一。在《老子》的思想中，如果「水」不

類似的意思嗎？如果積不是《老子》的主要概念，積的後果：盈會是此書的的正面價值嗎？而不論「谷」在《老子》一書中的位階有何差異，但只要被視為價值喻象，就必須是「不盈」或是「若沖」，所謂「曠兮其若谷，保此道者不欲盈」。由此可知：一個會盈滿的谷殊難成為《老子》的理想象徵，「谷得一以盈」是一個與《老子》主要想法不一致的句子。

然而是不是《老子》中所有的意象都不追求盈滿呢？面對諸多例子，我們當然不能如此武斷，這是一個選擇與判斷的問題。這種參差的情況同樣表現在「谷」的位階上。我們無法想像在「江海所以為百谷王」〔註31〕這樣的描述之後，同一個作者又寫出「谷神不死」這樣的句子〔註32〕。要不是郭店本抄寫者不要後面這一段，就是郭店本時代的《老子》還沒有這一段。如果是後者，可不可能這段話是存在系統之外而後被編入的呢？武內義雄在《老子原始》一書中提到《老子》一些章節可能是縱橫家、兵家、法家、黃帝書思想滲入的結果。〔註33〕參照《孫子·地形》：「隘形者，我先居之，必盈之以待敵，若敵先居之，盈而勿從，不盈而從之。」曹操註說：「隘形者，兩山間通谷也。」〔註34〕將「谷」與「盈」這兩個詞結合使用，武內之說未始不可能。然則我們有必要考慮《老子》不是成於一手的看法，對兵家、法家傳承的《老子》派別而言，也許我們所說的《老子》主流才是被加入的後來者。

三、「一」究竟是什麼

最後，我們想談談本章中的「一」究竟應該放在什麼位置來考慮？

河上公注以為「一，無為，道之子也。」不過點校者也註明伯希和所得敦煌卷子本作：「一，元氣，為道之子」。〔註35〕嚴遵《道德指歸》說：「一者，道之子，神明之母，太和之宗，天地之祖。」「一，其名也；德，其號也；無有，其舍也；無為，其事也；無形，其度也；反，其大數也；和，其歸也；

能夠和「谷」、「海」結合在一起，則無法發揮其象徵作用。

〔註31〕 《郭店老子》甲本中作：「江海所以為百谷王，以其能為百谷下，是以能為百谷王。」《郭店楚墓竹簡》，頁 111。

〔註32〕 楊伯峻，《列子集釋·天瑞》（坊間未著時地影印本），頁 2～3 中也有此句，不過明言出自《黃帝書》。

〔註33〕 武內義雄著，江俠菴譯，《老子原始》，頁 279～299。收入嚴靈峰編《老子集成續編》（臺北：藝文印書館，1965）

〔註34〕 《十一家注孫子》（臺北：里仁書局，1982），頁 169。

〔註35〕 王卡點校，《老子道德經河上公章句》（北京：中華書局，1993），頁 157。

弱，其用也。」清楚可見：它們不認爲一是強爲道所立的別名〔註36〕。

王弼注則說：「昔，始也。一，數之始而物之極也。各是一物之生，所以爲主也。物皆各得此一以成。」認爲一即是道，這個想法得到許多人的首肯〔註37〕。

近人徐復觀認爲《老子》所謂「一」與「有」，是屬於同層次、同性質的觀念。依然是指萬物最基本的共同元素。此元素對上一層次的「無」而言，則稱之爲「有」；對下一層次的「眾」而言，亦即對分化之「多」而言，則稱之爲「一」。「『有』與『一』依然應概括於『道』的概念之內；所以書中所用的『一』字，多與道字同義。」〔註38〕這個說法比較深入到《老子》的脈絡之中。

竊以爲：《老子》的形上學不是兩層結構，而是道（無）、一、物三層結構。這個中間層對理解《老子》來說很重要。我們同意高亨的說法，《老子》思想主要是對「聖人」、「君主」而言的，所以他才會把「一」給予「聖人」、「侯王」，而說了第三十九章這段話，也說了「故道大、天大、地大，王亦大。域中有四大，王居其一焉。」從「道」與「物」的關係而言，首先與「域中有四大」不合，「道、天、地、王」平列爲大，它們與萬物是「不共」的。其次，從「道生一，一生二，二生三，三生萬物」來看，萬物不僅與道之間，與一之間也還隔著幾層。

河上公除了前面引述的以「一」爲「道之子」，在第五十一章「德畜之」注說：「德，一也。一主布氣而畜養之」，第九章「載營魄抱一」注說：「一者，

〔註36〕 周學武，〈老子書中的「一」〉，台大《文史哲學報》（民 84.12），頁 43，認爲敦煌本河上公解釋「一」爲「元氣」不可從。他的意見是，《老子》既云萬物得之以生，人亦當在萬物之中，人既在萬物之中，則此「一」不必爲侯王所獨得，《老子》何必獨舉侯王言之？這句話就王弼本而言是很有道理的，然而，從其它校勘的成果來說，兩漢諸本都沒有「萬物得之以生」一句，那麼周先生所提的問題就不存在了。既然如此，則將「一」解釋爲「道」的說法就還有斟酌的空間。

〔註37〕 《老子正詁》，頁 88，也以爲一是道，不過他的說法比較細緻。他說老子書中的「一」有三義，「一曰一者身也，說見十章」，「二曰一者太極也，說見四十二章」，「三曰一者道也」，並引《淮南子·原道》關於「一」的一段話爲證。

〔註38〕 徐復觀，《中國先秦人性論史》（臺北：臺灣商務印書館，1994），頁 333。頁 325 認爲：「老子思想的最大貢獻之一，在於對此自然性的天的生成、創造，提供了新地、有系統地解釋。在這一解釋之下，才把古代原始宗教的殘渣，滌蕩得一乾二淨；中國才出現了由合理思維所構成的形上學的宇宙論。」但是老子是不是建立在「合理思維」而「滌蕩宗教」，還可爭論。

道始所生，大和之精氣也，故曰一布名於天下」「入爲心，出爲行，布施爲德，總名爲一。一之爲名，至一無二也」。可以清楚看到「一」是「德」，「德」也就是精氣。在此之上還有「道」。從第四十二章「道生一，一生二，二生三，三生萬物」的角度來說，「一」不應該是「道」，否則，兩者在位階上會衝突。我們認爲河上公對第在三十九章的理解是正確的。

那麼，又何謂德呢？「德者，得也」，《管子・心術上》有此句，《韓非子・解老》也有類似的內容。這樣的「德」都與「精氣」相關，而今人已指出：「德」與「神明」相關。〔註 39〕不論精氣或神明，它們的特性是分佈不均的。《孟子・公孫丑上》記載：「宰我曰：『以予觀於夫子，賢於堯舜遠矣。』子貢曰：『見其禮而知其政，聞其樂而知其德。由百世之後，等百世之王，莫之能違也。自生民以來，未有夫子也。』有若曰：『豈惟民哉！麒麟之於走獸，鳳凰之於飛鳥，泰山之於丘垤，河海之於行潦，類也。聖人之於民，亦類也。出於其類，拔乎其萃。自生民以來，未有盛於孔子。』子貢說「生民以來未有夫子」，和有若說「自生民以來，未有盛於夫子」，意思不大一樣，從「類」的觀點看是「出類拔萃」，但是從「天縱之將聖」〔註 40〕來看，孔子與眾人並非同類。《淮南子・原道》：

> 夫道者……山以之高，淵以之深，獸以之走，鳥以之飛，日月以之明，星曆以之行，麟以之遊，鳳以之翔。

我們看「獸以之走，鳥以之飛」與「麟以之遊，鳳以之翔」這兩截話，麟是獸類，鳳是鳥類，但是都「出類拔萃」，如同泰山之於一般的山，聖人之於一般的人，如今竟然平起平坐了。早期對「物」最具代表性的用法見諸王孫滿回答問鼎的楚王：「昔夏之方有德也，遠方圖物，貢金九牧，鑄鼎象物，百物而爲之備，使民知神、姦。故民入川澤、山林，不逢不若。螭魅罔兩，莫能逢之。用能協于上下，以承天休。」這類「物」是怪異或神聖之物。孔子之後，「物」的地位可說經歷了「除魅」的過程，徹底世俗化了，相對之下，那些原本未獲得精氣、神明的萬物地位提昇了。從道家系統來說，「萬物」這個範疇要在「得之」的模式出現，需要一個「通天下一氣」的思想作爲基礎。《莊

〔註 39〕 「神明可以直接理解爲精氣，也可以理解爲精氣產生的高度智慧。」「道停留在物之中的那一部份就是德」。「道應該理解爲精氣。」見〈稷下道家精氣說研究〉，頁 21～2。

〔註 40〕 《論語正義》，卷十〈子罕〉，頁 329。

子‧知北遊》裡所說的「道在屎溺」必須被認可，萬物內在自足的立場推到台前之後，方不必假聖人之手來支撐。莊子所說的「見獨」基礎就在每個物都有內在的「獨」可見。《老子》的「萬物」並沒有這個內在的「獨」〔註41〕。從這裡再回頭來看《老子》第三十九章的「萬物得一以生」，將「一」解釋作「道」是合理的，其它幾句則需解釋為「不共」的「德」才通，所以我們說「萬物得之以生」這個想法在第三十九章裡是較晚出現的一環。

四、小　結

　　先秦精氣論的文獻除了上文所引述者之外，主要是以一般所說的《管子》四篇為核心，這幾篇文章有人認為是宋鈃、尹文之作；〔註42〕有人認為是慎到、田駢之作；〔註43〕裘錫圭從精氣與「馬那」（MANA）的觀點討論這組作品，筆者以為甚具啟發性。〔註44〕我們檢視如卡西勒、牟斯、塗爾幹等人關於馬那的相關論述，以及張光直關於「巫術宇宙觀」的敘述，〔註45〕一個與我們的問題關係密切的論點是，馬那存在於所有物之上，沒有所謂「無生物」的觀念，神聖事物是馬那停駐之物，馬那離開，神聖性就失去。這個想法有兩點與我們有關，第一，萬物都可以得到馬那的停駐，但只有少數事物具有大量且持續的馬那，這樣的事物可以稱為「大」，「域中有四大」，「我道大」等敘述就是表述這個意思；第二，當所得到的馬那不是很多時，該物稱不上

〔註41〕《中國先秦人性論史》，頁 327，注意到《老子》思想中沒有「性」字，這是一個犀利的觀察。他認為當時已經有實質的人性論，但是「性」字的流行在戰國初期以後，可以證明《老子》成書較早。如果我們說萬物範疇的出現與「性」範疇的出現有關，大人、大物需要的是「德」而不是「性」。

〔註42〕郭沫若，〈宋鈃尹文遺著考〉，《青銅時代》，收入《中國古代社會研究（外二種）》（石家莊：河北教育出版社，2002），頁 529～37。

〔註43〕裘錫圭，〈馬王堆老子甲乙本卷前後佚書與「道法家」──兼論《心術上》《白心》為慎到田駢學派作品〉，《文史論稿》，頁 72，此文為七十年代所作，其後裘先生以證據不足，改持保留意見。〈稷下道家精氣說研究〉，同書頁 17。

〔註44〕裘錫圭，〈稷下道家精氣說研究〉，頁 36～41。馮友蘭雖然未提及馬那的概念，不過他的分析仍然很有參考價值，《中國哲學史新編》（北京：人民出版社，1998），第十七章〈稷下黃老之學的精氣說〉頁 505～512、第十八章〈楚國的改革與屈原，稷下精氣說的傳播〉，頁 547～548。

〔註45〕張光直著，郭淨、陳星譯，〈連續與破裂：一個文明起源新說的草稿〉，《美術‧神話與祭祀》（臺北：稻香出版社，1995）頁 148～151。文中提到的佛爾斯批所擬「亞美式薩滿教的意識形態內容」共有八點，其出第三、四、五點與我們的論點較有關。

大，但是馬那的力量仍然提供該物的生存，此即是萬物得之以生，然而，馬那不會造成物之死亡，所以不會有萬物得之以敗，得之以死的現象及表述。這是精氣論與氣一元論的區別。〔註46〕

《老子》無法完全以精氣論或馬那的觀點來討論，原因是它以爲聖人應該主動站在對立兩極中低賤卑下的一邊，所以既說「愚」，也說「慈」，應該寬容於物。這樣的寬容無疑來自於書中無法移除的母性色彩〔註47〕，《老子》第三十九章是充滿精氣論色彩的文字，「萬物得一以生」是朝著減少其精氣論色彩方向的發展。

當精氣論在社會思想文化界的勢力漸消，萬物逐步抬頭時，就必須爲大共名的「物」找一個超越的根據，就像是從封建朝郡縣制發展的過程中，將將原先不納入戶籍的人口納入戶籍，擔任兵役一樣，也像原先沒有姓的邊鄙野人也有姓氏一樣，擴大涵蓋範圍而已，都是「同質化」、「平等化」要求下的表現〔註48〕。一個概念的範圍愈擴大，所包含的內涵就愈少，所以得精氣的幸運兒就與通天下一氣的矢溺共享一個超越根據。憤世不平者感嘆騏驥與駑馬同廄，殊不知這正是當時社會史與思想史的一個顯著潮流。

〔註46〕 〈稷下道家精氣說研究〉，頁36～7，指出30年代李安宅譯馬林諾夫司基的《巫術科學宗教與神話》時的譯者按語已經指出氣與馬那相似，裘先生進一步指出以「精氣」取代「氣」更妥當。作者對精氣與一般的氣作區別：「我們不能因此就再精氣與一般的氣之間化等號。一般的氣沒有精氣的那種『神性』，但是單靠精氣也構不成萬物。」（頁44）「根據《內業》等篇本身，是得不出道就是氣和道構成一切的結論的。」（頁45）精氣論不是用來解釋萬物存在的根據，而是用來解釋萬物都是生物但是其間不平等的現象，而且物所具有的力量可以流動，得到力量多的具有「德」（在具有平均水準者不稱爲有德的情況下）或是「大德」（在具有平均水準者稱爲具有小德的情況下）。因此生後可以再積聚的現實力量稱爲「德」，生前即已經爲天所命的本質或潛能稱爲「性」，兩者各據一方。兩者都必須面對現實的不平等，不過一個合理化這個不平等並且開放取得平等的途徑，所謂，「彼可取而代之」；持人性觀者以爲「有爲者亦若是」，害怕面對「外爍」的局面，所以氣可（由我）養而不可得（自天），不承認「通天下一氣也」的存在。

〔註47〕 由大母神創造天地萬物的角度而言，《老子》不需要精或精氣的概念，然而《老子》書中的確有這些概念，精後來又與男性的生殖能力有關，可以看作是較爲男性化的概念。這也是第三十九章的侯王特質是「貴高」而非「卑下」的原因之一。侯王之「貴高」與谷之「盈」兩個謂語的性質是相似的。

〔註48〕 詳參杜正勝，《編戶齊民：傳統政治社會結構之形成》（臺北：聯經出版社，1990），第一章〈編戶齊民的出現〉，第二章〈全國皆兵的新兵制〉，第五章〈聚落的人群結構〉等。